"十三五"国家重点图书出版规划项目
中国土地与住房研究丛书·村镇区域规划与土地利用
国家科技支撑计划课题"产业升级与结构调整的土地配置与调控技术研究(2013BAJ13B03)"研究成果

产业升级与村镇土地再开发

黄志基　贺灿飞　等著

图书在版编目(CIP)数据

产业升级与村镇土地再开发/黄志基等著. —北京:北京大学出版社,2016.9
(中国土地与住房研究丛书·村镇区域规划与土地利用)
ISBN 978-7-301-27379-1

Ⅰ. ①产… Ⅱ. ①黄… Ⅲ. ①乡镇—土地利用—研究—中国 Ⅳ. ①F321.1

中国版本图书馆 CIP 数据核字(2016)第 186553 号

书　　名	产业升级与村镇土地再开发
	Chanye Shengji yu Cunzhen Tudi Zaikaifa
著作责任者	黄志基　贺灿飞　等著
责任编辑	王树通
标准书号	ISBN 978-7-301-27379-1
出版发行	北京大学出版社
地　　址	北京市海淀区成府路 205 号　100871
网　　址	http://www.pup.cn
电子信箱	zpup@pup.cn
新浪微博	@北京大学出版社
电　　话	邮购部 62752015　发行部 62750672　编辑部 62765014
印刷者	北京大学印刷厂
经销者	新华书店
	730 毫米×1020 毫米　16 开本　16.5 印张　300 千字
	2016 年 9 月第 1 版　2016 年 9 月第 1 次印刷
定　　价	45.00 元

未经许可,不得以任何方式复制或抄袭本书之部分或全部内容。
版权所有,侵权必究
举报电话: 010-62752024　电子信箱: fd@pup.pku.edu.cn
图书如有印装质量问题,请与出版部联系,电话: 010-62756370

"中国土地与住房研究丛书"
村镇区域规划与土地利用
编辑委员会

主编 冯长春

编委 （按姓氏笔画排序）

王茂军	仝 德	冯长春	冯 健
杨子江	吕 斌	刘 志	刘雪萍
阴 劼	严长青	杨家文	李贵才
吴健生	吴智刚	沈昊婧	宋 峰
张一凡	张文新	张书海	张 华
陈 春	陈耀华	林 坚	赵鹏军
贺灿飞	郭 菲	唐 琳	黄志基
曹广忠	曹敏政	梁进社	彭震伟
曾 辉	楚建群	戴林琳	戴特奇

丛 书 总 序

本丛书的主要研究内容是探讨我国新型城镇化之路、城镇化与土地利用的关系、城乡一体化发展及村镇区域规划等。

在当今经济全球化的时代,中国的城镇化发展正在对我国和世界产生深远的影响。诺贝尔奖获得者、美国经济学家斯蒂格里茨(J. Stiglitse)认为中国的城镇化和美国的高科技是影响 21 世纪人类发展进程的两大驱动因素。他提出"中国的城镇化将是区域经济增长的火车头,并产生最重要的经济利益"。

2012 年 11 月,党的十八大报告指出:"坚持走中国特色新型工业化、信息化、城镇化、农业现代化道路,推动信息化和工业化深度融合、工业化和城镇化良性互动、城镇化和农业现代化相互协调,促进工业化、信息化、城镇化、农业现代化同步发展。"

2012 年的中央经济工作会议指出:"积极稳妥推进城镇化,着力提高城镇化质量。城镇化是我国现代化建设的历史任务,也是扩大内需的最大潜力所在,要围绕提高城镇化质量,因势利导、趋利避害,积极引导城镇化健康发展。要构建科学合理的城市格局,大中小城市和小城镇、城市群要科学布局,与区域经济发展和产业布局紧密衔接,与资源环境承载能力相适应。要把有序推进农业转移人口市民化作为重要任务抓实抓好。要把生态文明理念和原则全面融入城镇化全过程,走集约、智能、绿色、低碳的新型城镇化道路。"

2014 年 3 月,我国发布《国家新型城镇化规划(2014—2020 年)》。根据党的十八大报告、《中共中央关于全面深化改革若干重大问题的决定》、中央城镇化工作会议精神、《中华人民共和国国民经济和社会发展第十二个五年规划纲要》和《全国主体功能区规划》编制,按照走中国特色新型城镇化道路、全面提高城镇化质量的新要求,明确未来城镇化的发展路径、主要目标和战略任务,统筹相关领域制度和政策创新,是指导全国城镇化健康发展的宏观性、战略性、基础性规划。

从世界各国来看,城市化(我国称之为城镇化)具有阶段性特征。当城市人口超过 10% 以后,进入城市化的初期阶段,城市人口增长缓慢;当城市人口超过 30% 以后,进入城市化加速阶段,城市人口迅猛增长;当城市人口超过 70% 以后,进入城市化后期阶段,城市人口增长放缓。中国的城镇化也符合世界城镇化的一般规律。总结自1949年以来我国城镇化发展的历程,经历了起步(1949—1957年)、曲折发展(1958—1965年)、停滞发展(1966—1977年)、恢复发展(1978—1996年)、快速发展(1996年以来)等不同阶段。建国伊始,国民经济逐步恢复,尤其是"一五"期间众多建设项目投产,工业化水平提高,城市人口增加,拉开新中国城镇化进程的序幕。城市数量从1949年的136个增加到1957年的176个,城市人口从1949年的5765万人增加到1957年9949万人,城镇化水平从1949年的10.6%增长到15.39%。1958—1965年这一时期,由于大跃进和自然灾害的影响,城镇化水平起伏较大,前期盲目扩大生产,全民大办工业,导致城镇人口激增2000多万,后期由于自然灾害等影响,国民经济萎缩,通过动员城镇工人返乡和调整市镇设置标准,使得城镇化水平回缩。1958年城镇化水平为15.39%,1959年上升到19.75%,1965年城镇化水平又降低到1958年水平。1966—1977年,"文化大革命"期间,国家经济发展停滞不前,同时大批知识青年上山下乡,城镇人口增长缓慢,城镇化进程出现反常性倒退,1966年城镇化水平为13.4%,1976年降为12.2%。1978—1996年,十一届三中全会确定的农村体制改革推动了农村经济的发展,释放大量农村剩余劳动力,改革开放政策促进城市经济不断壮大,国民经济稳健发展,城镇化水平稳步提升,从1979年的17.9%增加到1996年的29.4%,城市数量从1978年的193个增加到1996年的668个。1996年以来,城镇化率年均增长率在1%以上。2011年城镇人口达到6.91亿,城镇化水平达到51.27%,城市化水平首次突破50%;2012年城镇化率比上年提高了1.3个百分点,城镇化水平达到52.57%;2013年,中国大陆总人口为136072万人,城镇常住人口73111万人,乡村常住人口62961万人,城镇化水平达到了53.7%,比上年提高了1.1个百分点。2014年城镇化水平达到54.77%,比上年提高了1.04个百分点;2015年城镇化水平达到56.10%,比上年提高1.33个百分点。表明中国社会结构发生了历史性的转变,开始进入城市型社会为主体的城镇化快速发展阶段。与全球主要国家相比,中国目前的城镇化水平已超过发展中国家平均水平,但与发达国家平均77.5%的水平还有较大差距。

  探讨我国新型城镇化之路,首先要对其内涵有一个新的认识。过去一种最为普遍的认识是:城镇化是"一个农村人口向城镇人口转变的过程"。在这种认识的指导下,城镇人口占国家或地区总人口的比重成为了衡量城市化发育的关键,多数情况下甚至是唯一指标。我们认为:城镇化除了是"一个农村人口向城市人口转变的过程",还包括人类社会活动及生产要素从农村地区向城镇地区转移的过程。新型城市化的内涵应该由4个基本部分组成:人口;资源要素投入;产出;社会服务。换言之,新型城镇化的内涵应该由人口城市化、经济城市化、社会城镇化和资源城镇化所组成。

人口城镇化就是以人为核心的城镇化。过去的城镇化,多数是土地的城镇化,而不是人的城镇化。多数城镇化发展的路径是城镇规模扩张了,人却没有在城镇定居下来。所谓"没有定居",是指没有户籍、不能与城镇人口一样享受同样的医保、福利等"半城镇化"的人口。2013年中国"人户分离人口"达到了2.89亿人,其中流动人口为2.45亿人,"户籍城镇化率"仅为35.7%左右。人口城镇化就是要使半城镇化人变成真正的城镇人,在提高城镇化数量的同时,提高城镇化的质量。

城镇化水平与经济发展水平存在明显的正相关性。国际经验表明,经济发达的地区和城市有着较高的收入水平和更好的生活水平,吸引劳动力进入,促进城市化发展,而城市人口的增长、城市空间的扩大和资源利用率的提升,又为经济的进一步发展提供必要条件。发达国家城市第三产业达到70%左右,而我国城市产业结构以第二产业为主导。经济城镇化应该是城市产业结构向产出效益更高的产业转型,通过发展集群产业,带来更多的就业和效益,以承接城镇人口的增长和城市规模的扩大,这就需要进行产业结构调整和经济结构转型与优化。

社会城镇化体现在人们的生活方式、行为素质和精神价值观及物质基础等方面。具体而言,是指农村人口转为城镇人口,其生活方式、行为、精神价值观等发生大的变化,通过提高基础设施以及公共服务配套,使得进城农民在物质、精神各方面融入城市,实现基本公共服务均等化。

资源城镇化是指对土地、水资源、能源等自然资源的高效集约利用。土地、水和能源资源是约束我国城镇化的瓶颈。我国有500多个城市缺水,占城市总量三分之二;我国土地资源"一多三少":总量多,人均耕地面积少、后备资源少、优质土地比较少,所以三分之二以上的土地利用条件恶劣;城镇能耗与排放也成为突出之挑战。因此,资源城镇化就是要节能减排、低碳发展、高效集约利用各类资源。

从新型城镇化的内涵理解入手,本丛书的作者就如何高效集约的利用土地资源,既保证社会经济和城镇发展的用地需求,又保障粮食安全所需的十八亿亩耕地不减少;同时,以人为核心的城镇化,能使得进城农民市民化,让城镇居民安居乐业,研究了我国新型城镇化进程中的"人—业—地—钱"相挂钩的政策,探讨了我国粮食主产区农民城镇化的意愿及城镇化的实现路径。

在坚持以创新、协调、绿色、开放、共享的发展理念为引领,深入推进新型城镇化建设的同时,加快推进城乡发展一体化,也是党的十八大提出的战略任务。习近平总书记在2015年4月30日中央政治局集体学习时指出:"要把工业和农业、城市和乡村作为一个整体统筹谋划,促进城乡在规划布局、要素配置、产业发展、公共服务、生态保护等方面相互融合和共同发展。"他强调:"我们一定要抓紧工作、加大投入,努力在统筹城乡关系上取得重大突破,特别是要在破解城乡二元结构、推进城乡要素平等交换和公共资源均衡配置上取得重大突破,给农村发展注入新的动力,让广大农民平等参与改革发展进程,共同享受改革发展成果。"因此,根据党的十八大提出的战略任务和习近平同志指示精神,国家科学技术部联合教育部、国土资源部、中科院等部门组织北京大学、中国科学院地理科学与资源研究所、同济大学、武汉大学、东南大学等单位开展了新农村建设和城乡一体化发展的相关研究。本丛书展示的一些成果就是关于新农村规划建设和城乡一体化发展的研究成果,这些研究成果力求为国家的需求,即新型城镇化和城乡一体化发展提供决策支持和技术支撑。北京大学为主持单位,同济大学、武汉大学、东南大学、中国科学院地理科学与资源研究所、北京师范大学、重庆市土地勘测规划院、华南师范大学、江苏和广东省规划院等单位参加的研究团队,在"十一五"国家科技支撑计划重大项目"村镇空间规划与土地利用关键技术研究"的基础上,开展了"十二五"国家科技支撑计划重点项目"村镇区域空间规划与集约发展关键技术研究"。紧密围绕"土地资源保障、村镇建设能力、城乡统筹发展"的原则,按照"节约集约用地、切实保护耕地、提高空间效率、推进空间公平、转变发展方式、提高村镇生活质量"的思路,从设备装备、关键技术、技术标准、技术集成和应用示范五个层面,深入开展了村镇空间规划地理信息卫星快速测高与精确定位技术研究、村镇区域发展综合评价技术研究、村镇区域集约发展决策支持系统开发、村镇区域土地利用规划智能化系统开发、村镇区域空间规划技术研究和村镇区域空间规划与土地利用优化技术集成示范等课题的研究。研制出2套专用设备,获得13项国家专利和23项软件著作权,编制22项技术标准和导则,开发出23套信息化系统,在全国东、中、西地区27个典型村镇区域开展了技术集成与应用示范,为各级国土和建设管理部门提供重要的技术支撑,为我国一些地方推进城乡一体化发展提供了决策支持。

新型城镇化和城乡一体化发展涉及政策、体制、机制、资源要素、资金等方方面面,受自然、经济、社会和生态环境等各种因素的影响。需要从多学科、多视角进行系统深入的研究。这套丛书的推出,旨在抛砖引玉,引起"学、研、政、产"同仁的讨论和进一步研究,以期能有更多更好的研究成果展现出来,为我国新型城镇化和城乡一体化发展提供决策支持和技术支撑。

中国土地与住房研究丛书·村镇区域规划与土地利用

编辑委员会

2016年10月

前　言

全球化、市场化和分权化推动中国经济快速增长的同时，也促进了中国城市空间形态的转变。尤其是，工业化和城镇化的快速推进，使得中国土地利用格局和空间结构出现了前所未有的激烈变化。过去 30 年中国城镇发展的重要特征就是增长，从空间上说就是用地的倍增。据统计，从 1981 年到 2014 年，城市建成区面积由 0.7×10^4 km^2 增加到 4.9×10^4 km^2，是原来的 7 倍；各类工业区、新区规划面积达到 7×10^4 km^2，实际建成 2.8×10^4 km^2，占建成区面积的 60%。然而，发展空间的快速扩张并没有带来发展效率的显著提升，过去 30 年中国的发展模式仍然是外延扩张式的。一方面，在资源环境约束不断强化的背景下，这种发展模式已经难以为继，迫切需要通过土地再开发和内涵挖潜，提升资源利用效率，落实环境友好型转变。另一方面，中国经济进入"新常态"发展阶段，在供给侧结构性改革成为推动经济发展新动力的背景下，通过产业升级和结构调整，引导新兴、低碳、循环经济型产业的发展已成为一个重要命题。因此，土地再开发和产业升级成为当前中国推进经济和城市发展的两个关键词。

土地再开发是伴随城市发展的一个必然过程，在国内外已有较多实践。在西方国家城市发展进程中，根据土地再开发的背景、组织形式以及开发内容的不同，土地再开发有不同的称谓或表达方式，如城市更新、城市再开发、城市再生和城市复兴等。土地再开发被认为是城市升级的必然发展过程，在城市基础设施和城市功能完善与优化、拉动相关产业促进城市经济持续发展以及促进城市社会事业发展与城市竞争力提升等方面发挥至关重要的作用。在国外土地再开发的实践中，存在着三种典型模式：一是以土地重划为特征的自上而下再开发模式（以德国和日本为代表），二是以城市绅士化为特征的自下而上再开发模式（以美国和英国为代表），三是以棕地再开发为特征的公私合作再开发模式（以美国和德国为代表）。总体来说，西方国家土地再开发经历了从以政府为主导，到以政府和开发商合作为主导，最后到现在以政府、开发商及社区三方伙伴关系为主导的三个阶段。

国内有关土地再开发的研究和实践始于城镇中心区的旧城改造。我国旧城区存在诸多问题，已无法适应快节奏的现代都市生活，也降低了城市的辐射功能,因此旧城改造是提升城市活力与效率的重要前提条件。我国旧城改造经历了从全拆重建到局部拆建和有系统的逐步修复相结合的过程,很多关于旧城改造的项目在一些大城市纷纷落地,如北京、上海和重庆等。旧城改造已经成为城市更新的重要途径,但仍存在开发模式简单、改造方式单一、历史文化保护不足等问题。

与城镇中心区相比,村镇地区土地利用问题更为突出,矛盾也更为尖锐。改革开放以来,村镇地区产业构成中的非农产业所占比重迅速上升,土地利用类型和结构作为社会经济活动的载体和产业生存发展的物质基础也日趋复杂多样。日益增长的商品交换和经济发展需求带来村镇产业的快速发展,并进一步促进了新集镇的诞生以及原有建制镇经济规模、人口规模和用地规模的扩张。在长期累积的人口压力和区域经济增长的共同驱动下,村镇发展过度注重经济利益的提升,一定程度上忽视了社会效益和生态效益的实现,使得村镇土地利用逐步显现出同城市建设用地边界演替、交互错杂;内部结构失衡、布局不合理、集约化水平不高;承载了大量"三高一低"(高投入、高能耗、高污染、低效益)产业;管理制度不完善、产权不清等问题。

近年来,村镇土地再开发已逐渐成为社会关注的焦点之一,主要原因包括:一是中国村镇地区粗放式的发展与城市地区发展极不协调,迫切需要通过再开发实现综合效益的提升;二是在耕地保护、基本农田保护和生态环境红线等约束下,村镇地区以往的发展模式对资源与环境保护带来了极大的压力,也迫切需要实现发展方式的转变。在推力和拉力的共同作用下,村镇土地再开发呈现积极发展的态势,各地出现了各具代表性的实践,如北京的"城中村改造"模式、广东的"三旧改造"模式、重庆的"地票"模式、天津的"宅基地换房"模式,这些实践都在一定程度上促进了村镇土地整治和城乡协调发展。

在实践的基础上,一些好的经验也不断得到总结,并被赋予制度和政策的含义。2009年12月,《深圳市城市更新办法》正式实施。根据以往旧城改造的法规政策和实践经验,该办法首次提出城市更新相关概念,除了明确旧工业区、旧商业区、旧住宅区等改造对象外,还将实践中的城中村改造也纳入城市更新范围。2016年1月,《广州市城市更新办法》正式实施,并依此成立了广州市城市更新局。作为全国首例,广州市城市更新局是城市更新工作的主管部门,负责全市低效存量建设用地的盘活利用和城市危破旧房的更新盘活,统筹协调全市城市更新工作。具体职能包括:制订城市更新配套政策;编制城市更新工作方案与计划;组织城市更新项目实施与监管;审核城市更新项目方案、统筹资金平衡;集中办理城市更新市级权限范围内的审批事项的服务工作;指导、协调、监督各区的城市更新工作。这些政策或制度设计凸显了土地再开发的重要性和紧迫性。

产业升级作为村镇发展面临的重要机遇,与村镇土地再开发具有密切联系。现有实践表明,村镇土地再开发可以通过明确村镇产业用地权属,优化土地利用结构和布局,进而提升产业用地利用效率;而产业升级也可以通过引入资源消耗少、环境污染小的新兴产业,实现产业的更新置换、结构调整、布局优化和产能提升,推动村镇土地再开发。然而,对于如何实现村镇土地再开发与产业升级互动互促仍然缺乏深入的研究。首先,针对村镇发展过程,现有研究缺乏对村镇土地再开发与产业升级内在机制的系统认识。虽然在实践中可以总结一些经验教训,但在理论层面仍然缺乏对其互动机制的总结和提炼。其次,村镇土地再开发规划和评估多套用城市规划方法,缺乏针对土地再开发过程中产业升级与置换的分析技术。

基于此,本书旨在从理论和技术两个层面系统分析产业升级视角下村镇土地再开发的系统复杂性和路径有效性,从而为产业升级推动村镇土地再开发提供理论基础和技术支撑。首先,在理论分析层面,探讨产业升级视角下村镇土地再开发的影响因素和制约因素,从而为技术研发提供理论基础。其次,在技术研究层面,以"淘汰落后产能—碳减排—循环经济—新兴产业置换"为思路,研发促进产业升级与村镇土地再开发的关键技术。最后,以广州市白云区为案例,开展技术应用示范研究,验证技术可行性和适用性,为技术推广提供参考。

本书第一章是绪论部分,论述了中国村镇土地再开发的背景及从产业升级视角研究村镇土地再开发的必要性和独特性,并进而提出了本书的研究框架和技术支撑体系。第二章和第三章分别综述了土地再开发的理论基础和国内外土地再开发的实践经验及启示。通过第二章和第三章的综述,不难看出土地再开发是实现土地资源高效利用和城市更新的重要手段,而产业升级与土地再开发具有相辅相成的关系。第四章至第七章是本书的理论研究部分,分别探讨产业升级、能源利用、资源使用、制度约束与村镇土地再开发的内在联系和影响机制,从而分析实现产业优化、碳减排、循环经济和机制创新的有效途径。第四章至第七章是本书的核心之一,是技术研发的基础。第八章至第十一章则顺应"淘汰落后产能—碳减排—循环经济—新兴产业置换"的技术思路,分别就产业升级下促进村镇土地再开发的四项核心技术开展研发。第八章研究在村镇尺度下构建指标体系评价工业企业产能,为淘汰落后工业产能提供技术支撑。第九章和第十章分别从碳排放和循环经济角度,评价村镇层面企业的资源与能源利用状况,为村镇地区产业升级与节能减排提供依据。第十一章则具体就如何在村镇地区引入新兴产业和如何开展新旧产业空间置换开展分析,为村镇引入符合区域发展的新兴产业提供技术支持。第十二章为技术示范部分,主要是为第八章至第十一章研发的四项技术提供实践机会,为进一步推动村镇土地再开发提供参考案例。

  本书是国家"十二五"科技支撑计划课题"产业升级与结构调整的土地配置与调控技术研究(2013BAJ13B03)"的研究成果,由作者研究团队及相关合作机构共同完成。其中,第一章由罗芊和黄志基执笔,第二章由黄志基、罗芊、孔莹晖执笔,第三章由黎斌执笔,第四章由董瑶、周沂执笔,第五章由黄志基和金璐璐执笔,第六章由童昕执笔,第七章由黄志基执笔,第八章由广州市土地利用规划编制中心郑延敏、刘立等执笔,第九章由谭卓立和刘洁敏执笔,第十章由童昕执笔,第十一章由黄志基、周沂、李蕴雄、杨帆、李志斌、刘颖执笔,第十二章是全书的技术示范,由课题团队共同参与,由黄志基和李蕴雄整理汇总,第十三章由黄志基执笔。全书由黄志基、贺灿飞统稿。

  限于作者的学识与能力,本书研究的深度和广度有待进一步深化。对书中不足之处,还望广大读者和学界同仁不吝指正。

作　者
2016 年 5 月 16 日于北京

目 录

第一章　绪论 / 1
　　第一节　中国快速工业化和城镇化进程 / 1
　　第二节　村镇土地利用存在的问题 / 6
　　第三节　村镇土地再开发的必要性 / 12
　　第四节　村镇土地再开发研究的新视角：产业升级 / 15
　　第五节　村镇土地再开发的产业升级路径 / 19
　　参考文献 / 22

第二章　土地再开发理论基础 / 24
　　第一节　土地再开发的实施动机：土地价值与区位理论 / 24
　　第二节　土地再开发的发生时机：产业升级与城市化
　　　　　　阶段理论 / 26
　　第三节　土地再开发的实现原则和模式 / 29
　　参考文献 / 33

第三章　国内外土地再开发经验及启示 / 35
　　第一节　土地再开发的国际经验 / 35
　　第二节　土地再开发的国内经验 / 54
　　第三节　小结 / 64
　　参考文献 / 67

第四章　产业升级、产业优化与村镇土地再开发 / 71
　　第一节　产业升级与村镇土地再开发的模式及特点 / 72
　　第二节　研究框架构建 / 75

第三节　数据与研究方法 / 78
　　第四节　比较优势对产业升级与村镇土地再开发
　　　　　的影响 / 80
　　第五节　小结 / 84
　　参考文献 / 85

第五章　能源利用、碳减排与村镇土地再开发 / 87
　　第一节　能源利用与碳排放 / 87
　　第二节　理论进展与研究假说 / 92
　　第三节　数据与案例分析 / 95
　　第四节　小结 / 102
　　参考文献 / 103

第六章　资源使用、循环经济与村镇土地再开发 / 104
　　第一节　资源使用面临的挑战 / 104
　　第二节　理论基础与研究假设 / 110
　　第三节　数据与案例概况 / 112
　　第四节　循环经济与村镇土地再开发：实证检验 / 114
　　第五节　循环经济模式下的村镇建设用地再开发：
　　　　　制度创新 / 120
　　第六节　小结 / 123
　　参考文献 / 123

第七章　制度约束、机制创新与村镇土地再开发 / 127
　　第一节　问题的提出 / 127
　　第二节　制度约束下的村镇产业用地再开发：分析框架 / 129
　　第三节　数据与研究方法 / 135
　　第四节　制度约束对村镇产业用地再开发影响的
　　　　　实证检验 / 136
　　第五节　村镇产业用地再开发的机制创新 / 141
　　第六节　小结 / 143
　　参考文献 / 144

第八章　淘汰村镇落后工业产能土地优化技术 / 146

第一节　引言 / 146
第二节　村镇工业用地信息获取与数据库建设 / 148
第三节　村镇工业用地评估技术和落后产能甄别标准 / 151
第四节　村镇工业用地再开发土地优化配置 / 163
第五节　小结 / 166
参考文献 / 167

第九章　碳减排的土地调控技术 / 168

第一节　引言 / 168
第二节　村镇建设用地产业活动的碳排放评估技术 / 169
第三节　村镇尺度企业评价标准的转化技术 / 174
第四节　村镇建设用地再开发的碳减排调控机制 / 176
第五节　小结 / 177
参考文献 / 177

第十章　循环经济型土地配置技术 / 178

第一节　引言 / 178
第二节　村镇产业空间的循环经济识别技术 / 180
第三节　循环经济型再开发项目规划评估技术 / 183
第四节　循环经济型再开发项目规划实施效果
　　　　评估技术 / 185
第五节　小结 / 187
参考文献 / 187

第十一章　新兴产业土地配置技术 / 189

第一节　引言 / 189
第二节　新兴产业区域评价技术 / 189
第三节　新兴产业用地适宜性评价技术 / 195
第四节　新兴产业用地空间置换技术及置换标准 / 200
第五节　小结 / 207
参考文献 / 208

第十二章　广州市白云区良田-竹料工业园技术示范 / 210
  第一节　示范区概况 / 210
  第二节　调研与数据收集 / 212
  第三节　技术示范结果 / 213
  第四节　小结 / 243

第十三章　结论与展望 / 245

第一章

绪论

第一节 中国快速工业化和城镇化进程

工业化是一个国家由生产技术落后、生产水平低下的农业国过渡到具有发达生产技术和社会生产力的先进工业国的过程,表现为工业(或制造业、第二产业)在国民收入和劳动人口中所占比重的持续上升(方甲,1996)。随着工业化进程推进,城镇化加速发展是社会发展的客观趋势,也是国家现代化的重要标志。工业化与城镇化两个概念涵盖社会经济、地理空间等多个维度:从社会经济角度看,工业化和城镇化是农村人口转变为城镇人口、农业活动向非农产业转化以及产业结构升级的过程;从地理空间来看,工业化和城镇化是各种生产要素和产业活动向城镇地区集聚或扩散,及其伴生的土地利用类型变化过程(魏后凯,2005)。

新中国成立到改革开放前,在高度集中的计划经济体制管理下,中国选择重工业作为发展重点,以集中国力实现对西方国家的赶超。为配合产业结构重型化的发展目标,国家借助"统购统销"制度带来的工农产品价格剪刀差迫使农业为工业提供超额资本积累,使得产品和要素价格扭曲、产业结构失调,严重阻碍了第一产业、轻工业以及第三产业的正常发展。同时,政府大幅压缩对于基础设施等关乎城市未来发展建设的非生产性投资,并通过推行"调整,巩固,充实,提高"的八字方针和"三线建设"等逆城镇化政策精简城镇人口、分散布局产业、备战备荒,城镇化一度滞后于工业化进程,为日后城市承载力限制工业化发展以及土地利用集约度低下、城市拥堵、环境恶化等城市病的出现埋下伏笔。因此,高度强制性和指令性计划经济指导下的工业化和城镇化发展进程存在较大起伏波动,虽然在特定时期内我国实现了工业总产值和城镇化水平的暂时上升,但是由于政治运动频繁、发展规划制订缺乏延续性且违背客观规律等原因,我国的工业化和城镇化发展整体上存在经济结构失衡、产业布局分散、城镇化服务于工业化、农业和村镇服务于工业和城市的特征。

进入改革开放时期后的1978—1995年间,全国工作重点开始转移到经济建设上来,中国的工业化和城镇化的推进也重新步入正轨(周一星,1995)。1978年公布的《中共中央关于加快工业发展若干问题的决定》是中共中央在进入改革开放时期后提出的第一个有关工业发展的文件,其中的核心内容即解决改革开放前遗留的产业结构问题。此时结构调整的重点是轻重工业比例,中央旨在通过大力发展农业和轻工业,改变重工业生产的服务方向和产品结构,并于1981年提出《关于制止盲目建设重复建设的几项规定》进一步抑制能力过剩的"长线产业"发展(贺灿飞,2009)。这一时期,在产业结构向消费品轻工业转变的背景以及固定户籍制度的约束下,乡镇企业逐渐兴起,"离土不离乡""进厂不进城"成为工业化的主要模式,工业在乡镇地区的分散布局,令小城镇数量剧增,在中国城镇格局中的地位逐渐凸显(周元和孙新章,2012)。然而,小城镇的"遍地开花"和工业布局的分散化,导致土地资源浪费和生态环境恶化,大中城市的规模效应、集聚效应和辐射效应未能充分发挥,城镇就业人口吸纳能力有限(魏后凯,2014)。总的来看,1978—1995年间,中国工业化和城镇化快速发展,工业总产值从1978年的4237亿元增加到1995年的91 894亿元,17年内增加超过了20倍;城镇化水平从1978年的17.92%增长到1995年的29.04%,提升了11.49个百分点(图1-1);县级市数量从1978年的92个剧增至1995年的427个(图1-2)。但是,由于工业化推进速度较快以及历史遗留的矛盾,城镇化滞后于工业化发展的问题仍未得到解决。

1996年起,随着改革开放和体制改革的不断深入,我国的工业化和城镇化进程进入加速发展阶段。不同于前一阶段"以乡镇企业作为转移剩余劳动力的载体、控制大城市规模、合理发展中等城市、积极发展小城镇"的城市发展方针,大中城市在城镇化发展中的作用日益重要。"十五"规划、"十一五"规划以及"十二五"规划相继指出应以大城市为依托,促进大中小城市和小城镇协调发展,通过城市建设投资,缓解基础设施和基础工业对城市发展的制约,以发挥大中城市的规模效应和集聚效应优势。1996—2011年间,中国城镇化水平从30.48%提高到51.27%,工业总产值在1996年为99 595亿元,虽然在2000年前后经历小幅波动,但是之后呈指数型增长,增加至2011年的844 269亿元(见图1-1和图1-2)。

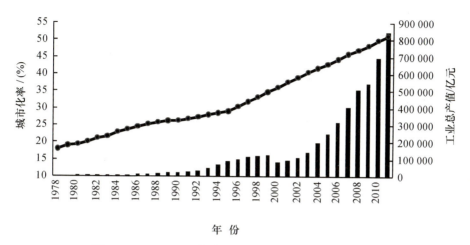

图 1-1　1978—2011 年中国城镇化率及工业总产值变化
数据来源：中国统计年鉴(2012 年)、中国工业经济统计年鉴(2012 年)。

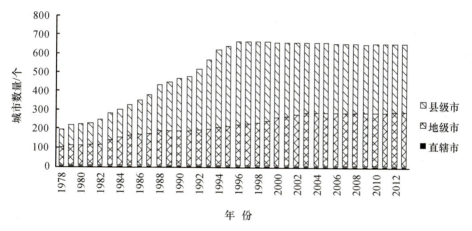

图 1-2　1978—2013 年中国城市数量变化
数据来源：中国城市建设统计年鉴(2014 年)。

城镇化与工业化的快速发展,使得大量剩余农村劳动力得到转移和安置,经济要素和生产资源的配置效率得到大幅提升,国民经济稳步快速增长,同时也带来产业结构和社会结构深刻变革。但是,这种变革是建立在高强度消耗资源能源、破坏生态环境的基础上的。改革开放前遗留下来的城市基础设施建设不足、产业结构失衡、产业布局分散等问题,导致城镇产业发展缺乏必要的硬件支持,难以通过规模效应和集聚效应实现可持续发展,也使得土地这一承载产业活动的空间实体的集约利用度不高。改革开放初期出现的小城镇和村镇企业"遍地开花"现象加剧了产业布局分散的局面。此外,村镇企业大多生产经营规模较小、产业层次较低、生产技术落后,使得单位土地单位产值的资源消耗和污染排放量进一步上升。这种重增长、轻内涵、低效率的粗放发展模式在短期推进国民经济快速增长的同时,也导致社会经济发展面临更加严峻的资源环境约束。

从资源禀赋来看,虽然中国自然资源总量较大、种类丰富,但由于人口众多,人均资源占有量紧缺,实际上属于"资源小国"。以土地资源为例,中国人均耕地面积为1.52亩,不到全球平均水平的一半。未来快速的城镇建设和经济发展还将不可避免地占用一部分耕地,而粗放的生产方式和落后的生产技术则会令土地占用进一步增加,极有可能危及中国的粮食安全(仇保兴,2005)。从1981—2012年,中国城市建设用地和城市建成区面积分别从6720.0 km² 和206 684.0 km² 增加到45 750.7 km² 和183 039.4 km²,建设用地的盲目扩张,人均耕地资源不断流失,粮食安全问题愈发严峻。从图1-3和图1-4可以看出,从1981—2012年间中国城市建成区以及城市建设用地面积不断增长;人均耕地面积远低于世界平均水平,特别是1995年之前,人均耕地面积持续减少,此后虽然基本保持不变,但是在快速城镇化和工业化不断激化资源供需矛盾的背景下,耕地保护工作的压力有增无减。

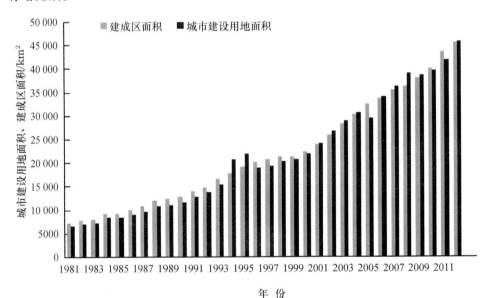

图1-3 1981—2012年中国城区、城市建成区、城市建设用地面积变化
数据来源:中国城市建设统计年鉴(2012)。

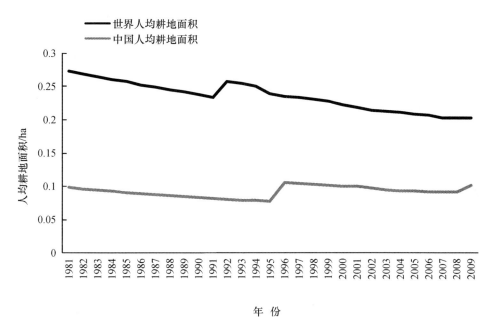

图 1-4 1981—2012 年世界人均耕地面积与中国人均耕地面积变化对比
数据来源：新中国农业 60 年统计资料、世界银行统计数据。

从生态环境来看，以煤炭为主的能源结构和以第二产业为主的经济结构是当下城镇化和工业化推进的主要驱动力。高消耗、高排放、高扩张特征明显的粗放外延式产业发展和城镇化模式不仅加剧了资源供需矛盾，也使得生态环境面临前所未有的威胁。在大气污染方面，2010 年全国有 50% 的城市出现过酸雨，中国东部城市和工业区的 PM 2.5 浓度普遍高于全球大部分区域 8～10 倍，且在较长时期内难以下降（郭叶波等，2013）。在水体污染方面，城市污水排放量持续增大，地表水和地下水污染严重。2010 年中国 182 个城市的 4110 个地下水水质监测点中，水质被监测为较差级和极差级的监测点分别占 40.4% 和 16.8%（潘家华和魏后凯，2012）。在固体废弃物排放方面，工业企业产生的固体废弃物的排放和露天堆存导致土壤和水体酸碱度改变并发生毒化，威胁到人体及其他生物健康。

综上所述，改革开放以来，中国的城镇化、工业化道路总体上呈现健康、高质量的发展趋势，但受到我国资源禀赋以及长期以来粗放的产业发展模式影响，转型期中国的城镇化和工业化发展进程也面临日益严峻的资源环境约束。按照美国地理学家诺瑟姆（Northam）于 1975 年研究发现的城镇化进程阶段性规律，我国当前尚处于城镇化水平为 30%～70% 的快速发展区间。在资源约束和环境压力作用下,我国的快速城镇化和工业化发展亟需转变经济发展方式,调整产业结构,实现产业升级,根据城镇资源环境承载力、要素禀赋和比较优势,改造提升传统产业,大力培育低能耗、低污染、可循环的战略性新兴产业,优化产业空间布局和土地利用结构,在提升单位面积土地产值的同时降低资源消耗和污染物排放量,实现土地这一产业活动承载主体的再开发和集约利用。2006年3月,十届人大四次会议批准通过《国民经济和社会发展第十一个五年计划纲要》提出要重点解决产业发展存在的结构失衡、粗放增长和创新能力差、附加值低等问题,以转变经济增长方式为主要任务,以增强经济可持续发展能力和产业的国际竞争力为根本目标,坚持以市场为导向、企业为主体,将增强自主创新能力作为中心环节,提升整体技术水平和综合竞争力,走新型工业化道路。2011年发布的《国民经济和社会发展第十二个五年计划纲要》中同样将构建结构优化、技术先进、清洁安全、附加值高、吸纳就业能力强的现代产业体系作为新型工业化道路的发展目标。《中共中央关于制订国民经济和社会发展第十三个五年规划的建议》提出树立创新、协调、绿色、开放、共享的发展理念。如何提高资源利用效率,同时促进生态环境的改善成为未来发展的趋势和必然要求。

第二节　村镇土地利用存在的问题

当前中国城镇化和工业化进程正处于快速推进阶段。就村镇而言,这一时期区域产业构成中非农产业所占比重迅速上升,土地利用类型和结构,作为社会经济活动的载体和产业生存发展的物质基础,也日趋复杂多样。日益增长的商品交换和经济发展需求带来村镇产业的快速发展,并进一步促进新集镇的诞生以及原有建制镇经济规模、人口规模和用地规模的扩张。在长期累积的人口压力和区域经济增长的共同驱动下,村镇发展过度注重经济利益的提升,一定程度上忽视了社会效益和生态效益的实现,致使村镇土地利用逐步显现出同城市建设用地边界演替、交互错杂;内部结构失衡、布局不合理,集约化水平不高;承载了大量"三高一低"(高投入、高能耗、高污染、低效益)产业;管理制度不完善、产权不清等问题。

一、城市建设用地无序扩张,同村镇土地边界演替,呈现错综复杂的关系

城市边缘区是城市到乡村的过渡地带。依照城市土地利用功能分区的同心圆学说,这种过渡遵循距离衰减规律,使得边缘区的土地利用性质、利用强度依照从城市核心区向郊区农村,在空间结构和地理景观上逐渐过渡的特征而呈环带状分布。但现实中,中国城市型与农村型土地的边界犬牙交错,令村镇土地同城市建设用地在城市边缘区的土地利用形态上呈现出层次混乱、交替错杂的特征。

地形、土壤、河流、矿产等自然要素与人口、政策、交通、文化、产业等社会经济要素的空间可达性固然对这一现象具有一定解释力(顾朝林等,1995)。然而,更深层次的原因在于相互割裂的城乡二元规划管理机构缺乏对边缘区土地利用的整体统筹,导致城市建设用地盲目扩张,同村镇土地在布局、结构上的关系无序混乱,出现"农村包围城市,城市又包围农村"的局面。反过来,形态结构复杂的城市边缘区又进一步加重了行政管理的条块分割、权限模糊的问题,使得土地规划缺乏科学依据和长远打算,越权批地、乱建房屋、乱占耕地等现象屡见不鲜,造成土地资源严重浪费。这些现象不仅阻碍了村镇发展,更威胁到粮食安全(沈阳等,1999)。

首先,从村镇社会经济发展来看,建设用地同耕地、居住用地等其他用途土地混合零散布局,导致双方相互干扰,难以取得最优的经济、社会和生态效益,造成了村镇土地资源的粗放利用和浪费。对建设用地来说,周边其他用途土地的存在会限制村镇的产业扩张空间,难以推进大范围的基础设施建设,导致最佳生产规模及其带来的规模经济效益无法实现,使得村镇产业的生产成本上升,一定程度上失去特定产品生产的比较优势。另外,居住用地布局在建设用地周围,会受到周边工业生产排放带来的环境外部性影响,使得城市边缘区居民的生存质量受到损害。

其次,从粮食安全来看,城市边缘区建设用地无序扩张也对耕地资源造成了污染和损害。虽然一些城镇化理论认为工业化和城镇化进程可以通过降低人口出生率、提高土地集约化利用水平、提升土地生产力和劳动生产率等途径,有利于耕地保护和粮食安全目标的实现(Henderson,2003)。但在现实城镇化进程中,特别是对于中国这样正处于成熟城镇化阶段之前的快速城镇化、工业化发展时期的国家来说,粗放的城镇化和产业发展模式带来的城镇用地无序扩张被认为是导致耕地面积迅速减少的重要原因(Yang and Li,2000;Ding,2003)。受工业发展和经济增长的驱动,快速扩张的建设用地会大量挤占农用耕地,令村镇产业发展同保障耕地占有量和粮食产量的矛盾日益突出,粮食安全受到威胁(刘新卫等,2008)。

如表1-1所示,1997—2008年间中国建设用地占用耕地情况可划分为两个阶段。从建设用地占用耕地面积来看,总体上经历了一个先增加后减少的过程,在2004年达到最大值,为29.3×10^4 ha(万公顷)。而从建设用地占用耕地面积占当年减少耕地面积的比重来看,百分比数值在1997—2003年间不断加减少,之后快速上升,并于2007年突破50%,最终在2008年接近70%。当下中国耕地数量减少的主要途径有四种:建设占用耕地、生态退耕占用耕地、灾毁耕地和农业结构调整耕地。虽然当前建设用地占用耕地的绝对数量呈现下降趋势,但是由于生态退耕、灾害、农业结构调整等因素正以更快的速度减少对耕地的占用,因此建设用地扩张已经成为导致耕地面积减少的最主要原因。

表 1-1　建设用地占用耕地情况(1997—2008 年)

年　份	建设用地占用耕地面积/10^4 ha	建设用地占用耕地比例/(%)	当年减少耕地面积/10^4 ha
1997	19.3	41.77	46.2
1998	17.6	30.88	57.0
1999	20.5	24.35	84.2
2000	16.3	10.41	156.6
2001	16.4	19.74	83.1
2002	19.7	9.71	202.8
2003	26.1	9.07	287.9
2004	29.3	22.64	129.4
2005	21.2	21.54	98.5
2006	25.9	25.18	102.7
2007	18.8	55.27	34.1
2008	19.2	68.91	27.8

数据来源:中国国土资源统计年鉴(1998—2009 年)。

区域粮食安全的保障需要充足且高质量的耕地作为基础,虽然目前的《土地管理法》中规定的"占用耕地补偿制度"在一定程度上可以保证耕地面积总量的动态平衡,但是通过"占补平衡"进行"复垦"的耕地往往存在土地质量和生产力低下的问题,表面上总量不变的耕地在生产力上出现下滑,使得耕地总量出现"隐性减少"。因此,欲从根本上解决耕地同村镇建设用地供需矛盾,需要彻底改变城市交错带村镇土地规划上出现的多头管理、缺乏规划统筹与协调等问题,通过土地再开发,在原有产业用地上进行产业调整,淘汰落后产能,引进经济效益、社会效益、生态效益等综合效益更高的新兴产业,实现产业结构的升级。

二、村镇土地结构失衡、布局不合理,集约利用水平低

虽然人多地少、人均资源占有量相对较少是我国的基本国情,但在快速城镇化进程以及传统城乡二元经济结构的背景下逐渐发展壮大的村镇产业用地却由于布局分散、结构无序而在一定程度上降低了村镇土地应发挥的经济、社会和生态效益,导致村镇土地集约利用水平不高、土地资源利用的低效浪费。

长期以来人们对于农村工业化虽逐渐突破了"就地取材"和"就地销售"的限制,但仍存在"就地办厂"的理解误区,"镇办企业办在镇,家庭工业办在家"几乎成为遍及全国的通用模式。这种"村村点火,处处冒烟"的生产和布局模式虽然促进中国在20年间快速走过工业化初级阶段,完成了资本的原始积累,但是由于绝大多数村镇产业缺乏统一的规划布局,多集中在地价便宜和交通便利的城镇边缘,使得产业在空间上分布零乱、各圈一方,呈现出分散、无序的特征(薛德升等,2001)。小规模、分散化的工业小区和工业厂房,使得土地利用布局支离破碎,"城不像城,村不像村",既不利于农业生产、居民生活,也不利于村镇产业有序发展。

一方面,对于村镇产业用地来说,由于受到周边居住用地、林地、耕地等其他类型用地的限制而难以在交通、基础设施方面进行切实改善,导致所在企业难以获得更大的发展空间,单位面积土地产出远低于最优规模,资源消耗和污染排放高于最优规模,集约利用水平低下。另一方面,对于其他用途土地来说,土地布局结构的不协调、不合理大大增加了村镇内部针对工业和居民点进行生产、生活基础设施对应配套建设的难度,并且严重影响到医疗卫生、教育文化等社会服务行业正常辐射范围和服务功能的实现,居民生活质量难以得到保障。这同样影响到单位土地最大效益的实现,土地利用集约度随之下降。

党的十八大报告中指出,要"优化国土空间开发格局,按照人口资源环境相均衡、经济、社会与生态效益相统一的原则,控制开发强度,调整空间结构,实现生产空间集约高效、生活空间宜居适度、生态空间山清水秀。"因此,土地再开发是解决村镇土地资源配置不合理问题的有效方法。以产业升级为理念的土地再开发在对村镇土地利用布局和结构进行调整的基础上,利用"腾笼换鸟""筑巢引凤"等途径,在置换或升级粗放经营的传统产业的同时,引入并培育新兴产业。通过建设规划布局合理、基础设施完善的工业园区将小规模、分散的村镇产业进行集中整合,以解决"村村点火,处处冒烟"模式带来的生产规模不经济、配套服务和设施不完善、同居民点混杂相互干扰等问题,实现村镇土地资源配置合理化、村镇发展有序化。

三、村镇土地承载了大量高耗能、高污染产业,生态效益低下

工业化初期,东部沿海等地理位置和交通条件优越、历史文化基础较好的地区依托村镇经济发展公司经营,引进了以印染、电镀为代表的重污染行业,通过"三来一补"企业拉动经济增长。大部分"三来一补"企业规模较小,生产设备技术水平低,普遍缺乏污染物处理设施,致使废水、废气、废渣未经处理而大量向外排放,而企业"遍地开花"的分散布局又令污染影响范围和危害程度进一步扩大,

严重影响到城市的环境质量,使得村镇土地利用的生态效益低下。

此外,近年来城市工业的迅速发展,一方面为城市核心区带来用地紧张、人口膨胀、环境恶化、供水不足和交通拥堵等问题,另一方面使得其在劳动力成本、土地价格以及税收方面的优势减弱。为了调整城市用地结构和工业布局、优化城市环境、降低成本、提升竞争力,一些位于城市核心区内的高耗能、高污染企业选择向城市边缘的村镇搬迁、疏散的调整措施,也为村镇带来了大量资源密集、污染密集型产业(顾朝林等,1995)。

综合上述两方面因素,中国村镇土地承载了大量高耗能、高污染、产品附加值较低的产业,具有碳排放多、循环经济不明显、污染物排放量大等诸多问题。2000—2008年间,中国村镇工业固体废弃物排放占全国的比例从57%上升到61%,废水COD排放量占全国的比例从53%上升到58%(杨天学等,2013)。村镇土地利用存在生态效益低下的问题,令所在地区的资源环境承载力面临巨大挑战。与此同时,用地蔓延式扩展、土地集约利用水平不高的村镇产业用地模式严重挤占了可持续用于经济、产业发展的土地空间,导致村镇面临建设用地告罄的困局。存量建设用地的急剧减少,为低能耗、低污染的新兴产业引入和传统产业集中升级转型制造了更大的困难。这也进一步固化了村镇土地所承载产业高耗能、高污染的特征,难以通过单纯地产业转移实现原有产业用地向资源节约和环境友好方向的转化。

通过上述分析可以看出,土地再开发是提升其所承载产业的层次和结构,减少污染排放和资源消耗量,从而提升村镇土地利用生态效益的重要途径。村镇土地再开发促进的产业转型并不是完全摒弃传统村镇产业,而是在其基础之上,通过高新技术引进以及原有产业链的转型和延伸,改善原有"三来一补"企业较为低端的生产工艺,在更小规模的产业用地上创造更大的经济效益和生态效益,实现产业升级。而通过产业置换和产业更新腾出的产业用地则可用于新兴产业的培育或转为其他功能建设用地,从根本上解决土地利用结构布局不合理的问题,提升村镇土地的生态效益。

四、村镇土地管理制度不完善,产权不清

中国农村建设用地集体制的确立始于1958年8月中共中央通过的《关于在农村建立人民公社问题的决议》,人民公社通过较为彻底的公有制,将原高级农业生产合作社土地以及允许农民自有的宅基地、自留地等土地全部收归人民公社所有。改革开放初期,村镇土地仍保持集体所有制的形式。之后为了适应经济高速发展的需求、满足各类投资项目对土地日益膨胀的需要、降低前期投资成本、提升办事效率,大量产业项目的落地利用当时较为宽松的政策环境和土地管理制度的缺陷,通过诸如"挂靠""租赁""拨用"等不规范形式使用农村集体建设用地。这种操作方式虽然在短期内解决了村镇产业起步和社会经济发展问题,但是由于土地所有权人和土地使用者不一致,带来了村镇土地所有权属不清的问题。

不完善的土地管理制度以及模糊不清的土地产权关系严重制约了村镇产业发展,使得一些村镇企业在现代化改制中陷入困局。首先,《中华人民共和国土地管理法》第63条规定农民集体所有的土地使用权不得出让、转让或者出租用于非农业建设①,这限制了村镇企业通过对土地出让实现村镇建设用地流转的可能。其次,《中华人民共和国担保法》第36条规定:"乡(镇)、村企业的土地使用权不得单独抵押。以乡(镇)、村企业的厂房等建筑物抵押的,其占用范围内的土地使用权同时抵押。"②这一条文虽未完全明确指出集体所有的土地不能抵押,但由于村镇企业的土地为集体所有,厂房却是企业自建,一旦出现不良贷款,对于银行来说处置较为困难。因此,即便村镇企业能够通过做大做强而拥有一定信用额度,仍旧会受到历史遗留的土地权属问题的限制而难以利用土地进行融资,很难为扩大生产规模创造可能。此外,2006年出台的《国务院关于加强土地调控有关问题的通知》明确提出禁止通过"以租代征"的方式在集体所有的农用土地上进行非农生产。而大量村镇企业发展初期的建设用地是通过"以租代征"的方式获得的。这一规定的颁布明确指出了当前大量村镇企业用地权属的不合法性,令企业发展面临进退两难的境遇。

制度是土地开发过程中的关键因素。它一方面决定了产权归属,另一方面也定义了土地市场中产业用地的利用和流转的规则(Liu,2009)。因此,村镇产业需要借助土地再开发的契机,摆脱村镇土地制度的负累,推进产业用地从集体所有形式向国有形式的转换,一方面为村镇企业通过土地使用权抵押获得融资、扩大产能,更好地实现规模经济,提升村镇产业用地集约利用水平扫清障碍;另一方面令村镇产业土地使用权流转成为可能,有利于对原有产业用地上的落后工业产能进行淘汰和置换、对引入的新兴产业进行合理配置,从而提升村镇建设用地的生态效益,实现村镇产业发展的循环经济模式,以期达到借助土地再开发实现产业升级和结构调整的目的。

---

① 资料来源:《中华人民共和国土地管理法》第63条。
② 资料来源:《中华人民共和国担保法》第36条。

第三节 村镇土地再开发的必要性

从第二节可以看出,在中国城镇化和工业化的快速发展、村镇非农建设用地迅速扩张的背景下,粗放的产业经营模式和土地利用方式已经无法满足产业可持续发展的需求。村镇保有的大量布局不合理、利用效率低下、资源消耗大、污染排放多的产业用地,使得我国面临更加严峻的资源环境约束和更加尖锐的人地矛盾,不利于城镇化、工业化进程的持续推进,亟需启动以产业升级为目标的土地再开发,通过转变社会经济发展方式,缓解资源环境压力。

本节将从生态效益、社会效益、经济效益三方面对推进村镇土地再开发的必要性进行阐述。

一、应对资源环境约束,提升村镇土地利用的生态效益

长期以来,中国村镇地区依靠廉价的土地资源和粗放消耗自然资源作为增长点,不仅使得经济增长的后劲不足,而且带来了土地和自然资源短缺、生态系统破坏、环境污染等一系列不良后果。《中国21世纪初可持续发展行动纲要》中指出:"我国21世纪初可持续发展的总体目标是可持续发展能力不断增强,经济结构调整取得显著成效,人口总量得到有效控制,生态环境明显改善,资源利用率显著提高,促进人与自然的和谐,推动整个社会走上生产发展、生活富裕、生态良好的文明发展道路。"从资源环境的视角看,村镇土地再开发过程就是践行可持续发展战略,改变原有"高投入,高消耗,高污染"的生产模式。通过对村镇产业和村镇土地进行重新配置,充分、集约化、永续利用土地资源,从而有效应对经济增长和产业发展面临的资源环境约束,在提升资源利用效率的基础上减少污染的排放,提升村镇土地利用生态效益(闵师林,2006)。

具体来说,村镇土地再开发可以通过促进产业升级和引导产业合理布局两条途径提升土地利用的生态效益。从产业结构来看,村镇土地再开发通过引导产业升级转变经济增长方式,促进土地利用从粗放型转变为集约型,有利于形成资源高效循环利用、污染物低排放甚至零排放的经济增长方式和土地利用模式,从而解决村镇土地利用存在的集约利用度不高和生态效益低下等问题。从土地布局和利用结构来看,村镇土地再开发从空间尺度上对土地承载的社会经济活动进行优化配置,以期改变原有村镇企业"村村点火,处处冒烟"的生产模式,消除分散布局、小规模生产、技术落后带来的土地资源的浪费和对周边环境的污染。

二、缓解人地矛盾,提升村镇土地利用的社会效益

相对于中国日益扩大的人口规模来说,土地资源的供给能力是刚性的、有限的。人地关系越紧张的地区,土地的稀缺性就越强,产业用地扩张带来的人口数量增加与耕地数量减少的总量性矛盾以及人口与土地资源配置的结构性矛盾越尖锐,对土地再开发的需求就越迫切。

在村镇产业发展过程中,由于对土地资源的规划缺失,规划理念不合理、不科学,导致掠夺性开发土地、建设用地盲目扩张现象较为普遍,土地利用粗放及其造成的土地资源浪费等问题十分突出。再加上中国人多地少的基本国情,令原本存在的人地矛盾进一步恶化,亟需通过村镇土地再开发进程缓解人地矛盾,提升村镇土地利用的社会效益。城市的精明增长理论强调土地开发的重点应放在存量建设用地上,尽量减少增量开发,以防盲目、无序的空间扩张(McCauley,2013;Ali,2014)。而村镇土地再开发正是对精明增长理论的实践,通过对用地结构和用地布局进行调整,即从空间上协调各种不同的土地利用方式,协调土地需求和土地供给(闵师林,2006),从而在一定程度上消除村镇土地资源配置不合理带来的人地矛盾。

首先,村镇土地再开发通过产业升级使得村镇产业在有限的土地上获得更大、更持久的回报;通过产业用地布局和结构的优化,盘活存量建设用地,减少产业用地对耕地的占用,保障基本农田总量,从而缓解人口规模增长同耕地数量减少的总量性矛盾。其次,土地再开发引导小规模、分散化、粗放经营的村镇产业进行产业升级和产业用地置换,以期较为彻底地解决村镇企业同居民点、商业用地混杂且互相干扰的问题,同时将再开发过程中腾出的产业用地用于建设能够改善居民生活空间的基础设施、公共服务设施、公园绿地等,使得人口与土地资源配置之间的结构性矛盾得到缓解。因此,对于缓解产业粗放经营和土地不集约利用带来的人地矛盾、提升村镇土地利用地的社会效益来说,进行村镇土地再开发十分必要。

三、促进产业结构调整升级,提升村镇土地利用的经济效益

产业结构的调整,在土地利用领域表现为土地利用关系和结构的调整(江曼琦,2001)。村镇土地再开发可以通过用地规模集中、空间调整、功能置换、配套提升等方式,推动原有用地上的产业的升级和转移,通过产业置换、技术升级等途径提升产品附加值,促进产业结构从粗放经营的传统型向循环经营的高新技术型转变。

在产业升级方面,通过土地再开发对存量建设用地进行整理,集中整合"村

村点火,处处冒烟"的村镇企业,形成配套设施完善、生产技术先进、污染排放处理水平较高的工业园区,实现生产的规模效益。并通过在产业集群中引入新兴产业延长产业链,提升产业集群的产业层次和生产附加值,增加土地利用的经济效益。

在产业置换方面,根据阿隆索的地租模型,在土地资源配置过程中,出价最高的竞租者会获得对应的城市土地。从而令城市土地利用结构受到级差地租的作用,不同附加值的产业在城市空间中有序分布(Alonso,1964)。土地再开发可借助市场机制,充分发挥土地的级差效应,对原本布局混乱、结构失衡的村镇土地资源进行帕累托最优的配置,使得生产粗放、附加值低的传统产业通过竞租过程让位于碳排放少、循环经济显著、附加价值高的新兴产业,由此实现同一土地上的产业置换和产业结构升级,从而达成提升土地利用经济效益的目标。

四、实现土地利用综合效益最大化,推动城镇化、工业化进程高质量发展

无论从中国人口和资源禀赋等基本国情,还是从当下村镇产业粗放的生产经营模式带来资源浪费、环境污染等总量性和结构性人地矛盾问题来看,我国城镇化和工业化进程的持续高质量推进都面临着严峻的社会、经济以及环境挑战。这决定了未来的城镇化和工业化发展不能走粗放低效、高排放、高污染的发展老路,必须通过土地再开发合理配置村镇用地,最大化村镇土地利用综合效益。

同时,当下经济全球化与知识经济等时代背景提供的便利也为我国产业升级以及土地再开发创造了难得的契机。经济全球化带来的先进交通、通信技术对区域间时空距离的压缩,令生产要素和经济活动得以在较大范围内流动和布局,有利于形成覆盖广泛的市场和经济网络,为产业结构和用地结构调整创造机会,为村镇经济实力和辐射范围的扩张注入动力。同时,知识经济带来信息生产和技术创新,促进土地的再开发和集约利用,推动产业升级和结构调整,使得技术密集、循环型工业取代劳动密集、高污染的工业,城镇化与工业化逐渐摆脱生态破坏、环境污染的困扰,单位土地产出效益得到提升,污染排放量得到控制成为可能。

综上,为改变中国工业化初期以来技术水平和产业层次较低、土地初次开发较为粗放的现状,缓解由此而产生的尖锐资源环境矛盾和人地矛盾,推进低能耗、低污染、可循环的新兴产业对传统落后产能的替代置换,实现产业结构调整和升级,有必要推动新一轮土地优化配置以充分挖掘土地潜力,通过土地再开发获取最佳社会、经济和生态效益,为中国高速健康的城镇化和工业化进程注入活力。

第四节　村镇土地再开发研究的新视角:产业升级

一、村镇土地再开发的研究视角

土地再开发是区域发展到一定阶段、形成一定规模之后,随着外部政治、经济、文化环境和内生技术更新、产业升级等因素的变化,土地供需结构发生转变,使得土地开发内容和利用形式也发生显著变化的过程(闵师林,2006)。村镇土地再开发涉及城市与乡村二元结构背景下的人口、社会经济、环境、产业等诸多方面,具有综合性、复杂性的特征。对其研究也可从人口迁移、城市更新、生态环境、产业升级等不同视角展开。

(一)人口迁移视角

研究城镇化、郊区化、逆城市化、再城市化等进程中人口流动驱动的村镇土地再开发进程。如城镇化进程中,人口大规模向城镇集中促使城市规模扩张推动村镇土地向城市建设用地的开发转化;郊区化趋势下,中心城区人口向外围城市边缘区疏散,带动工业、办公业、服务业转移及郊区村镇土地开发和集约利用;逆城市化进程中,大城市人口向小城镇和乡村回流引发村镇土地布局、利用结构及用途转化;再城市化背景下,人口再度向高度城镇化的中心城市流动,城乡联系加强促使村镇土地利用深层次转变。

(二)城市更新视角

城市更新是在全球化、市场化、信息化等时代背景下,以城市外部空间快速扩张及内部空间结构调整为重要表征的城市空间重构过程(黄晓燕,曹小曙,2011)。城市更新视角下村镇土地再开发是通过对作为城市政治、经济、文化活动载体的土地进行优化配置,改造城市空间结构、改良物质环境,从而实现城市整体形象的提升。

(三)资源环境视角

资源环境保障程度直接影响着城镇化、工业化进程的速度和质量,资源环境保障程度高则国安,反之国家城镇化、工业化的质量将受到威胁(方创琳,2009)。不同于城市生态系统,村镇地域范围往往包含农业、林业、工业、商业及服务业等更多的土地利用类型,因此从资源环境的视角入手研究如何通过村镇土地再开发优化三次产业空间布局和土地利用结构,改善城乡生态环境,实现土地集约利用,以更好地应对全球性的资源短缺和环境污染同样是村镇土地再开发的切入点之一。

（四）产业升级视角

产业是推进区域发展的核心动力，土地是承载村镇产业的空间基础。土地综合效益需要以土地所承载产业的社会、经济、生态价值作为衡量。但是，目前中国村镇产业发展具有生产经营粗放、规模效益不显著、碳排放量较大、循环经济不明显等特点，导致产业发展存在综合效益不高的问题，使产业升级和结构调整存在迫切需求。而村镇土地再开发可以通过明确村镇产业用地权属，优化土地的利用结构和布局、产业用地低碳环保、提升产业用地利用效率以及引入资源消耗少、环境污染小的新兴产业等途径，实现产业的更新置换、结构调整、布局优化和产能提升，推动村镇产业调整升级，为村镇创造新的就业岗位，给村镇的可持续发展注入动力。

从产业升级的角度考虑土地再开发的模式和技术不仅可以将人口迁移、城市更新、资源环境等视角通过产业发展与村镇发展的互动联系起来，而且对于缓解当下快速城镇化和工业化进程背景下中国发展面临的严峻的资源环境约束，引导村镇根据自身资源环境承载力条件、要素禀赋和比较优势，改造提升传统产业，大力培育低能耗、低污染、可循环的战略性新兴产业，优化产业空间布局和土地利用结构，实现土地的再开发和集约利用具有重要实践意义。因此，有必要从产业升级的视角对村镇土地再开发的内部机制和实现技术进行深入分析，为全面提升生态环境以及人居环境质量，探索城镇化、工业化、信息化和农业现代化等现代化建设道路，构建资源节约和环境友好型社会提供指导。

二、从产业升级视研究村镇土地再开发的独特性

产业发展与区域发展是相互依赖、彼此促进的共生共利关系。产业是区域发展的动力，没有产业，城市就丧失了增长源泉；区域是产业发展的载体，没有城市，产业发展就会缺少落地的空间基础和平台。因此，抓住产业升级也就是抓住了村镇社会经济发展的核心，从这一视角切入探究其与村镇土地再开发的关系具有以下独特性和优越性。

（一）系统增强区域经济发展活力，实现产业和村镇融合发展

2013年的十八届三中全会曾明确指出："要完善城镇化健康发展的体制机制，坚持走中国特色新型城镇化道路，推动大中小城市和小城镇协调发展、产业和城镇融合发展，促进城镇化和新农村建设协调推进。"可见，产业和城镇融合发展已成为中国未来城镇发展的主导方向。作为国家最基本经济社会单元，村镇普遍存在产业结构单一、同区域整体发展脱节、缺乏优势产业作为支撑、综合基础设施薄弱、产业集聚能力不强等产城分离问题。而通过产业转型升级推动的村镇土地再开发抓住了推动村镇经济的核心驱动力，通过产业用地空间置换等

工作,引入当地具有比较优势的新兴产业,带动产业结构提升,进而激发对配套生产性服务业和消费性服务业的需求,借助产业发展的辐射带动作用令村镇基础设施和综合服务设施得到完善、就业结构更加合理、同周边城镇社会经济联系日益密切,系统增强村镇经济发展活力,以产促城,最终实现产业与村镇在结构、功能和空间层面的融合。

(二)实现村镇产业和村镇土地可持续发展

从资源禀赋来看,虽然我国自然资源总量较大、种类比较丰富,但由于人口众多,中国人均水、土地、矿产资源占有量紧缺,实际上属于"资源小国"。中国快速城镇化和工业化进程不仅加剧了这种资源供需矛盾,同时也令生态环境面临前所未有的威胁。以煤炭为主的能源结构和以第二产业为主的经济结构是温室气体和污染物排放的重要原因,而高投入、高消耗、高排放、低效益特征明显的粗放外延式产业发展模式令可持续发展的推进制造更大的环境压力[①]。因此,欲从根本上解决资源耗竭和环境污染问题,需从产业入手,转变发展方式,调整产业结构,实现产业升级。根据城镇资源环境承载力、要素禀赋和比较优势,改造提升传统产业,大力培育低能耗、低污染、可循环的战略性新兴产业,优化产业空间布局和土地利用结构,实现村镇产业与土地的可持续发展。

(三)提升土地利用集约度

根据《国务院关于促进节约集约用地的通知》,"我国人多地少,耕地资源稀缺,又处于工业化、城镇化快速发展时期,建设用地供需矛盾十分突出。要求为未来社会经济发展留有余地,切实保护耕地,需要大力促进节约集约用地,走出一条建设占地少、利用效率高的符合中国国情的土地利用新道路。"[②]文中针对村镇产业发展过程中出现的布局分散、生产规模有限、生产模式粗放等问题,着重强调了稳步推进农村集体建设用地节约集约利用的紧迫性和重要性。而从产业升级的视角对村镇土地再开发问题进行认识和研究,对于淘汰村镇土地承载的落后产能,切实转变用地观念,转变经济发展模式,着力内涵挖潜,通过产业用地的科学规划和置换引入新兴产业,优化产业结构,提升单位土地取得的社会、经济和生态效益,将节约集约利用土地落在实处。

(四)实现以人为核心的新型城镇化

产业是城市发展的核心驱动力。城镇特别是小城镇要根据自身比较优势和资源禀赋,增强创新能力,强化城镇间专业化分工协作,提升产业层次和结构,发

[①] 资料来源:中国中小城市发展报告(2013).新型城镇化——中小城市的路径选择与成功实践[R].北京:社会科学文献出版社,2013.

[②] 资料来源:国务院关于促进节约集约用地的通知(国发[2008]3号)。

展各具特色的产业体系,淘汰村镇原有的高耗能、高污染、低效益的落后产能,通过战略性新兴产业的引入和培育挖掘存量土地的内涵和潜力,实现土地的集约利用的经济效益和生态效益。同时,村镇产业的转型与发展也通过乘数效应带动生产、生活型服务业发展,为村庄和小城镇创造更多就业机会,为农业转移人口就地城镇化打下坚实的基础,为推动以人为核心的新型城镇化进程注入动力。

三、以产业升级为途径实现村镇土地再开发的实例

以产业升级作为途径实现村镇土地再开发,在国内一些地区,如重庆以及广东省的广州、佛山、东莞等都已经有所实践。这些地区的案例针对各自社会背景、经济增长特点和产业发展方式设计不同制度、政策,通过土地优化、土地调控和土地配置淘汰落后产能、引入新兴产业实现产业发展的低碳环保和循环经济模式。

重庆的"地票"制度针对农村建设用地流转过程引致的生产力布局混乱、产业间缺乏协同和关联、集约和规模化经营难以实现、要素浪费和环境污染等问题,通过制度创新对体制内城乡建设用地资源进行高效的动态最优配置,实现对土地及其承载产业的结构性调整,从而提升资源配置和利用效率(程世勇,2010)。

广东省的"三旧改造"项目的推出基于改变改革开放之初以廉价的劳动力和大规模增量土地资源为依托形成的粗放外向型珠三角经济发展模式。为解决这种高投入、高消耗、高排放、难循环的模式带来的产业粗放经营、土地利用效率低下、土地资源供求矛盾日益突出、基础设施薄弱、环境恶化等问题;努力协调人地关系、耕地同建设用地的关系,以缓解经济增长和产业发展同资源环境的矛盾,"三旧改造"将总体目标定位为盘活和释放存量土地,拉动经济持续增长,引导土地高效配置,促进城市产业转型和结构调整,推动城市功能更新和城市形象提升,切实改善城乡人均环境,全面实现城市的可持续发展[①]。具体来说,"三旧改造"通过有序推进和有效引导旧城镇、旧村庄、旧厂房所在的土地进行布局、结构和用途的转换,统筹保障发展和保护资源,大力推进节约集约用地,从"增量"转为"存量"再开发,盘活存量土地,促进空间资源整合和空间结构优化,实现产业的升级和置换,从而提升产业结构层次和土地集约利用水平,引导人口、产业、公共设施等要素集聚,贯彻落实科学发展观,切实改善城乡人居环境和推进社会主义新农村建设,确保社会经济又好又快发展。

可见,对于中国改革开放以来为快速推进工业化和城镇化进程而实行的以

---

① 资料来源:广州市"三旧"改造规划(2010—2020年)。

资源消耗和环境污染为代价的发展模式及其带来的产业发展潜力不足、资源环境约束严厉、人地矛盾等问题来说,根据各地区不同的社会背景和资源环境特点有针对性地开展土地再开发以调整提升产业结构,从而实现土地利用综合效益的最大化是十分必要的。因此,需要在透彻理解现有土地再开发理论和国内外经验的基础上,深入探究产业升级视角下的淘汰落后产能、引入新兴产业、减少碳排放、实现循环经济的村镇土地优化、置换、调控和配置等再开发技术,设计出一套具有科学性和实践性的政策制度机制及用地优化支持系统,为更好地实现产业升级和村镇土地再开发提供指导。

第五节 村镇土地再开发的产业升级路径

产业升级首先影响到土地资源的利用方式、结构和空间布局,进而影响到土地资源的配置和利用效益。任何社会生产总要落实到地理空间上,城市空间结构的演变本质上是社会经济活动在地域空间上的反映。社会经济活动的改变必然表现和落实在地域空间内,从而对区域空间的发展产生重要的影响。产业活动作为社会经济活动的关键内容,产业升级调整在影响和刻画区域发展、尤其是土地资源的利用方面起到关键作用。

(一)产业升级调整

产业升级调整主要表现在产业升级置换、产业产能提升、产业结构调整和产业布局优化等四个方面,这四个方面分别推动村镇土地再开发的进展(卢为民,2014)。

(1)产业升级置换直接带来土地规模效益的增加。按照城市地租理论,城市土地出租给出价最高的竞租者,通过竞租可以自然地将不同用途土地在空间上进行分化。随着经济发展,城市中心区域土地租金不断增加,一些产出低的产业将不能适应地租成本的上升而迁移出原有区域,一些产出较高的产业将占有这些区域。

(2)产业产能提升将促进土地规模效益和土地集约利用程度的提高。通过产业升级调整,新引入的企业将具备更高的技术水平,能够生产更具市场潜力的产品;即使是对现有企业的升级改造,也可以通过引入更先进的生产线和建立更高效的管理体系,通过追加投入实现企业产能的提升,从而实现土地规模效益。通过技术引入和改造,提高投入产出率,也可以实现土地资源的集约利用。

(3)产业结构调整必然带来用地结构调整,并最终导致城市用地的空间集散。传统产业向战略性新兴产业的升级以及二次产业向商业服务业的调整,其用地结构也发生了相应的调整,高新技术产业用地比例增加,第三产业用地比例也相应增加。

(4) 从产业布局优化对村镇用地布局的影响来看,不仅产业用地空间布局得以优化,而且其配套的生活和生态设施用地也将不断健全,空间关系更为协调。

另外,产业发展以土地为依托,产业升级优化以土地利用结构优化为前提。土地资源的合理配置,也要求土地资源在各个产业中合理分配,并使土地利用效率最大化,这使得土地利用结构的不断调整成为产业结构调整的动力,进而推动产业结构的优化。产业升级和结构调整往往由土地资源在不同产业部门间的重新分配引起。目前,国内许多城市提出的"腾笼换鸟""退二进三""双优化""土地置换"等工程,其实都是为了适应产业结构演化的客观规律,同时也是遵循土地区位理论和级差地租规律,把成熟的产业从城市中心区迁移出去,为新兴产业和经济效益高的产业腾出发展空间的举措。

(二) 产业升级与村镇土地再开发:理论分析

产业升级与村镇土地再开发具有密切的内在联系,因此,需要从理论层面首先阐述产业升级过程中,村镇土地再开发的内在影响因素。为此,本书在论述土地再开发理论基础和总结国内外土地再开发经验及启示的基础上,从产业优化、碳排放、循环经济和制度约束四个方面出发,探讨产业升级与村镇土地再开发的作用机制。

(1) 产业升级、产业优化与村镇土地再开发。通过构建理论框架与实证分析,识别导致产业升级与村镇土地再开发空间差异的主要因素,并探讨其对产业升级推动村镇土地再开发的影响。此外,探讨产业升级模式与村镇土地再开发的关系也是重要内容。

(2) 能源利用、碳减排与村镇土地再开发。从能源利用背景出发,探讨碳排放与村镇土地再开发之间的互动关系:碳减排是村镇土地再开发的内在要求;而村镇土地再开发也可从减少能源使用总量和调整能源利用结构等方面促进碳减排目标的实现。

(3) 资源使用、循环经济与村镇土地再开发。村镇土地再开发是提升土地利用经济效益、社会效益和环境效益的重要途径,因此在村镇土地再开发过程中引入循环经济理念,是实现其环境效益的重要方式,也是构建新型城镇化的必然要求。从循环经济发展目标出发,针对村镇建设用地再开发过程中,产业和城镇化发展的特点,通过明确开发模式、识别循环经济发展机遇,从而实现通过村镇土地再开发过程,有效提升资源利用效率,减少环境污染,并通过垃圾减量,降低城市公共废物管理成本的目标。

(4) 制度约束、机制创新与村镇土地再开发。基于新制度经济学,从理论和实证两个方面分析集体土地权属模糊和集体土地流转制度缺陷这两种主要的制度约束在村镇产业用地再开发利益冲突过程中扮演的角色,并进一步揭示这种由制度约束所引发的利益冲突对村镇产业用地再开发所可能产生的不利影响,从而为机制创新提供依据。

(三)产业升级与村镇土地再开发:技术研究

村镇土地再开发不仅是制度问题、政策问题,也是科技问题,科技既要认识区域土地利用(包括建设用地)发展、变化的规律性,也要为实现合理用地提供具体的利用手段和调控手段。因此,有必要在充分认识中国国情与国外不同的前提下,吸取先进的理念与技术,开展村镇土地再开发的科技和技术创新,更加理性、综合、平衡地支撑村镇土地再开发工作,从而保障与促进经济科学发展。基于此,本书从以下四个方面提出相应技术,从而为产业升级下的村镇土地再开发提供技术支撑体系。

(1)淘汰村镇落后工业产能土地优化技术。该技术针对村镇工业"五小"行业多、资源占用多、产业配套低、产能效率低、碳排放量大等问题,在三个维度的产业基础数据库构建的基础上,保障村镇工业土地利用、经济发展与资源环境相关信息的获取,并构建村镇落后工业产能评价指标体系和标准,研发淘汰落后产能的村镇工业用地土地优化技术。

(2)碳减排土地调控技术。该技术通过村镇区域碳源、碳汇因素甄别,参数测定,碳排放评估等确定村镇建设用地碳排放评估技术以及构建碳减排标准,在村镇土地再开发的碳减排调控机制构建的基础上,形成低碳化、去碳化的村镇土地再开发调控技术。

(3)循环经济型土地配置技术。该技术针对村镇建设用地缺乏有效调控引致的资源占用过度、利用效率不高、环境排放较重等资源环境问题以及当前村镇土地利用评估中资源环境信息相对缺失等问题,在全面、系统分析村镇建设用地再开发的各个流程资源占用、污染排放变化特征或规律的基础上,构建合理的村镇用地再开发的循环经济评估指标体系,在现状评价的基础上,科学、合理确定村镇建设用地再开发的循环经济效应技术。

(4)新兴产业土地配置技术。该技术针对中国村镇产业用地配置低效、能源消耗过高、环境污染较重、技术层次较低、发展后劲欠缺等实际问题以及经济发展方式转型、产业升级与结构调整的迫切需求,研究新兴产业用地空间置换可行性评估技术,制订新兴产业用地空间置换标准,通过用地空间置换满足新兴产业用地需求。

最后,在研究以上四项技术的基础上,开展广州市白云区良田-竹料工业园技术示范工作,从而验证技术的可行性和适宜性,为推广该项技术提供示范。

参 考 文 献

[1] 程世勇. 地票交易:体制内土地和产业的优化组合模式[J]. 当代财经,2010(5):5—11.

[2] 仇保兴. 为什么要走资源节约型的城镇化发展道路[J]. 中国建设信息,2005(7):19—23.

[3] 仇保兴. 应对机遇与挑战——中国城镇化战略研究主要问题与对策[M]. 北京:中国建筑工业出版社,2009.

[4] 方创琳. 中国快速城市化过程中的资源环境保障问题与对策建议[J]. 中国科学院院刊,2009(5):468—474.

[5] 方甲. 现代工业经济学[M]. 北京:中国人民大学出版社,1996.

[6] 顾朝林,等. 中国大城市边缘区研究[M]. 北京:科学出版社,1995.

[7] 郭叶波,魏后凯,袁晓勐. 中国进入城市型社会面临的十大挑战[J]. 中州学刊,2013(1):33—38.

[8] 贺灿飞. 中国制造业地理集中与集聚[M]. 北京:科学出版社,2009.

[9] 黄伟,林锦凤. 产业升级视角下珠江三角洲土地利用问题与对策探讨[J]. 广东土地科学,2009,13(4):37—41.

[10] 黄晓燕,曹小曙. 转型期城市更新中土地再开发的模式与机制研究[J]. 城市观察,2011(2):15—22.

[11] 江曼琦. 城市空间结构优化的经济分析[M]. 北京:人民出版社,2001.

[12] 李勋来,李国平. 我国二元经济结构刚性及其软化与消解[J]. 西安交通大学学报(社会科学版),2006,26(1):31—36.

[13] 刘新卫,吴初国,张丽君. 中国城镇化健康发展的土地利用策略[M]. 北京:地质出版社,2008.

[14] 卢为民. 工业园区转型升级中的土地利用政策创新[M]. 广州:东南大学出版社,2014.

[15] 闵师林. 城市土地再开发[M]. 上海:上海人民出版社,2006.

[16] 潘家华,魏后凯. 中国城市发展报告——迈向城市时代的绿色繁荣[R]. 北京:社会科学文献出版社,2012.

[17] 沈阳,周生路,李春华等. 城市边缘区土地利用总体规划初探——以温州市鹿城区为例[J]. 经济地理,1999,19(3):36—40.

[18] 魏后凯. 怎样理解推进城镇化健康发展是结构调整的重要内容. 人民日报,2005年1月19日

[19] 魏后凯. 中国城镇化和谐与繁荣之路[M]. 北京:社会科学文献出版社,2014.

[20] 徐绍史. 国务院关于土地管理和矿产资源开发利用及保护情况的报告[R],2012-12-25.

[21] 薛德升,李川,陈浩光,许学强.珠江三角洲乡镇工业空间分布的分散性研究——以顺德市北滘镇为例[J].人文地理,2001,16(3):66—68.

[22] 杨天学,席北斗,李翔,等.城镇化过程中的村镇环境问题及污染控制对策[A].2013年中国环境科学学会学术年会论文集(第三卷)[C].中国环境科学学会,2013.6.

[23] 姚士谋,冯长春,王成新,等.中国城镇化及其资源环境基础[M].北京:科学出版社,2010.

[24] 中国发展报告(2010):促进人的发展的中国新型城市化战略[R].北京:人民出版社,2010.

[25] 中国国家发展和改革委员会.中国21世纪初可持续发展行动纲要[S].北京:中国环境科学出版社,2004.

[26] 中国国家发展和改革委员会.中国21世纪初可持续发展行动纲要[S].北京:中国环境科学出版社,2004.

[27] 中国中小城市发展报告(2013).新型城镇化——中小城市的路径选择与成功实践[R].北京:社会科学文献出版社,2013.

[28] 中华人民共和国中央人民政府.国家新型城镇化规划(2014—2020年)[S],2014-03-16.

[29] 周一星.城市地理学[M].北京:商务印书馆,1995.

[30] 周元,孙新章.中国城镇化道路的反思与对策[J].中国人口·资源与环境,2012,22(4):56—59.

[31] Ali A K. Explaining Smart Growth Applications: Lessons Learned from the US Capital Region[J]. Urban Studies,2014(51):116—135.

[32] Alonso W. Location and Land Use[M]. Cambridge: Harvard University Press,1964.

[33] Ding C. Land Policy Reform in China: Assessment and Prospects[J]. Land Use Policy,2003(20):109—120.

[34] Henderson V. The Urbanization Process and Economic Growth: The So-What Question[J]. Journal of Economic Growth,2003,8(1):47—71.

[35] Liu X. Evolution of Transitional Institutions for Urban Land Redevelopment in China-Case in Guangzhou[J]. China Geographic Science,2009,19(1):1—7.

[36] McCauley S M. Smart Growth and the Scalar Politics of Land Management in the Greater Boston Region, USA[J]. Environment and Planning,2013(45):2852—2867.

[37] Yang H and Li X B. Cultivated Land and Food Supply in China[J]. Land Use Policy,2000(17):73—88.

第二章

土地再开发理论基础

改革开放以来,面对日趋刚化的资源空间和环境承载力约束,中国工业化和城镇化模式逐渐由粗放向绿色、集约的模式过渡。土地是人类社会经济活动的重要载体,也是区域发展战略、区域发展规划实施的根本落脚点。产业规划布局以及城市建设开发,必然伴随着土地结构功能和利用格局的转变,地区产业升级和环境质量改善也必然体现为土地社会、经济、生态等综合效益的提升。因此,从求数量的粗放发展到求质量的精明增长转型势必会引发对土地再开发规划与实践的关注。而在这其中,全面、透彻地回答为什么要进行土地再开发、何时适合开展土地再开发以及怎样实施土地再开发等问题是构建土地再开发相关逻辑框架的根本问题。

本章从理论视角出发为土地再开发寻找支撑点,旨在梳理土地再开发相关理论,明确土地再开发规划与实践的重要基础,为论述产业升级、碳减排、循环经济制度约束与土地再开发的关系,并研究支撑土地再开发的相关技术提供依据。

第一节 土地再开发的实施动机:土地价值与区位理论

一、地租理论

西方经典地租理论按照发展阶段可以划分为古典流派、马克思流派和现代流派。古典流派提出,在土地稀缺和土地所有权前提下,地租是土地边际生产力和区位条件的体现;马克思主义流派更进一步,发现边际生产力和区位条件也导致地租存在差异,使得"级差地租"成为土地利用结构和空间布局分异的深层原因;现代地租理论指出了地租在资源配置和提升效率方面的重要作用,认为地租是促进土地利用结构和空间优化的重要基础。因此,地租是土地价值的表征。土地生产率增长、土地结构布局优化实质上是土地价值和地租的提升。而土地再开发的根本目的即是全方位改善土地利用的综合效益,这正切中了地租理论阐述的要点。

推进土地再开发进程,一方面,可以通过从规模、资本、技术方面带动土地承载的社会经济活动升级,提高边际生产力;另一方面,也可以通过重新规划布局,使得不同条件的土地各尽其用,使之作为稀缺资源得到有效配置。在这两方面共同作用下,土地再开发势必带来地租的上涨,驱动区域内部土地利用价值不断攀升。与此同时,提升地租和土地利用价值,也为土地再开发提供了动机,使得土地再开发成为可能。

二、土地报酬递减理论

土地报酬递减规律表明,土地生产力水平主要取决于投入要素与土地的比例关系是否配合得当。在土地利用的第一阶段,由于投入要素不足,土地资源利用和生产潜力都没有得到充分发挥,导致总体报酬收益没有达到最佳范围。而第三阶段则因为投入资源过多,超出土地的承载力,总报酬全面下降。只有在第二阶段,投入资源与土地配合比例在数量上较为接近,且每次增加的投入都能带来总报酬的规模递增。因此,在土地开发和利用过程中,要充分理解边际收益等于边际成本的原则,科学确定生产要素最佳投入量和产品产量,尽量将土地利用和生产进程控制在规模报酬递增的第二阶段,以提升土地利用效率。

面对当下中国村镇土地综合效益和利用效率低下的现状,有必要对构建于土地上的生产活动类型和层次予以调整,以土地再开发作为有效手段将边际效益控制在大于零的范围内。此外,科学技术或社会制度方面出现的重大变革也有可能使得依据投入要素水平划分的土地生产阶段范围发生变动。所以,全球化和信息技术革命的时代背景也为土地再开发提供了绝佳契机。据此,加速知识和技术创新,改变土地规模报酬曲线,避免土地生产利用进入报酬递减阶段,对于规划者和企业家来说具有重要指导和借鉴意义。

三、竞租理论

土地使用者根据各自所能支付的地租和在该块土地上可能获得的最大收益权衡决定支付价格,进而为获取土地使用权而彼此竞争的现象,称为"竞租"。"竞租理论"即地理学中关于土地随着城市中心距离增加而变化时价格和需求变动状况的理论(康琪雪,2008)。一般来说,当市场机制决定土地价格时,土地所有者最终会将土地出让或出租给出价最高的潜在使用者。当市场达到均衡时,土地使用者无法通过改变地块位置谋取更多利润,土地所有者也无法通过改变低价增加收益。按照时间顺序来看,竞租理论的发展可以分为以李嘉图和杜能为代表的农业竞租理论以及马歇尔、阿隆索等人基于新古典经济理论提出的城市竞租理论等流派。

　　竞租理论应用于土地再开发实践的落脚点主要集中于土地用途转移和利用集约度提升方面。首先,从新古典经济学的角度看,土地再开发时用途转移的实现,实质上是土地经营者在追求利润和效用最大化的过程中,不同类型社会经济活动对同一块土地进行竞租,从而更有效的利用土地以便达到最大获利的结果(李秀彬,2002)。其次,土地利用集约度的提升也是在土地经营者的逐利动机下,不同集约度的用途在相同土地上竞租的产物。因此,对于特定土地来说,竞租理论意味着这块土地所承载的功能经历过滤筛选,逐渐优胜劣汰等一系列过程。而伴随着当下生产技术、经营能力、信息可达性的提升,生产活动的盈利能力及其能够提供的最高租金必然相应增长,使之在取得区位条件较好土地的方面更具优势,引发土地市场更加剧烈的租金竞争,土地所有者更有动力选择生产效率和生产效益更高的生产活动布局,淘汰落后产能,以提升土地资源配置合理程度和土地利用集约度,推动土地再开发的实现。

第二节　土地再开发的发生时机:产业升级与城市化阶段理论

一、产业升级理论

　　区域产业升级,是指特定区域内部产业结构向高层次转变的过程。这里所述的产业结构提升既包含了不同产业部门对经济增长贡献的相对比重变化,也包含了工业部门内部产业由低级向高级、由低劳动生产率向高劳动生产率、由劳动密集型向资本、技术密集型的发展变化过程(林涛,谭文柱,2007)。

　　从不同产业部门相对比例变化引发的产业结构演进来看,代表理论主要包括配第·克拉克定理、库兹涅茨法则以及霍夫曼定理等。配第·克拉克定理主要认为,随着国家内部国民经济的增长和人均生活水平的提升,资本和劳动力先从第一产业向第二产业流动,进而向第三产业转化,使得一国的产业结构变迁呈现第一产业占比逐渐减少,第二产业、第三产业占比不断增加的态势。库兹涅茨基于配第·克拉克的研究成果和发达国家的发展经验,归纳总结了三次产业在不同变动阶段的相对比重数值。此外,他发现在产业升级的过程中,农业和服务业的劳动生产率趋于下降,而工业部门劳动生产率则大幅上升。配第·克拉克和库兹涅茨的贡献主要在于提出了产业升级中先以第一产业作为主导,之后逐渐向第二、第三产业演化的过程。之后的学者将关注点放在第二产业,对二产主导的经济结构内部演化规律做了进一步细化。20世纪初,德国经济学家霍夫曼在《工业化阶段和类型》中第一次提出霍夫曼定理:伴随着国家城镇化和工业化进程的推进,通过计算消费品净产值和资本品净产值比值得出的霍夫曼系数会随着区域经济发展而不断下降(汤庆园,2014)。也就是说,产业升级会引发第二产业内部消费品和资本品的相对比例的变动,令消费品逐渐被资本品所取代,形成以高加工度的资本密集和技术密集型产业为主导的工业体系。

产业内升级理论以产品生命周期、雁行理论以及劳动地域分工等理论为代表。产品生命周期理论由弗农依据技术差距理论提出。他将生命周期划分为"导入—成熟—标准化"三个阶段,即发达国家开发并生产新产品,在开拓国内市场的同时向欠发达国家出口。随着生产技术的扩散普及,产品进口国拥有生产能力,并借助生产成本的优势开始同类产品生产,开始对外出口,发达国家转而开发更新产品的过程。基于这一理论,日本学者赤松要结合东亚发展奇迹提出了雁行理论。他发现,当发达国家率先发展的某一产业技术趋于成熟时,生产要素和成本条件也会发生变化(林涛,谭文柱,2007)。依据国际劳动分工理论,发展中国家的劳动力、资源和政策优势会削弱发达国家本国生产对应成熟产品的竞争力,在技术扩散的背景下,产品生产环节将逐渐向欠发达地区转移,而发达国家则仍会保留价值较高的研发环节,会据此实现产业升级,转而生产资本密集度、技术复杂度更高的产品。

因此,产业升级意味着产业内升级以及产业结构的升级。对应中国发展现状,无论从产业间层面还是产业内层面来看,为了更好地应对资源环境约束、塑造核心竞争力、提升在全球生产网络和商品价值链中的分工和地位,各区域都面临着产业升级的迫切需求。不仅如此,诸如"全球化带来信息交流成本和贸易壁垒逐渐消除;中国加入世贸组织,在国际事务中参与度和重要性不断提升的制度变革;金融危机引发全球市场萎缩,而中国内需依旧强劲的市场潜力"等一系列国际背景也为中国实现产业升级创造了绝佳的时机。土地是承载产业活动的最根本基础。因此,努力把握国际变化和国内现状,通过土地再开发实现区域产业结构以及产业内部资本、技术水平和生产效率的升级势在必行,且面临巨大机遇。

二、城市化阶段理论

城市化又称城镇化,是由农业为主的传统乡村社会向以工业和服务业为主的现代城市社会逐渐转变的历史过程,其具体表现为人口职业的转变、产业结构的升级、土地及地域空间的变动。

（一）城市化发展的阶段性

1975年，美国地理学家诺瑟姆（Northam）通过研究欧美主要发达国家的城市化经验，发现这些国家和地区的城市化发展轨迹具有显著的阶段性特征。他将城市化进程概括为一条稍被拉平的S形曲线，并将城市化进程分为三大阶段：第一个阶段为城市化起步阶段，城市化速度相对较为缓慢，城市化率一般在30%以下；第二个阶段为城市化加速发展阶段，城市化率快速增长，大概位于30%～70%的区间之内；第三阶段是城市化成熟稳定阶段，城市化进程逐渐完成，城市人口比重的增长趋缓甚至停止，城市化水平较高，多已超过70%。

（二）城市化发展的阶段性和带动该发展的社会经济结构变化之间的联系

城市化第一阶段，生产率较低的农业经济占主导地位，现代工业刚刚起步，技术水平较低、资金规模较小。

城市化第二阶段，随着工业化基础的逐步建立和巩固，地区经济实力有长足进步，城市建设和生产经营活动增长的规模和速度都明显超过第一阶段。技术进步促发的农业生产率提高也为非农业活动的发展提供了产品、劳动力和剩余资本，为二产、三产发展奠定了坚实基础。

城市化第三阶段，粗放发展方式已经不能够满足工业化、城镇化深度发展的需求，资金和技术的作用变得愈加重要。产业发展对劳动力规模的依赖程度不断降低，工业升级中产生的大量剩余劳动力逐渐流向第三产业，令城市内部三次产业比重趋于合理。

法国经济学家福拉斯蒂埃将上述规律做了进一步概括，他将三次产业比重变化同城市化三个阶段进行对应，认为伴随着城市化进程不断深入，第一产业的比重将稳步下降；第二产业的比重会先上升后下降；第三产业的比重则一直稳步上升。

（三）在城市化的不同阶段，各类用地的功能结构和空间布局呈现的不同特征

在第一产业占最大比重的前工业化阶段，土地利用以农业用地为主，城镇和工矿交通用地占地比重很小。随着工业化加速发展，农业劳动力不断向第二、三产业转移，在没有新农用地资源投入的情况下，农业用地的比重将逐渐减少，工商业用地规模则会不断扩大。直至进入后工业化社会，工业用地的增长逐渐趋缓，而服务业的持续增长会带来交通、居住、旅游等服务业用地的刚性需求，第三产业成为城市化成熟阶段的主要土地需求方。可见，随着城市化进程的推进，城市逐步走向成熟，生产要素的相对价值发生变化，产业结构也在不断演化。产业结构的演进会进一步引发土地资源在产业部门之间的重新分配，带来土地利用

结构和布局的改变。然而，由于市场机制和政策的不完善和沉没成本的存在，产业结构调整在某些时候并不能与城市发展规划同步，落后产能无法完全依靠市场力量进行淘汰，一定程度上制约了城市经济发展。因此，在城镇化和工业化转轨的重要阶段，为了能够更有效地实现产业升级和土地集约利用，有必要适当采取行政手段与市场力量结合的方式，以土地再开发为途径进行产业置换和重新布局。

第三节　土地再开发的实现原则和模式

一、土地优化配置理论

20世纪上半叶，一些美国社会学家利用地租理论对城市地域空间结构开展研究，其中比较具有代表性的包括伯吉斯的同心圆模型(1933)、霍伊特的扇形模型(1939)和哈里斯的多核心模型(1945)等。这些模型主要从平面的角度，得出地租影响下城市空间结构的理想化模型，为土地利用结构和布局提供了重要依据和参考。然而，在现实世界中，自然条件、地理地貌环境以及人类社会经济发展等诸多方面具有的独特性和复杂性令土地空间布局不仅仅局限于上述理想模式，而呈现出更加多元的混合结构特征。基于此，郑新奇(2004)针对土地利用提出了三种更加现实的优化配置和综合利用模式。

（一）适宜性等级配置

这是当前应用最广的模式，是以土地利用和自然社会经济环境的协调为基本目标，选取恰当的指标和模式，对城市土地进行适宜性评价，对不同城市土地用途进行适宜性分级，并在此基础上，借助系统动力学、目标规划等数学模型进行用地数量优化、结构优化和空间位置匹配，最后以实现经济、社会和生态环境效益最大化为最高前提，进行利用评价。

（二）格局分析等级配置

这种优化配置模式以城市景观格局整体优化为核心，依据城市土地分异规律和景观利用优化格局为模板开展工作。从空间尺度来看，该模式主要在宏观和中观层面对城市土地整体利用或具体某种特定用途开展进行配置和集约利用评价。该模式与适宜性模式的区别在于，格局优化模式主要关注景观单元水平方向的相互关联以及由此形成的整体景观空间结构，是对适宜性评价为主导的优化配置方法的有益补充。

（三）仿真模拟等级配置

该模式主要以现代信息技术和地理计算作为技术支撑，尺度上从微观到宏观,或从宏观到微观,利用 GIS 及其集成技术,为土地利用优化配置、集约利用过程和结果可视化提供技术支撑。与上述两个模式相比,仿真模拟等级配置模式复杂程度高,涉及的理论广,数据量大并且精确度高,是今后城市土地集约优化配置的发展方向。

以上三种土地优化配置模式同样适用于旨在对土地利用方式进行调整升级的土地再开发。为了能够淘汰村镇土地所承载的资源、污染密集型产能,为新兴产业发展腾出充足空间,更加有效地推进土地再开发工作,以综合效益最大化为原则开展土地利用适宜性等级评价,以景观环境优化为目标开展格局分析等级配置,辅以 GIS 等地理信息技术为相关工作提供可视化依据十分有必要。

二、可持续发展理论

可持续发展理论提出于 20 世纪 60—70 年代。为了能够在战后尽快恢复社会经济发展,大多数国家都将快速推进工业化、城镇化作为工作重点,引发人口大规模膨胀、资源大量消耗,致使生态环境日趋恶化、自然资源面临枯竭、能源危机频发、公害频现。通过对之前发展策略进行深度反思,人们逐渐意识到集约利用资源、尊重环境承载力的重要性和紧迫性。在粗放发展引发的危机及其引发的有关"增长的极限"的讨论中,可持续发展理论逐渐形成。概括来说,该理论主要包括公平性、持续性和共同性三大原则。

(一)公平性原则

公平性是指机会选择的平等性,包括两个方面:一是本代人的公平,即代内人之间的横向公平;二是代际间的公平性,即世代的纵向公平。可持续发展在满足当代所有人基本需求的同时,也要实现当代人与未来各代人之间的公平。未来各代人应与当代人有同样的权力来提出他们对资源与环境的需求。

(二)持续性原则

持续性是指生态系统受到某种干扰时能保持其生产力的能力。资源环境是人类生存与发展的基础和条件。资源的持续利用和生态系统的可持续性是保持人类社会可持续发展的首要条件。这就要求人们根据可持续性的条件调整自己的生活方式,在生态可能的范围内确定自己的消耗标准,避免盲目地过度生产和消费。

(三)共同性原则

地球的整体性和相互依存性决定了要实现可持续发展的目标,必须争取尽可能多的个体共同行动起来。因此,致力于在尊重各方的利益的同时保护全球环境与发展体系的国际协定至关重要。也就是说,实现可持续发展需要人类共同促进自身之间、自身与自然之间的协调,这是人类共同的道义和责任。

改革开放以来,在中国快速工业化、城市化推进的背景下,人口数量不断增加,城镇用地规模不断扩大,令增长的社会需求与有限且短期不可逆转的土地资源之间产生了剧烈冲突,人地矛盾日益加剧,严重制约社会经济的未来发展。可持续发展的重要内容是保障自然资源和生态环境的持续能力。因此,土地作为自然资源的一种,其可持续发展自然成为这一理论的研究关注点之一,而可持续理论提出的发展原则和方式同样适用于土地开发、利用与再开发。以公平性原则为例,土地当前所有者要充分考虑和尊重周围其他人、当代人以及后代人的利益,不能出于一己私利随意利用、处置土地,实行竭泽而渔的开发方式,造成土地资源破坏,影响后代的利益。

三、城市更新理论

城市更新是指对城市中某一衰落的区域进行拆迁、改造、投资和建设等活动,使其重新发展和繁荣。这其中既包括对建筑物等客观存在实体的改造,对各种空间、文化、生态环境的改造,也包括邻里社会网络结构、情感依赖环境等软件氛围的延续与更新。

城市更新的概念与实践源于西方国家。二战后,西方国家为实现战后复苏,解决城市发展中的各种社会问题,曾经发起一场大规模的城市改造运动。其中最为突出的行动是对城市中心区的推倒重建。这一行动令原有居民住宅和中小商业被置换到城市的其他区域,中心区的土地的利用集约度得到大幅提升。但是,早期的城市更新运动受"形体决定论"思想的影响颇深,使得大规模的推倒重来与贫民窟清理给城市造成较大程度破坏,也加剧了城市郊区化趋势,导致许多城市的中心区出现大规模的衰败景象。雅各布斯(1961)对大规模的城市改造持反对态度,并提出了"城市多样性"的概念。她认为多样性是城市的天性,而大规模改造却没有给城市发展提供任何可供选择和改变的机会,极大程度地泯灭了培养城市多样性沃土的可能性,令城市独有的精神文化特质逐步流失。

城市更新发展的新趋势突出了对人以及对环境的关注。土地再开发与城市更新往往相伴相生,城市更新的经验教训亦可作为土地再开发的参考。因此,以土地再开发为基础的城市更新同样需要尊重城市自身的发展精神和特质,在保护城市文脉的基础上,遵循城市发展的自身规律,保持其发展的持续性和独特性,尽量避免简单的大规模推倒重建,提倡小规模的渐进式改造;在城市更新和土地再开发的规划环节中,注重规划过程的连续性和多学科参与,倡导规划设计从单纯的物质环境改造转向社会、经济和物质环境相结合的综合改造。

四、城市绅士化理论

城市绅士化（Gentrification）理论始于1964年格拉斯对伦敦内城开展的研究。他认为绅士化是城市郊区化的后续阶段，是包含住宅物质改善、住房自有率和交易价格提高、新中产阶级替换（在替换）工人阶级等多层涵义的复杂现象（宋伟轩，2013）。但是，格拉斯强调的住宅更新仅仅是城市绅士化的部分表面特征，而未深入意识到由此引发的城市社会、经济、文化结构以及空间组织布局变动。因此，之后的学者沿袭但不局限于格拉斯的理解，城市绅士化的概念内涵被不断总结提升，可以概括为以下几个要点：① 城市绅士化是一种社会、经济和文化现象；② 城市绅士化的发生意味着，城市内部中高收入群体通过住宅更新和重新建设，进入之前由工人蓝领阶层占据的城市空间；③ 城市绅士化的结果是，房价地价上涨，资本重新流入城市中心区，城市社会经济文化水平随着中产阶级的流入而得以提升，而低收入群体受此影响被迫迁到城市边缘地带。之后，随着城市绅士化理论的不断普及，相关观点在不同国家和地区的城市发展经验中得到验证、借鉴和充实，又衍生出了"新建绅士化""超级绅士化"等概念。新建绅士化（new built gentrification）认为城市中心区的新建筑属于绅士化进程中城市中心区重新繁荣的产物，因而也应该被纳入到城市绅士化的研究范畴中（Davison，2005）。超级绅士化（supergentrification）则强调在全球城市中，集聚在城市中心的高级服务业从业人员对中心区相关邻里的绅士化改造（Lees，2003）。

绅士化作为一种全球化的现象和中产阶级的"再城市化"运动，在我国同样有所呈现（宋伟轩，2013）。大规模以土地再开发为有效途径的城市更新活动是中国城市绅士化运动的典型表现特征，而且这一特征推动中国土地开发利用和城市发展的广度和深度。因此，伴随着中国产业结构的升级以及产业空间布局的合理优化调整，中国城镇的中心区必将迎来原有低端的制造业、散乱的居住活动单元逐渐被资本密集、技术密集的生产活动或者服务活动以及人口素质和环境质量较高的居住小区取代的高潮。而城市绅士化正是这一现象的重要理论支撑，为土地再开发和城镇改造活动提供方法论层面的依据，使之能够顺利开展，带动城市和产业逐步升级。

五、棕地再开发理论

棕地（Brownfield）原本是城市规划用语中相对于绿地的概念。美国学者桑德拉认为棕地是城市或城市郊区内部由于曾经开展过工业活动而受到污染或存在受污染风险的地块（Sandra and Victoria，2000）。英国国家土地利用数据库（NLUD）将具有以下性质的土地界定为棕地：① 过去已经开发但是目前闲置的土地或建筑物;② 或者当前仍在使用,但是在适当规划或建筑许可下可以继续进行开发的土地或建筑;③ 其他当前仍在使用但还有开发潜能的土地(曹康金涛,2007)。国内学者将"棕地"定义为被废弃、闲置或未充分利用且具有再开发潜力的工业用地,或可能受到一定范围与程度污染的土地(王宏新等,2011)。可见,棕地是特定国家或地区工业化粗放发展以及之后产业结构和布局调整导致原有老工业区逐渐萎缩,令城镇土地价值结构发生改变的产物。近年来,资源环境约束逐渐趋紧,可持续发展理论热度不断升高,引发了规划者和决策者对棕地治理的重视,使得棕地再开发相关理论和土地利用实践受到越来越多关注。棕地再开发是棕地经过综合治理之后,被开发为各类不同用途的用地,以实现土地再生和循环利用的综合过程。参考发达国家的国际经验,老旧工业区内重污染产业搬离原址后形成的棕地多被新兴住宅区、商业区以及环境资源友好型制造业代替,达到可持续发展原则指导下的土地循环利用模式。

当下,中国大多数地区已经进入快速城镇化或城镇化成熟阶段,城市发展面临的用地布局调整和产业重组问题不可避免。因此,经济转型对土地日益增长的需求和刚性的土地总量之间的矛盾越来越尖锐,导致城市建设和产业发展蚕食侵吞城市内部其他类型用地、农村用地甚至耕地,而土地低效利用和污染密集型土地承载的产能照常运转的现象频发。依照西方对棕地的定义,中国目前保有大量具有再开发潜力的棕地,而这些棕地正是未来深入推进新型城镇化和产业转型升级的重要载体。通过对棕地进行落后产能清退和资源环境综合治理,将其改造为战略性新兴产业的发展基地、城镇工商服务业集聚区或现代化住宅小区,实现土地的再开发和再利用,不仅能够有效解决人地关系紧张的问题,而且对于未来土地开发策略的构建和实现也有重要指导意义。

参 考 文 献

[1] 康琪雪. 西方竞租理论发展过程与最新拓展[J]. 经济经纬,2008(6):12—15.

[2] 李秀彬. 土地利用变化的解释[J]. 地理科学进展,2002,21(3):195—203.

[3] 林涛,谭文柱. 区域产业升级理论评价和升级目标层次论建构[J]. 地域研究与开发,2007,26(5):16—23.

[4] 汤庆园. 土地开发与产业升级的研究——以上海为例[D]. 上海:华东师范大学,2014.

[5] 郑新奇. 城市土地优化配置与集约利用评价:理论、方法、技术、实证[M]. 北京:科学出版社,2004.

[6] 宋伟轩. 西方城市绅士化理论纷争及启示[J]. 人文地理,2013(1):32—36.

[7] 曹康,金涛. 国外"棕地再开发"土地利用策略及对我国的启示[J]. 中国人口·资源与环境,2007,17(6):124—129.

[8] 王宏新,甄磊,周拯. 发达国家棕地再开发经验与启示[J]. 中国土地科学,2011,25(2):92—96.

[9] Jacobs J. The Death and Life of Great American Cities[M]. New York:Random House,1961.

[10] Davison M,Lees L. New-built gentrification and London's riverside renaissance[J]. Environment and Planning A,2005,37(7):1165—1190.

[11] Lees L. Super-gentrification:The case of Brooklyn Heights,New York City[J]. Urban Studies,2004,40(12):2487—2509.

[12] Sandra A,Victoria J,Roberts P,et al. The definition of brownfield[J]. Journal of Environmental Planning and Management,2000:49—69.

第三章

国内外土地再开发经验及启示

在探讨土地再开发相关理论背景基础上,有必要就国内外再开发典型案例进行分析,从而总结出相关经验和启示。从土地再开发的内在规律来看,土地再开发也是一个经验积累和制度、技术创新的过程,通过借鉴国内外的先进经验,结合我国具体的土地利用实践,有助于提高我国土地再开发的效率和质量。

第一节 土地再开发的国际经验

西方发达国家在土地再开发方面已经积累了较为丰富的实践经验,形成了较为完善、行之有效的土地再开发制度或模式。按照土地再开发过程中各利益主体的作用,本章将其分为三类:第一类是自上而下的土地再开发模式,强调政府在土地再开发过程中的领导和控制作用,本节选取德国和日本的土地重划(Land Readjustment)来具体分析和评价该模式;第二类是自下而上的土地再开发模式,强调市民/土地权利人自主进行土地再开发,政府不起主导作用,只提供必要的协助,本节选取美国纽约苏荷区和英国伦敦的城市绅士化(Gentrification)案例来分析这一模式;第三类是公私合作的土地再开发模式,这一模式中没有明显的主导方,政府与私人部门通过各种合作形式共同进行土地再开发,本节选取美国和德国的棕地(Brownfield)治理经验来具体分析该模式。

一、自上而下的土地再开发模式:土地重划的经验

土地重划(Land Readjustment)是一种城市规划和土地再开发的手段,它通过将选定地区零散杂乱的地块交换整合为平整规则的地块,并完善地区基础设施,将剩余部分地块按照一定比例返还给地权人,来达到城市开发或再开发的目

的(NCPB,1982;林坚等,2007)。

（一）土地重划的基本机制

土地重划的基本机制,简而言之就是拿土地换基础设施。具体来说,开发者将地区土地集中起来,根据城市规划把地块重新整合,将其中一定比例的土地用作市政基础设施建设,剩余地块按照事先规定的再分配原则返还给土地所有者(图3-1)。通过土地重划,政府达到了实施城市开发改造的目的,且以较低的成本完成了基础设施的建设,而土地所有者虽然失去了一部分土地,但是基础设施的完善显著提高了土地价值,因此土地重划是一种双赢的开发模式。由于土地重划通常都由政府发起和主导,因此它主要是自上而下的土地再开发模式。

图 3-1　土地重划的基本机制

资料来源:Turk(2008)。

土地重划概念的提出可以追溯到1791年美国第一任总统华盛顿在华盛顿特区与当地土地所有者订立的土地出让协议,该协议鼓励土地所有者将土地交给国家用于首都的建设,政府将土地用作公共用途,包括政府办公楼的建设(Li et al.,2007;Mittal,2013)。但土地重划真正进入法律规范和大规模应用始于19世纪50年代后的德国,随着德国工业革命和城市化的迅猛发展,原先用于农地整理的土地重划技术被引入到城市土地的开发和再开发当中(Larsson,1993)。现在,土地重划已经在德国、日本、以色列、澳大利亚、土耳其、印度等国家得到广泛的应用,是城市新区建设和建成区再开发的重要技术手段,特别在城市边缘区的开发中,土地重划发挥了十分重要的作用(Larsson,1997;Turk,2008)。

Mittal(2013)将土地重划的步骤概括为六步:

(1) 土地重划和区域边界的提出。通常由政府动议确定土地重划项目的启动和项目执行的空间范围。

(2) 整合土地信息。将土地的边界、权属、用途和价值调查清楚。

(3) 准备地块的布局规划和重新组合。将公共空间的布局、基础设施的安排以及准备返还给私人的用地提前规划好。

(4) 成本和融资的测算。平面规划完成后需要测算成本和融资,尽量保证土地重划的资金能够内部平衡。

（5）土地所有人的参与。规划完成后,需要与每一个土地所有者进行两到三轮的协商,让土地所有者参与到项目执行过程中。

（6）确定新的土地权属,重新分配公共用地和私人用地。

（二）发达国家的土地重划实践

从国际上来看,德国、日本、以色列等发达国家有较长的土地重划实践历史,积累了丰富的土地再开发经验。本文将主要介绍德国、日本两个国家的土地重划经验。

1. 德国:政府强制力与高效的土地再开发

德国从13世纪中叶就已经开始在农村地区开展土地整理工作,将碎片化的土地重新分割和整合以建设农业灌溉防洪设备和促进农业生产。到了20世纪初期,德国工业化迅猛发展,城市开始蔓延和扩张,为了解决城市扩张带来的经济社会问题,满足工业化和城市化对城市土地的新需求,1902年德国制订了《建筑法典》(Baugesetzbuch,简称BauGB),正式将农地整理技术引入到城市土地再开发中(Li et al.,2007;钟毅等,2014),允许地方政府发起强制性的土地重划(Mandatory Land Readjustment,德语中这一土地再开发模式称作Umlegung),以解决地产与土地利用之间的不适宜性,推动城市建设的顺利进行(Larsson,1997)。

德国的城市土地重划带有明显的政府强制性,从发起到规划再到实施,政府一直起着主导作用,虽然土地所有者被邀请加入土地重划执行委员会,但是从法律上来说,该委员会并无权改变政府的决议,一旦土地利用规划生效,政府即可以强制性地推动土地重划。这种高度强制性地自上而下的土地再开发模式大大提高了城市建设的效率,与土地所有者自愿协商进行土地再开发相比,土地重划可以极大地降低交易成本(Hong and Needham,2007)。

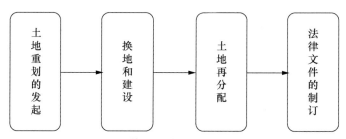

图3-2　德国土地重划的一般流程

资料来源:Hong 和 Needham(2007)。

Hong 和 Needham(2007)将德国的土地重划概括为4个步骤(图3-2)。

第一步,土地重划的发起。地方政府根据土地利用规划确定土地重划的区域,确定区域土地所有人名单并在地图上标示地权位置。

第二步,准备阶段(换地和建设阶段)。地方政府将土地集中起来,评估土地现在的市场价值,将拟用作公共用途的土地交给政府部门或开发公司进行基础设施建设,然后确定土地再分配方案。

第三步,土地价值获取(value capture)和再分配阶段。这一步要决定土地所有者应当向政府缴纳的土地重划后土地增值的费用,以承担政府市政基础设施建设的部分成本,然后将土地重新分配给土地所有者,并补偿受损的地权人。

第四步,法律文件的制订和执行。制订新的土地权属边界图,制订约束各方的法律文件,办理土地重划后的登记工作。

市政府有足够的激励去推动土地重划,一方面,因为土地重划可以以较小的成本完成基础设施的建设和改造,在土地重划中,市政府不仅可以免费获得基础设施建设所需要的土地,还能从土地所有者那里收取一部分土地增值的费用;另一方面,土地重划让土地所有者获益,因此推行起来阻力较小,避免了社会冲突和复杂的行政诉讼。

虽然德国的土地重划具有西方发达国家少有的行政强制性,但是德国有一套规范的法律体系来约束地方政府在土地重划中的行为。德国《建筑法典》规定,强制性的土地重划只有在符合土地利用规划的现实需要时,市政府才可以强制进行。法律还严格规定了土地重划后再分配需要符合价值相似或大小相似两条标准,即土地所有者获得的再分配的土地必须在价值或面积大小上与原先地块在区域的份额相当。对于市政府提取的用作基础设施建设的土地比例,法律明确规定开发区的提取比例不超过30%,改造区的比例不超过10%(Hong and Needham,2007)。

在德国,强制性的土地再调整与规划法律、不动产估价以及土地调查相适应,通过综合使用强制性和自愿性的方法,土地再调整已经成为土地再开发的一种有影响、有效率且公平的模式,通过长时间的实践操作,德国已经将土地重划细化为详细的、有制度保障的操作方案,大部分参与土地重划项目的土地所有者对土地重划都持欢迎和满意的态度(Hong and Needham,2007),现在德国每年要实施大约1000个土地重划项目,再开发的土地面积超过5000公顷(Larsson,1997)。

2. 日本:作为城市规划之母的土地重划

日本的土地重划(在日文中,该模式称为 Kukaku Seiri,中文又译为"土地区划整理")方法是20世纪初从德国引进的,一开始主要被用作农地整治,随后逐渐被推广到城市地区(Masser,1987;Sorensen,2000a)。1919年的《城市规划法》从法律上确定了土地重划的地位(Turk,2008),但是日本大规模推行土地重划模式始于1923年关东大地震的灾后重建和第二次世界大战结束后的战后重建(Masser,1987;Sorensen,2000a)。到了1954年,《土地区划整理法》作为单独法规正式颁布实施,该法令规定地方政府等五类行为主体可以启动土地重划项目,1959年的修正案进一步规定地方政府发起的土地重划项目可以从国家燃油税中获得部分支持资金,这几部法律不断强化土地重划在城市土地再开发中的重要地位(Larsson,1997;Sorensen,2000a;Hong and Needham,2007)。

灾后和战后重建为土地重划在日本的大规模推广提供了契机,而日本土地利用状况和日本人对土地的观念构成了土地重划得以大规模推广的基础。第一,城市土地所有权的碎片化使得系统地进行土地整理变得十分必要。高密度的农村人口和稀少的可供水稻种植的田地在经历数个世纪的土地交易和分割后,土地权属边界已经非常碎化,二战后日本的土地改革把大量农地分配给接近500万佃农,进一步导致了土地权属的复杂化(Sorensen,1999)。第二,日本农村地区公共所有的土地比重很低,基础设施水平完全满足不了现代经济的需求,而土地重划可以有效完善基础设施(Sorensen,2000a)。第三,日本有非常严格的土地所有权制度,而且日本人对土地有超乎寻常的依恋,这使得征收和强制收购土地在法律上可行但是在实践中却十分困难,在这种情况下,地方政府和土地所有人都倾向土地重划这种阻力小、收益大的再开发模式(Sorensen,2000a)。

日本的法律规定五类行为主体可以发起土地重划项目,包括个人、协会、地方政府、管理部门(如建设部或其他政府部门)、公共机构(如日本住宅、都市整备公团),其中前两者被认为是私人执行机构,后三者被认为是公共执行机构(Sorensen,2000a)。虽然私人机构被允许主导土地重划项目,但是在实践中,大部分土地重划还是由公共机构主导(Sorensen,2000b),因此日本的土地重划总体上依然属于自上而下的土地再开发模式。

Hong和Needham(2007)将日本的土地重划概括为6个步骤(图3-3)。

图3-3 日本土地重划的一般流程

资料来源:Hong和Needham(2007)。

第一步,确定边界:由地方政府从法律上确定要进行土地重划的区域边界。

第二步,成立委员会:法律规定,政府主导的土地重划项目,委员会有提出意见和建议的权利,但无权改变政府的决议。第三步,成本估算:由私人咨询机构提供初步的规划纲要,包括道路、公园等的安排,以及各项费用、土地价值的估算。第四步,方案制订:制订土地再分配方案、财政融资方案和计划执行方案。第五步,设施建设:根据制订的土地利用规划方案,开始修建和完善道路、下水道、公园等基础设施。第六步,土地再分配:基础设施建设完成后,按照事先规定的再分配方案把土地重新分配给土地所有者,并执行财务审核。

日本横滨市港北新城的建设是土地重划实践的成功案例。港北新城位于横滨北部,1974年被规划为横滨市的副中心之一,规划希望通过建设大规模住宅区和市政基础设施,以达到缓和东京、横滨地区居住用地不足的矛盾。规划面积约2500 ha,规划人口30万人,在新城建设中,大部分地段(大约占总用地面积的52%)都是通过土地重划方式进行开发建设的,因此该项目名称叫做横滨北部新都市第一地区土地区划整理工程(徐波,1994)。

新城土地重划的实施机构为法律规定的五类行为主体中的日本住宅、都市整备公团,属于公共机构。港北新城在建设过程中,成立了一个联系土地所有者、市政府和住宅、都市整备公团的委员会("港北新城事业推进联络协议会"),对土地开发过程中的问题进行协商,公团通过这个平台在换地工作中对土地所有者进行了意向调查,制订各方能够接受的土地利用规划和换地方案。这种充分尊重各利益主体的工作方式在港北新城建设中起到了十分重要的作用(徐波,1994)。

经过土地重划,港北新城的土地利用发生了很大的改变,公共设施率、公共用地、住宅用地和商业用地率都有显著提高(表3-1),土地重划使新城开发和土地再利用获得巨大成功。

表 3-1 土地重划前后土地利用、公共设施状况的对比

土地利用状况	土地重划前(单位:%)	土地重划后(单位:%)
住宅用地	8.78	50.02
商业用地	1.28	2.96
工业用地	1.52	6.51
农田	48.24	4.55
公共用地	8.27	29.06
公共设施率		
道路	5.97	21.58
公园	0.36	5.65
河流	2.69	2.05
合计	9.02	29.29

资料来源:徐波(1994)。

在港北新城土地重划过程中,公共让地面积大约 $130×10^4$ m²,公共让地率达到 25.2%。通过土地重划,土地价值大幅增值,根据估价,在土地重划之前,保留地每平方米土地价值为 2 万日元,土地重划后增长到 6.5 万日元,宅地价格总额是土地重划前的 2.4 倍(徐波,1994),表明港北新城土地重划不仅对政府和城市发展有利,对当地的土地所有者也十分有利。

土地重划模式在日本不仅用来开发新城,还被用作旧城更新和大型基础设施建设,据统计,日本新开发地区的 50% 和旧城更新的 30% 都是按照土地重划模式进行的,涉及超过 10 000 个项目和近 $40×10^4$ ha 的土地(Hayashi,2002;Larsson,1997),由于土地重划是日本城市规划中最重要的手段且在实践中获得了广泛的成功,因此它被誉为"日本城市规划之母"(Sorensen,1999)。从 20 世纪 80 年代开始,日本政府鼓励本国的土地重划模式向发展中国家进行推广,印度尼西亚、尼泊尔、马来西亚和泰国等亚洲发展中国家在日本的影响下也开始了土地重划的尝试(Sorenson,2000b)。

然而,尽管日本的土地重划模式取得了突出成就,其产生的问题也同样值得注意。首先,对大多数的居民而言,土地是他们的生活资料,而不是商品,因此让地后虽然土地价值升高,但居民并不能直接获益,这使得看似等价交换的土地重划受到居民特别是旧城区居民的反对(徐波,1994);其次,土地重划有时候并没有法定的正式规划作为依据,这使得土地重划后同一个地块上依然出现差异过大的建筑景观,影响城市发展(Larsson,1997);最后,日本的土地重划暴露了土地重划这一模式的最大缺点——耗时太长,土地重划的组织者有很大一部分时间花在了游说当地社团领袖上,还要耗费大量时间来说服所有土地所有者合作,这使得土地重划进展缓慢甚至最后不了了之(Hong and Needham,2007)。

(三) 启示

从德国和日本的土地重划模式分析中,本书归纳了三点具有借鉴价值的经验:

1. 土地重划可以显著降低土地再开发的成本,提高土地经济价值

通过换地—开发—再分配的方法,政府省去了土地收购的成本,而且可以从中获取一部分土地用作公共基础设施建设,甚至可以要求执行土地重划地区的市民承担一部分基础设施建设费用,为土地增值负担一定的成本,这样政府不仅省去了土地收购的成本,还大大降低了基础设施建设的成本。执行土地重划地区的土地权利人则获取了土地增值带来的收益,成为土地重划计划的积极支持者,与政府共同推动城市土地再开发。

2. 规范的法律体系和政府强制力是土地再开发高效进行的保障

德国和日本都拥有一套完善的土地重划法律体系,如德国的《建筑法典》、日

本的《土地区划整理法》,这些法律作为土地重划的依据发挥了重要的指导作用,不仅规范了土地重划的程序问题,还以此衍生了诸多配套法规与政策,为土地再开发提供从原则到细则的法律依据,使得土地再开发有法可循,这是执行自上而下土地再开发模式的重要前提。此外,政府强制力也是保证自上而下土地再开发模式能够顺利进行的重要条件,德国的强制性土地重划之所以能够如此高效,根本原因就在于其不仅拥有完善的法律体系,还拥有强大的行政强制力。具体到中国的土地再开发实践,本书认为政府强大的强制力是推动自上而下土地再开发的有利条件,但是我国目前还缺乏规范的法律体系来具体指导土地再开发,针对市民权益保障和政府权力约束的法律机制还不健全,这应当是今后要努力改进的地方。

3. 土地重划是适应现代社会私有产权保护的土地再开发模式

土地重划之所以能够在西方发达国家受到青睐,很大一部分原因在于土地重划是一种充分尊重私有产权的土地再开发模式,随着政府权力的不断弱化和私有产权保护意识的不断强化,大拆大建、强行征收等土地再开发模式的执行难度将越来越高,一个不断成熟的现代社会需要更加文明、更加尊重民意的土地再开发模式,而土地重划的双赢特征与尊重产权保护的特性使之成为能够适应现代社会的重要的土地再开发模式。

二、自下而上的土地再开发模式:城市绅士化的经验

绅士化(Gentrification)一词最早是由 Glass(1964)提出,被用来描述 20 世纪 60 年代英国伦敦发生的中上层阶级向工薪阶层社区迁移并最终取代工薪阶层成为社区主体的过程,后来将工薪阶层从中心城区迁出导致的旧城社区中产阶级化的现象称为绅士化(Smith and Williams,1986)。从 20 世纪 60 年代开始的这股绅士化浪潮,在 70 年代后成为欧美大城市的一个普遍现象,它通过居住主体的替代完成了对老旧社区及其周边土地的重新利用,有力地扭转了长期以来大城市内城区的衰落趋势。伴随着服务业就业和城市文化商业设施的繁荣,绅士化赋予内城一种新的面貌(Zukin,1987)。Zukin(1987)指出,对城市内城区老旧的房产进行再投资虽然有一部分是由政府公共部门主导的,但绝大部分依然是市场的自发行为,甚至其中相当一部分的工作是由居住者自己来具体执行的(do-it-yourself)。因此,城市绅士化是一种自下而上的土地再开发模式。

关于绅士化产生的原因主要有三种解释。第一种解释是产业决定论,认为绅士化的根源在于大城市的产业升级转型和城市主要就业人口的变化(Ley,1981;Ley,1996)。随着大城市由工业城市向后工业城市的转型,服务业取代制造业成为城市主导产业,城市主要就业人口也从工薪阶层向白领阶层转变,致使城市社区主要群体发生改变。第二种解释是文化决定论,认为绅士化的根源在于文化定位和生活工作方式的改变,新的中产阶层更倾向于生活在内城,以丰富自己的文化休闲生活和避免长途的通勤距离(Ley,1980;Bulter,1997;May,1996)。第三种解释认为城市内城土地的潜在价值和郊区化后导致的实际价值之间的租金差(rent gap)是造成绅士化的根本原因,绅士化是资本的回城,而不是人的回城,一旦土地潜在价值和实际价值的租金差够大,资本一定会重新回到内城(Smith,1996)。总而言之,绅士化是城市由工业化向后工业化转变时在社会和空间上的表现,这种转变既包含了金融业、商业和创意产业取代工业成为城市主导产业的产业升级转型,也包含了工作本质、工作地点、阶级结构、收入状况、生活方式以及住房市场结构的重大改变,这些因素共同导致了城市内城的绅士化现象(Hamnett,2003)。

  20 世纪 70 年代和 80 年代,关于绅士化的地理研究总是纠结于绅士化到底是由经济决定的还是由文化决定的。90 年代之后学界逐渐形成了一种共识,那就是经济因素和文化因素对于绅士化的形成都十分重要(Lees,1994)。Zukin(1987)认为绅士化与城市产业升级之间存在密切联系。她认为,20 世纪 60 年代以后,随着城市主导产业从制造业转向服务业,城市由工业城市转变为后工业城市,服务业部门的商务办公空间开始迅速占据城市中心区,以白领为主要阶层的城市就业者在办公空间临近的社区定居,而制造业和蓝领社区被迫从城市中心迁移出去,因此作为精英白领阶层的居住模式,绅士化实质上反映的是总部经济在城市内城集聚的现象,是城市产业升级转型引起的(Zukin,1987)。

  绅士化现象在北美和西欧的特大城市中比较普遍,特别是在纽约和伦敦这样的世界城市,绅士化阶层成长最为显著(Bailey and Robertson,1997),下文将介绍美国纽约和英国伦敦的绅士化经验。

  (一)纽约苏荷区的绅士化

  作为全球首屈一指的世界城市,从 20 世纪 60 年代开始,纽约就已经开始了大规模的绅士化和去工业化的进程,对世界其他城市的发展产生了重大影响。对纽约绅士化的分析不可能绕过 SoHo,在 SoHo 绅士化成功之前,人们很难想象,一个衰败的废弃的工业区竟然可以在主体建筑保存的情况下转化为世界驰名的艺术区和中产阶级社区。

  苏荷区位于纽约曼哈顿休斯顿街道以南,18 世纪初期属于家族农场,独立战争后逐渐成为中产阶级住宅区,19 世纪 60 年代后随着纽约制造业的繁荣,苏荷区由于交通和劳动力的优势迅速成为工业区,到了 19 世纪末,大量的铸铁建筑(Loft building)建起来,成为苏荷区的典型标志(Shkuda,2010)。1910 年,宾州火车站建成,苏荷区大量工厂和商铺都迁往火车站附近,苏荷区开始陷入衰落,虽然二战时期由于战争的需要,苏荷区有过短暂的繁荣,但随着战争结束,纽约整体制造业的衰退和金融业的迅速崛起,苏荷区彻底成为不被注意的地段(郭巧华,2013;芳汀,2000)。

苏荷区衰败后留下了大量无人使用的铸铁建筑,这些建筑已经不适应工业生产,但是其宽敞的建筑空间、优良的采光条件和低廉的房租水平等特征却可以很好地满足艺术家的工作和创作需求。20世纪60年代后,成批的艺术家从纽约的中心区迁往苏荷区,开启了苏荷区绅士化的第一个阶段。苏荷区绅士化进程刚开始并不顺利,20世纪50—60年代正是美国城市更新运动的高潮期,城市管理者和规划师把苏荷区视为废旧之地,前后两次试图通过住宅和高速公路计划将苏荷区的铸铁建筑拆除并改造为居住社区,但艺术家们利用自己的影响力和活动能力成功抵制了市政府对苏荷区的改造计划(Shkuda,2010)。苏荷区得以保存后,越来越多的艺术家开始聚集,到1978年,苏荷区常住居民达到了8000人,其中有5000多人是艺术家(孙群郎,2000)。

苏荷区第一阶段的绅士化由艺术家群体启动和主导,最明显的特征是艺术家成为社区的主体,并实现了苏荷区土地功能由工业用地向居住、艺术创作用地的转变,工作室和画廊成为苏荷区主要的业态。艺术家们搬到苏荷区的铸铁建筑后,就开始运用他们的艺术设计能力对苏荷区进行改造,这些改造保留了铸铁建筑的原有结构和基本面貌,通过局部的艺术处理和内部空间的重新塑造,艺术家们将原本破旧的工业厂房转变为工作生活一体化的具有艺术气息的建筑,完成了一场自发地、自下而上的城市更新和土地再开发运动。随着苏荷区艺术家群体的不断壮大和影响力的不断提高,政府也改变了对待苏荷区和艺术家群体的态度,1971年纽约州议会通过一项修正案,允许艺术家们合法使用铸铁建筑。政府的支持加速了苏荷区的绅士化进程(Shkuda,2010;郭巧华,2013)。

如果文化艺术是苏荷区第一阶段绅士化的驱动力,那么产业的升级转型则是苏荷区第二阶段绅士化的根本原因。苏荷区声名鹊起后首先推动了旅游业的兴旺,来自世界各地的游客涌向苏荷区欣赏铸铁建筑和后现代艺术,20世纪70年代中期,苏荷区已经成为纽约最具人气的几个旅游热点之一。苏荷区旅游业的兴旺又繁荣了本地区的画廊产业、零售业和餐饮服务业,业态逐渐多元化和商业化,土地价值不断上升。苏荷区快速振兴的经济和不断完善的基础设施与整个纽约内城复兴合力推动了以律师、医生、银行家等为代表的郊区中产阶级前来定居(郭巧华,2013),开启了经济因素主导下的以中产阶层为行为主体的第二阶段的绅士化进程。

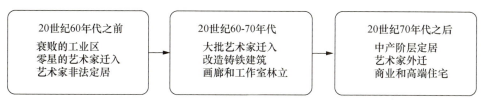

图 3-4 苏荷区绅士化历程

苏荷区第二阶段的绅士化进程是中产阶层"驱逐"艺术家群体成为社区主体的替代过程,同时也是高端零售业"驱逐"艺术工作室的土地利用替代过程。中产阶层开始定居苏荷后,苏荷逐渐形成了以创意产业为主,高雅艺术和大众消费相结合的产业发展模式,国际知名品牌的商店、大型商业画廊和高档住宅成为苏荷主要的建筑业态,整个区域的土地租金水平快速上涨,大批青年艺术家被迫迁离苏荷。随着中产阶级的大规模进入和青年艺术家的被迫退出,苏荷区的居民社会结构发生质的变化,到了2000年,苏荷区的家庭平均年收入超过6.5万美元,远远高于同年纽约市的平均值(芳汀,2000),绅士化进程基本完成。在艺术家和中产阶级的共同作用下,苏荷区由废弃的工业用地先是转变为艺术区,完成土地再开发的第一个阶段,再转变为"中产阶级居住区+艺术区"的功能形态,完成土地再开发的第二个阶段。

值得注意的是苏荷区的绅士化对其周边社区的振兴有明显的促进作用,青年艺术家从苏荷区被迫外迁,往往选择苏荷区周边的社区定居,继续从事艺术创作工作,这样在苏荷区的周边,包括格林威治、西村等社区也相继进入了与苏荷区类似的绅士化过程,形成了独特的城市景观。苏荷区这一自下而上的城市更新模式对美国乃至世界其他城市也产生了重大影响。在这之后,美国的西雅图、旧金山等大城市也实现了类似的城市复兴,有的学者甚至将这一绅士化过程称之为"苏荷化"(孙群郎等,2013)。

(二)英国伦敦的绅士化经验

早在 Glass(1964)第一次提出绅士化的概念时,伦敦的绅士化就已经被学者所注意到。在随后的三四十年间,伦敦内城的社会地理被中产阶层深刻地改变了,他们扭转了二战以后逃离都市中心的趋势,成功地将伦敦内城改造成为更加适宜工作和居住的地方。

伦敦的绅士化与伦敦经济基础的改变有密切关系,伦敦向后工业化城市转型是城市绅士化出现的前提。20世纪60年代中期之前,伦敦是英国轻工业中心和第三大制造业城市,只有1/10的人口供职于金融和商业服务部门,但是在随后的40年间,伦敦经历了快速而深刻的产业升级转型过程,到了20世纪80

年代,金融业和商业服务业的就业规模与制造业的就业规模发生了逆转,1991年的数据显示金融和商业服务业就业人口比重为 22.5%,1998 年,商业和金融业从业者已经占据全伦敦就业人口的 1/3。相比之下,城市制造业就业人口比重则从 1961 年的 32.7%下降到 1991 年的 11%,2001 年这一比例再次下降到 8%(表 3-2)。这意味着伦敦由工业城市成功地过渡为以金融业、商业服务业和创意产业为主导的后工业城市(Hamnett,2003)。

表 3-2　伦敦就业结构的变化(1961—1991 年)

	1961 年		1981 年		1991 年		1961—1991 年的变化	
	数量/人	占比/(%)	数量/人	占比/(%)	数量/人	占比/(%)	数量/人	占比/(%)
基础工业	93 400	2.1	57 275	1.6	41 364	1.3	−52 036	−55.7
制造业	1 453 000	32.7	683 951	19.2	358 848	11.0	−1 094 152	−75.3
建筑业	280 900	6.3	161 407	4.5	118 367	3.6	−162 533	−57.9
物流与饭店业	734 700	16.5	686 598	19.2	645 955	19.8	−88 745	−12.1
运输业	433 700	9.8	368 288	10.3	307 682	9.5	−126 018	−29.1
银行金融和商业服务业	461 800	10.4	565 876	15.9	733 513	22.5	272 713	58.8
其他服务业	989 800	22.2	1 034 526	29.1	1 049 015	32.2	59 215	6.0
总服务业	2 620 000	58.9	2 655 288	74.6	2 736 165	84.1	116 165	4.4

资料来源:Hamnett(2003)。

伴随着城市产业升级和就业结构变化,伦敦内城日益成为金融、商业服务业、创意产业的办公所在地,越来越多的经理人、高级白领和专业技术人员等中产阶层重新回到内城工作和居住,造成了内城旧社区的绅士化,其中位于伦敦 Hackney 自治郡的 Hoxton 是绅士化这一自下而上土地再开发模式的典范。

Hoxton 在伦敦市中心以北大约 2 km 处,从 20 世纪 80 年代开始的大规模的城市去工业化深刻影响了 Hoxton 的产业发展。20 世纪 80 年代以来,Hoxton 流失了大约 65%的制造业就业岗位,从 1978 年到 1983 年,大约 14%的工业建筑面积和 23%的工业财产被闲置,Hoxton 进入严重的衰退期,《金融时报》甚至将其描述为"绝望的被遗弃者"(desperately derelict)(Harris,2012)。然而,艺术家的到来改变了 Hoxton 的命运。大量废弃的仓库以及其靠近市中心的区位使得 Hoxton 在 20 世纪 80 年代初期吸引来了第一批视觉艺术家和创意产业专家入驻,他们充分利用这里面积大、租金低的优势,开始在 Hoxton 从事艺术创作和展出,并且定居于此(Harris,2012)。进入 20 世纪 90 年代,Hoxton 迎来了更大规模的艺术家迁入热潮,90 年代伦敦的经济危机迫使 Hoxton 的土地所有者以更低的租金将房产出租出去,这样一大批来自皇家艺术学院和 Goldsmiths

学院的艺术毕业生汇聚在 Hoxton,形成了一个基于地域的社会网络(Harris,2012)。

伴随着 Hoxton 艺术家社区的形成,新媒体和创意产业集群也相继在 Hoxton 及其周边出现。很多原本用于工业和商业用途的建筑被改造为居住用途,一种源自纽约 SoHo 区的 loft-style 居住形态在 Hoxton 受到欢迎,酒吧、俱乐部和饭店等商业空间也逐渐增多,丰富的夜生活吸引着越来越多的年轻艺术家和中产阶层,艺术家们重新塑造了 Hoxton 的文化景观,使之出现了都市野趣(urban pastoral)的特征,推动了 Hoxton 的复兴,开启了 Hoxton 快速绅士化的进程。艺术家在 Hoxton 营造的波西米亚式的生活方式,使得他们虽然有意维持阶层融合的现状,但终究还是出现了基于阶层分化的社区主体替代,Hoxton 不可避免地进入到阶层纯化的绅士化阶段(Harris,2012)。进入 20 世纪 90 年代末期,随着 Hoxton 经济环境和文化环境的改观,越来越多的中产阶层对这里产生了兴趣,原本推动社区复兴的艺术家们发现自己在空间竞争中处于弱势地位,大部分艺术家没有足够的经济资本来保住自己的居住空间(Harris,2012),一场新的阶层驱逐和替代过程开始,这标志着 Hoxton 进入绅士化的第二个阶段。

除了 Hoxton,伦敦内城的其他旧社区也出现了类似的绅士化现象。比如伦敦的河畔地区(riverside),通过将废弃的工业用地重新开发为高档住宅,使得原本破败的河畔地区成为中产阶层聚集的绅士化社区,区域的人口就业结构发生巨大的变化。据统计,从 1991 年到 2001 年,河畔地区工人阶层的人口数量有显著下降,而职业经理人数量、专业人员数量和技术服务人员数量分别上升了 20.9%、42.9% 和 44.5%,这一现象被学者称作新建绅士化(New-build Gentrification)(Davidson and Lees,2005)。

又比如伦敦的 Clerkenwell 地区,随着传统经济基础——钟表制造和电子仪器行业——的倒闭,大量的工业和商业空间被闲置,但由于它靠近市中心,又有大量的建筑空间和低廉的土地租金,从 20 世纪 70 年代开始 Clerkenwell 便逐渐成为伦敦广告、传媒、设计产业青睐的重要办公集聚区。到了 20 世纪 80 年代,Clerkenwell 基本完成了土地再开发的第一个阶段,从工业用地转化为商业用地(Hamnett and Whitelegg,2007)。进入 90 年代,受伦敦金融危机的影响,Clerkenwell 的商业活动受到重创,大量办公楼被闲置,开发商通过将商业办公楼转化为住宅楼出售来度过金融危机,因此从 90 年代开始,Clerkenwell 逐渐成为中产阶层集聚的绅士化社区(Hamnett and Whitelegg,2007)。

(三)启示

纽约和伦敦的绅士化案例分析对于土地再开发具有以下借鉴价值:

1. 产业升级转型是土地再开发的驱动力

纽约和伦敦的绅士化都与城市的去工业化和产业升级转型密不可分，后工业化时代，大城市的中心城区重新成为总部经济、金融业和商业服务业的聚集区，伴随产业资本的回归，中产阶层也有回到内城的趋势，这就势必导致对老旧社区和其他用地的再开发，因此产业升级转型是土地再开发的驱动力。

2. 文化因素对土地再开发有特殊的作用

纽约的 SoHo 区和伦敦的 Hoxton 区绅士化过程中文化艺术和艺术家扮演了至关重要的角色，两个社区的绅士化基本遵循着"艺术家迁入社区—艺术家改造社区—社区文化艺术氛围增强—相关商业形态出现—社区经济振兴—中产阶层迁入"的大致路径。文化不仅天然地吸引中产阶级和知识阶层，还能成为经济复兴的引擎，因此在土地再开发特别是旧城改造中应当特别注重文化的保存与发展，充分挖掘社区的文化潜力，通过文化挖潜推动旧城区的复兴。

3. 政府政策在自下而上的土地再开发中依然具有重要作用

尽管中产阶层是绅士化的主导力量，但整个绅士化改造过程依然离不开政府的作用。对于 SoHo 区而言，如果没有后期政府对艺术家的宽容、支持以及后续的政策规范，SoHo 不可能进入一个良性的绅士化过程，也就不可能会是成功的土地再开发典范。同样的，对于伦敦的 Hoxton，政府的支持也是其良性发展的重要保障，1992 年到 1997 年间，英国中央政府共计提供了 100 万英镑的专项资金用于鼓励各种组织和个人参与到将 Hoxton 废弃建筑改造为艺术用途的工程中（Harris，2012）。因此，尽管绅士化是一个自发的自下而上的土地再开发过程，它的健康有序进行依然有赖于政府政策的保障。

三、公私合作的土地再开发模式：棕地再开发的经验

Brownfield，通常被译为"棕地"或"褐色土地"，最初是相对于 Greenfield（绿地，指的是未开发利用的土地）而言的城市规划用语，起源自 20 世纪 90 年代初的英国（王宏新等，2011），后来在很多国家都使用这一词汇。美国的超级基金法案定义棕地为"废弃及未充分利用的工业用地，或是已知或疑似受到污染的用地"（EPA），1997 年美国环保署和住房与城市发展部定义棕地为"废弃的、闲置的或未充分利用的工业或商业用地及设施，客观上存在或有潜在的环境污染，再开发和利用过程复杂的土地。"（谢红彬等，2010）

棕地开发与城市产业升级转型有着密切关系。发达国家在进入后工业化时代后，城市产业结构发生调整，工业区衰退，城市出现了大量的废旧工业基地，每个工业化国家都有数量可观的棕地等待重新开发。随着城市经济发展，土地资源日益稀缺，对棕地的再开发显得越来越急迫。相对未利用土地，棕地再开发面

临较大的环境风险和开发成本,但是由于棕地通常位于城市重要区域,对其进行再开发不仅有助于缓解城市用地紧张,还可能成为城市新的经济增长点或文化地标,因此棕地再开发是一项操作困难但效益深远的工程。考虑到棕地再开发的困难与巨大效益,欧美发达国家的政府部门都很重视棕地的治理,从法律、税收、财政等环节给予大力支持。

棕地再开发是典型的公私合作的土地再开发模式,通常由政府和开发商共同对土地进行清理和重新建设。以美国为例,联邦政府是棕地再开发的最高指导机关,环境保护署是主要的领导部门,负责棕地再开发项目的审核和财政支持,州政府相关部门负责管理监督并提供给地方政府响应的技术与资金支持,地方政府通过与实际执行计划单位合作,来控制整个项目进展,私营部门(通常是企业或非政府组织)从政府部门获得一定的补贴资金来具体执行再开发计划(王宏新等,2011)。

美国和德国是开展棕地再开发较早的国家,发展了一套较为成熟的操作制度,积累了丰富的实践经验,本文将主要介绍美国和德国的棕地再开发经验。

(一)美国的棕地治理

20世纪70年代发生的"Love运河事件"是美国开始注重污染区域治理的转折点,著名的《综合环境反应、赔偿与责任法》(CERCLA,又称作《超级基金法》)就是在这个背景下出台的(赵沁娜等,2006)。该法案决定对棕地进行治理和再开发,规定包括土地、厂房、设施在内的不动产的污染者、所有者和使用者以追溯既往的方式承担连带严格无限责任,并且建立超级基金来资助棕地治理。由于《超级基金法》规定了过于严厉的法律责任,使得棕地再开发成为高成本高风险的项目,开发商往往对棕地缺乏兴趣而转向未利用土地的开发,直接导致了20世纪80年代中期美国棕地再开发计划的挫败。为了推动棕地再开发的顺利进行,1986年,美国出台了《超级基金修订与再授权法》,该修订案免除了污染地块购买者的责任,并通过了其他新的责任免除条款使得开发商对棕地再开发承担的法律风险大为降低(何丹等,2012)。此后,新的推动棕地再开发的法律和政策也相继出台(表3-3),通过一系列法律规范、财政资助和税收减免政策,美国的棕地再开发计划逐步发展成熟,成为土地再开发的成功范例。

在确立了棕地再开发的法律框架后,美国环境保护署(Environmental Protection Agency,简称EPA)主要的工作在于对棕地再开发进行审核和财政资助,对棕地再开发感兴趣的地方政府、企业和非政府组织可以向EPA申请基金资助,EPA设立了8个资助项目(表3-4):

表 3-3 美国棕地再开发的政策和立法

年份	政策、法案	主要内容
1980	综合环境反应、补偿和责任法（超级基金法）	规定了包括土地等在内的不动产的污染者、所有者和使用者以追溯既往的方式承担连带严格无限责任
1986	超级基金修订与再授权法	污染地块购买者责任保护条款；其他新的责任免除条款
1993	棕地经济开发行动	标志着正式对棕地采取治理行动
1995	棕地行动议程	号召多方主体参与棕地治理和再开发
1997	纳税人减免法	用于棕地污染治理方面的开支，免除棕地治理期间的所得税
1997	棕地全国合作行动议程	减轻棕地整治责任，推出示范计划
2000	棕地经济振兴计划	对棕地的评估论证和整治活动给予资助，成立棕地周期性贷款基金
2002	小企业责任免除和棕地复兴法案	减轻小企业主的超级基金责任，授权每年拨付数亿美元作为棕地治理的资助

资料来源：EPA, http://www.epa.gov/brownfields/laws/index.htm；郭鹏等（2010）。

表 3-4 美国环保署对棕地再开发的资助政策

名称	主要内容
全区域规划示范项目	向有助于全区域重点棕地再开发的规划和实行的研究、技术协助和培训提供资助
棕地评估示范/资助	向与棕地有关的评估、分类、规划和社区改造项目提供资助
周期性贷款基金	向执行棕地治理的主体提供贷款
清理资助	向清理棕地的主体提供资助
环境保护人力资源培训资助	向非政府组织提供环境保护人力资源培训方面的支持
综合示范资助	向棕地评估和治理两项工作同时提供资助
培训、研究、技术协助资助	向棕地治理相关的人力资源培训和研究提供资助
针对性棕地评估资助	向指定的棕地地块评估进行资助

资料来源：EPA, http://www.epa.gov/brownfields/grant_info/index.htm。

美国地方政府对于棕地治理同样十分重视，出台了很多支持棕地再开发的政策，如佛罗里达州对棕地再开发提供贷款担保、主动清理课税扣除和税赋返还，伊利诺伊州出台了棕地清理周转性贷款的弹性条款，马萨诸塞州规定棕地再开发有权使用 BRAC 保险金，俄亥俄州通过发行环境债券为棕地治理募集资金，等等（郭鹏等，2010）。

联邦政府和地方政府在棕地再开发项目的前期发挥了核心作用,从项目立项、评估到资助,几乎都是政府在运作,但是到了项目具体实行阶段,承担主要工作的是开发商(通常是私营企业),开发商接受政府的棕地再开发资助,并投资开发地块,将原本的工业污染或废弃用地转换为住宅用地、商业用地、公共用地,从中获取利益。

美国环境保护署(EPA)收集了许多棕地再开发的成功案例,本书介绍威斯康星州密尔沃基市的案例。

项目地点位于威斯康星州密尔沃基市密尔沃基河岸边,占地8英亩,从前是Pfister & Vogel制革厂的厂区。制革厂于19世纪中期开始投入生产,但随着城市产业结构的调整,去工业化的潮流使得传统的制造业步履维艰,到了2000年工厂最终停产。工厂停产后厂区占据的地块一直被闲置,该地块除了主要的制革厂外,还有沙子厂、出租车车辆公司、木材和煤炭园以及钢铁厂,总共有超过50栋建筑和40万平方英尺的建筑面积。2001年,威斯康星USL土地有限责任公司通过法院的破产裁决获得了该地块的所有权,随后该公司向密尔沃基市政府提出棕地再开发的资助申请,市政府向联邦环保署申请到100万美元的棕地治理贷款,并向USL公司提供了110万美元的资助。2006年,地块的环境评估完成;2008年,地块的清理工作结束。在清理工作中,USL不仅获得了EPA提供的100万美元资助,还获得了密尔沃基市政府从税收中提供的850万美元财政扶持。

该案例是公私合作进行土地再开发的成功案例,参与者包括联邦环保署、密尔沃基市政府、威斯康星自然资源部等政府部门和USL公司、Mandel集团、Zenith工业服务公司等私营企业。政府公共部门主要负责棕地再开发的财政补贴审核,具体执行则由USL领导的私营企业联盟负责。地块整理第一期工程为总计耗费1.75亿美元的North End开发计划,包括了83个公寓和1.5万平方英尺的零售空间,2009年完成;后期工程包括395栋公寓和超过(3~4)万平方英尺的零售空间。第一期的North End工程已经获得了美国权威组织的高度认可,被认为是棕地再开发的成功案例。整个棕地再开发结束后,地块由原先的工业废弃场地转换为功能混合的城市用地,包括商业住宅、零售空间、河岸绿道和公共活动空间,不仅实现了产业的升级转型,还美化了城市环境,方便了城市居民。

(二)德国的棕地治理

德国对城市棕地治理给予了高度重视。以鲁尔区的再开发为标志性事件,从20世纪70年代开始,德国就开展了针对工业衰退区的更新改造工作,积累了丰富的棕地再开发经验,将棕地再开发作为土地循环利用和城市规划管理的重要内容。相比欧盟的其他国家,德国城市人口密度较高,德国政府希望缩减土地的日常消耗,防止城市蔓延,为此将棕地再开发纳入可持续发展和土地节约计划中。1998 年德国出台行动计划,预计到 2020 年,将城市每天向外扩张的面积缩小到 30 公顷。尽管这一目标被认为过度严格而受到质疑,但现实中各州按照计划的确在努力将城市发展重点转向城市内部的再开发而非向外扩张。《联邦建筑和规划法》最新的修正案重点关注了城市内部的再开发,要求集约利用现有城市用地,并要求环保部门参与城市土地再利用(Spínola et al.,2010)。

德国的棕地再开发与美国一样,也是公私合作共同开发。根据德国土地利用法规,对棕地进行再开发和管理由地方当局来控制,遵循赔偿、预防和合作三原则。赔偿原则即"污染者付费"原则,对土地造成污染的利益主体承担因消除场地污染而产生的费用;预防原则指的是在各级规划和法规中避免城市土地污染;合作原则指的是所有社会力量在棕地再开发中应该合作,由政府管理部门、学术部门、环保部门和企业组成一个棕地再开发体系(蒙莉娜等,2007)。

德国鲁尔区的棕地再开发是世界上工业废弃用地再生和传统产业升级改造的经典案例。鲁尔区位于德国西部,从 19 世纪中叶开始成为德国煤炭、钢铁、机械等工业的制造中心,是德国的能源基地、钢铁基地和重型机械制造基地。20 世纪 50 年代,由于国际能源结构的改变,石油代替煤炭成为主要的能源资源,与此同时,煤炭开采成本不断上升,煤炭地位的下降引发了鲁尔区整个工业体系的衰退,围绕煤炭资源的钢铁、机械等工业萎靡不振,大型钢铁企业开始倒闭或迁走,传统的煤炭和钢铁产业的衰落留下了大约 8000 公顷的棕地(汉斯·彼得·诺尔等,2007)。

为了处理鲁尔区衰退留下来的大面积工业污染用地,政府在多个层面对鲁尔区棕地再开发提供支持。由于鲁尔区是一个跨区域的工业区,因此针对鲁尔区的改造,11 个城市政府和 42 个教区组成了鲁尔地区联盟(RVR),作为区域再开发的政府间合作平台。在州政府层面上,州政府设立的 LEG 公司作为区域发展机构,管理着棕地再开发所需要的不动产基金(汉斯·彼得·诺尔等,2007)。政府不仅动用基金来购买土地进行再开发,还对产业结构改造投入巨额财政支持,1983 年,德国联邦和北威州政府分别为产业结构改造投入资金 30 多亿马克和 1.5 亿马克(何丹等,2012),这些资金为鲁尔区多元化结构调整提供了有力支撑,推动了鲁尔区的产业升级转型。

在具体实施阶段,与美国等其他国家不同,鲁尔区棕地再开发中的开发商通常是鲁尔区曾经的工业企业,他们拥有大量的土地,使得土地再开发中产权转换较为简单,加速了棕地再开发的节奏(汉斯·彼得·诺尔等,2007)。以鲁尔集团(RAG)为例,它过去是鲁尔地区 30 多家煤炭企业联合组建的企业,现在转换为区域重要的土地开发商,旗下的 RAG 房地产公司专门负责 RAG 所有不动产活动,旗下的 MGG 有限公司则负责打理 RAG 集团所有的退役地产,这些地产将主要被再开发为商业、居住和休闲(汉斯·彼得·诺尔等,2007)。

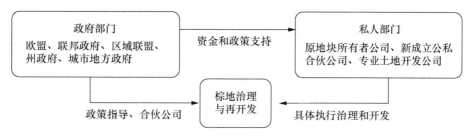

图 3-5　德国鲁尔区棕地再开发中的公私合作模式

位于鲁尔区赫恩市(Heme)的索丁根区(Sodingen)更新计划是鲁尔地区公私合作进行棕地再开发的一个缩影,也是一个成功案例。索丁根区 1870 年开始煤矿挖掘,到 1900 年人口增长了 10 倍,煤矿员工一度达到 3500 人,100 年后的 1978 年,煤矿被迫关闭,此后索丁根区陷入经济衰退和失业问题,占地 30 多公顷的土地被闲置了将近 10 年。1994 年,该地块的拥有者 MGG 公司与赫恩市规划部门达成协议,双方决定通过公司合伙制模式设立一个特别计划发展公司 EMC 来共同开发索丁根(汉斯·彼得·诺尔等,2007)。在这个公私合伙制的企业中,赫恩市政府拥有 51% 的股份,MGG 拥有 49% 的股份。再开发计划的主要内容是将原本的煤矿用地转换为北莱茵州内务部高等教育学院,围绕学院还建设了为市民服务的由图书馆、会议厅、地方管理办公室等组成的社区中心以及包括零售、住宅在内的商业建筑和一个美化环境的公园。EMC 公司对项目总共投资了 6000 万欧元,资金来源包括欧盟、北莱茵州政府、赫恩市政府的资助以及 EMC 自身的预算(汉斯·彼得·诺尔等,2007)。EMC 通过购买土地并进行再开发,从土地价值提升中获得利益,而城市也因为棕地再开发获得了新的经济增长点和文化休闲空间。

(三)启示

美国和德国的棕地治理成效显著,其可供借鉴的经验有:

1. 公私合作对于工业用地再开发有很大的优势

这一点是由旧工业用地的特征所决定的。旧工业用地一般具有区位好、占地面积大、基础设施较好、工业污染较严重等特征,这些特征一方面使得棕地治理可以产生较大的经济价值、生态价值和正的外部性,另一方面也让棕地治理的投资面临更大的风险和成本。在这种情况下,如果政府能够对棕地治理进行一部分的财政补贴和政策保障,由私人部门主导具体的土地再开发,那么不仅可以降低投资风险和成本,还可以提高再开发投资的积极性,更大程度地将废旧工业用地重新利用起来,改善城市的经济和环境状况,对于政府、企业和市民来说都是一种共赢模式。

2. 完善的法律制度和稳定的政策支持是工业用地再开发的保障

美国为了推动棕地治理,先后出台了超级基金法、纳税人减免法等一系列法律法规,并且形成了从联邦环保署到州政府再到地方政府的层级管理体系,中央与地方合作共同扶持企业进行棕地再开发。德国也有上位规划法作为整个棕地治理行动的法律依据,构建了从欧盟到中央政府再到地方政府的综合管理体系,区域间合作组织在德国棕地治理过程中也发挥了重要作用。中国现在同样面临着废旧工业用地再开发问题,可以借鉴美国和德国的经验,通过完善法律制度和管理体系,从财政、税收、产业政策等多个方面对从事工业用地再开发的私人部门给予支持和引导,用公私合作的方法可以更加有效地完成棕地治理工程。

第二节 土地再开发的国内经验

近年来,在国家强调土地节约集约利用和城镇化建设的大背景下,国内各省市根据本地区的具体情况,相继开展了一些土地再开发的制度创新和试点,取得了较大成果,其中,北京的"城中村"改造、广东的"三旧"改造、重庆的"地票"制度和天津的"宅基地换房"是国内土地再开发探索中较为成熟的几个模式。这一部分将分别介绍北京、广东、重庆、天津在土地再开发中的制度构建、具体实践和实施效果。

一、北京:城中村改造

"城中村",其广义概念指的是在城市发展过程中发展滞后、生活水平低下的居民生活区,狭义的概念指的是在规划市区内保留农村集体所有制的农村社区,即规划市区范围内的行政村(冯晓英,2010)。北京的城中村改造与奥运会联系紧密,可以根据2008年奥运会的举办,将北京城中村改造分为两个阶段。

早在2001年《北京奥运行动规划》中,北京市政府就提出了要塑造首都新形象的目标,计划全面整治城市环境,加强对城乡结合部环境的综合治理,拆除各类违章建筑和临时建筑。2002年,首都社会经济发展研究所对北京城八区超过1000 m² 以上的"城市村庄"进行了普查,发现城八区共有城市村庄332个,居民30万人(首都城市环境综合整治委员会办公室等,2003)。2004年,为了摸清北京城中村的情况以方便奥运前的集中整治,北京市政管委对全市城中村进行了一次普查,显示有231个城中村,涉及30万常住人口和(70~80)万流动人口。

2004年,北京市政府出台《北京市城市环境建设规划(2004—2008年)》,将"城中村整治"作为城市建设的重点工作,随后北京市启动了大规模城中村拆迁工作,计划用3年时间完成奥运场馆周边及四环路以内的171个城中村的集中整治,其余60个城中村改造将在2008年奥运会结束之后继续完成(张澜,2007)。截至2008年7月1日,前期确定的171个城中村整治工作全部完成,完成拆迁项目125个,拆整结合项目46个(北京市市政市容管理委员会,2008)。

2008年奥运会之前的城中村改造具有"特事特办"的特点,整治后的用地功能全部围绕奥运会而调整为绿地和公共设施用地,没有考虑城中村的具体区位条件,而且由于奥运会这一政治任务的存在,拆迁改造具有很强的行政强制性,因此对于常规的城市改造来说参考价值不大。2008年奥运会结束后,北京将城乡结合部的整治作为后奥运时代事关首都大局的工作来抓,意味着城中村改造步入正轨和攻坚阶段。

2009年北京市政府折子工程(京政发[2009]3号)中,提出要加大城乡结合部环境整治力度,推进城乡结合部地区综合配套改革试点。为了进一步推进城中村改造,北京市专门成立了城乡结合部建设领导小组,启动了北坞、大望京村和东小口地区的综合配套改革试点工作,并于2010年提出了50个挂账村的整治计划,目前大部分挂账村都已经进入了拆迁改造的流程。冯晓英(2010)将北京城中村改造分为三种模式,即北坞模式、大望京村模式和50个挂账村模式,北坞模式采取就地城市化策略,大望京村模式采取异地搬迁改造策略,而50个挂账村采取"一村一策"的模式。

(一)北坞模式

北坞位于海淀区绿化隔离带上,由于在该地区进行拆迁开发后必须原地绿化,因此开发商不愿意对这类村庄开发进行投资。作为北京市首家"城乡结合部综合配套改革试点",北坞探索出一条就地城市化改造道路,即按照"宅基地腾退上楼、地上物腾退补偿"的方式先拆后建。政府将安置房建设用地征为国有,直接空转至村集体,由村集体成立房地产公司建设回迁楼,直接将农村集体土地转变为国有土地,免去了土地出让金,且允许村集体自行组织拆迁,最大限度地减少了拆迁和开发投入。为了鼓励村集体和村民主动配合城中村改造,政府在规划中安排了20多公顷的集体建设用地用于发展村集体产业,还规定1平方米宅基地可以换得1平房米回迁房,对家庭人口多、宅基地小的家庭予以适当照顾。这种照顾村集体和村民利益的执行方案得到了北坞村的大力支持,方案实行后,四季青镇统一自主开发建设了新北坞村,整个过程实行统一规划、统一建设和整体搬迁,取得了很好的效果。北坞模式被推广到北京绿隔带上其他城中村的改造,也收到了良好的成效(冯晓英,2010;谢宝富,2012)。

（二）大望京村模式

朝阳区大望京村是北京城乡结合部综合配套改革第二个试点村。与北坞的就地城市化模式不同，大望京村城中村改造采取异地搬迁模式，将定向安置房设在东北2km处的南皋组团，由崔各庄乡按照全乡统筹的方式，统一集中安置被拆迁农民，统一核算土地开发成本、平衡土地收益。政府主导进行土地集中工作，乡政府负责拆迁，依据北京市87号令和20号文，制订了相应的拆迁腾退补偿安置办法和细则。腾退后的土地进入政府土地储备中心进行交易是大望京村试点的核心内容，通过将土地交给北京土地储备中心进行一级开发，大望京村获得了土地储备部门的大规模贷款，用于解决因收购、储备、整理、出让土地等前期工作时产生的资金需求。这一融资模式很好地平衡了大望京村的拆迁成本。大望京村城乡一体化试点优化了区域环境，改善了农民居住条件，解决了农民就业和社保问题，建立了与城市化相适应的管理体制，取得了较大的成功（冯晓英，2010）。

（三）"一村一策"模式

2010年启动的50个挂账村改造工程本着"政府主导，农民主体，政策创新"的原则，采取的是"一村一策"的操作方法。政府主导指的是政府从宏观指导的角度负责规划方案的制定和基础设施的建设以及改造完成后社会管理体制的构建。农民主体指的是保护好农民既有利益，引导农民主动参与城中村改造，发展具有当地优势的产业引导农民就业。政策创新指的是在现有政策基础上，在土地利用、社会保障和产业发展方面提出创新方案。"一村一策"要求政府部门和各村镇集体根据本村镇的具体情况，依据现有法规政策和改造原则，提出有针对性的改造方案。根据规划，2011年50个村镇回迁安置房建设全部启动，其中2/3的村庄在原村域回迁（冯晓英，2010）。

北京"城中村"改造可供借鉴的经验有：

1）从试点到大规模推广的土地再开发工作思路

从2009年2个试验点起步，到2010年向50个重点村推进，有计划分步骤地实行"城中村"改造，开了全国城乡结合部地区城乡统筹配套改革的先河。当前我国各地土地再开发面临的问题多种多样，地方政府应当具有政策创新的精神，并遵循从试点到大规模推广的工作思路，积极稳妥地推进土地再开发。

2）根据具体情况制订具体策略，不断创新政策

北京"城中村"改造是一个不断根据具体情况做出不同响应的过程。在时间上，以奥运会为节点，其前后的改造思路完全不一样，目的在于应对不同时期的城市发展需求。奥运会前的"城中村"改造在地点和手段上都围绕奥运会进行，强调快速高效和异地重建，奥运会之后则从城市长远发展来通盘考虑，针对不同

的村庄采取不同的改造策略。"一村一策"的改造原则就是后奥运时代北京"城中村"改造具体问题具体分析的突出表现,政策的创新要立足本乡本村的实际情况。

3)保护村镇利益,发展村镇产业

北京对50个重点村整治虽然实行土地储备的形式,但不再搞开发式拆迁,而是与环境整治、产业发展相结合,用多种手段解决村民安置问题,拆迁改造所需要的资金,北京将利用土地储备贷款成立融资平台。此外,在改造过程中还为村民预留了产业用地,实现农民就近就业和就地就业,注重强化村组集体经济,保障了农民城市化之后的生活和工作。全国各地在进行土地再开发时,应当十分重视土地上的居民生产生活的保障问题,通过产业进入或升级的方式,推动土地再开发的良性发展。

二、广东:"三旧"改造

改革开放以来,广东经济高速发展,连续20多年经济总量位居全国首位,但是经济发展的同时,土地资源也大量消耗,土地资源供求矛盾日益突出。为了节约集约利用土地,2007年广东省佛山市率先开始了"三旧"改造工程,计划对市内25万亩的旧城镇、旧厂房和旧村庄进行大规模改造(孙英辉等,2011)。2008年,国务院下发《国务院关于促进节约集约用地的通知》,要求各地做好土地的节约集约利用工作,在这一政策背景下广东省与国土资源部合作将广东确定为土地节约集约利用的试点省份,享有三年(2010—2012年)的先行先试机会,确立了广州、深圳、东莞、佛山作为广东"三旧"改造的试点城市。2009年,广东省在总结佛山"三旧"改造的经验基础上出台了《关于推进"三旧"改造促进节约集约用地的若干意见》(以下简称《意见》),标志着"三旧"改造在广东省正式拉开大幕。

《意见》明确了"三旧"改造的范围,包括:城市市区"退二进三"产业用地;城乡规划确定不再作为工业用途的厂房(厂区)用地;国家产业政策规定的禁止类、淘汰类产业的原厂房用地;不符合安全生产和环境要求的厂房用地;布局散乱、条件落后,规划确定改造的城镇和村庄;列入"万村土地整治"示范工程的村庄等。《意见》还确立了广东省"三旧"改造的几条基本原则:① 政府引导,市场运作:政府统一组织制订政策,正确引导和监管市场化运作过程。② 明晰产权,保障权益:调查摸清"三旧"现状,做好"三旧"土地的确权登记工作。属于"三旧"改造的房屋和土地,未经确权、登记,不得改造。③ 统筹规划,有序推进:统筹经济社会发展和资源环境保护,依据国土规划、主体功能区规划、土地利用总体规划和城乡规划,科学制订"三旧"改造规划,并强化规划的统筹管控作用。④ 节约集约,提高效率;通过市场运作和公开规范的方式,强化市场配置土地,促进土地高效利用。严格执行土地使用标准,提高土地使用强度。创新机制方法,强化土地资源、资产、资本"三位一体"管理,实现土地利用效益的最大化。①

在广东省"三旧"改造工程开展过程中,佛山市在政策制订和具体实践中积累了具有创新精神和借鉴价值的有益经验,下文将以佛山为案例介绍广东"三旧"改造这一土地再开发模式的具体情况。

改革开放以来,佛山经济发展迅速,但土地利用方式较为粗放,土地开发强度远远低于香港等国际大都市,据估计,按照这种粗放的土地利用方式,佛山每年需要新增建设用地 2 万亩左右,而可供开发的未利用土地资源十分稀缺,根本无法满足佛山经济发展需求。为了缓解土地供给压力,佛山将目光转向旧城、旧厂房和旧村,经过实地调研和统计,佛山有"三旧"用地 25.3 万亩,相当于佛山 20 年的新增建设用地指标,这些利用率低下的土地经过合理的再开发,将可以为城市长远发展提供有力支撑(孙英辉等,2011)。有鉴于此,佛山 2007 年开始大规模进行"三旧"改造,是广东省最早开展大规模"三旧"改造的地区。

创新政策是佛山市推行"三旧"改造的第一步。首先是土地产权政策,允许土地在集体建设用地和国有建设用地间置换,允许集体建设用地直接转为国有建设用地;其次是土地供应政策松绑,允许土地使用权人自行或联合成立公司开发利用存量建设用地,允许农民集体按照城市规划用途自行开发集体或国有建设用地;第三是土地流转政策,对城市建设规模范围内的旧村改造,只要村民代表大会表决通过,可以不需要办理征收手续直接将其转化为国有建设用地,以节省时间和交易成本;第四是土地收益分配和财政保障政策,规定农村集体性质的土地只要土地使用者与土地所有者一致,土地可按照规划用途开发,政府不收取改变用途的出让金。对于产业的扶持,政府规定凡引入项目符合重点扶持行业的,都可以享受扶持政策,对高科技产业、环保型产业和文化创意产业,可以给予减免企业所得税的优惠。②

按照行为主体的作用,可以将佛山市"三旧"改造分为地权人自行改造、市场收购集中改造和政府主导改造三种途径(图 3-6)(孙英辉等,2011)。

在具体实践中,佛山已经形成了七大模式:祖庙东华里模式、夏西村模式、顺德天富来模式、凤池 BOT 模式、佛山创意产业园模式、西南涌模式、南海潆表联建仓模式(宋苑丹等,2009)。下面主要介绍几个有较大借鉴意义的模式。

---

① 广东省人民政府.关于推进"三旧"改造促进节约集约用地的若干意见,2009.
② 佛山市人民政府办公室.关于贯彻省政府推进"三旧"改造促进节约集约用地若干意见的实施意见,2009.

地权人自行改造	市场收购集中改造	政府主导改造
① 符合城市规划确定的土地用途； ② 旧厂房的改造项目允许原用地单位自行组织进行； ③ 城市建设用地规模范围内的城中村改造，除属于依法应当征收的外，也可以由农村集体经济组织自主改造。	① 符合城市规划确定的土地用途； ② 市场主体与其他土地权利人协商签订土地转让合同，协商各项事宜； ③ 可以自行收购地块及建筑，申请相关证件后可以进行集中改造。	① 改造涉及到城市基础设施建设和实施难度大的大型项目时，采取政府主导模式； ② 政府统一征收土地纳入土地储备； ③ 按照正常的土地使用权流转方式进行市场化运作。

图 3-6　佛山市"三旧"改造的三种途径

资料来源：孙英辉等，2011.

（一）祖庙东华里模式

祖庙东华里片区位于佛山老城中心地区，具有鲜明的传统文化风貌，是岭南文化的高度聚集区，保留了大量不同时代风格的宗教庙宇、祠堂等。然而由于管理和经济发展的问题，20 世纪 80—90 年代以来，东华里地区陷入衰落，片区内布局混乱、街道狭窄、基础设施老化、文物破坏严重。佛山市禅城区计划通过旧城改造，将其打造为集文化、旅游、居住、商业为一体的综合街区。具体来说，禅城区采取了"政府引导，规划引领，属地实施，市场运作，分步推进，各方受益"的工作模式来推动改造，2007 年底，东华里片区改造项目的国有土地使用权由瑞安房地产有限公司组成的联合体成功竞得。片区改造后，容积率由改造前的 1.46 提高到 2.90，建筑密度由改造前的 70% 下降为 40%，公共绿地面积由改造前的 0.53 公顷增加到 4.58 公顷。东华里改造项目不仅提升了土地价值，也增加了居民收入，改造项目共拆迁 9635 户，如果选择货币补偿，按照市场价每平方米住宅补偿最高达 6500 多元。这个价格当时基本上可以在成熟地段购买优质的二手房或新房。

（二）凤池 BOT 模式

凤池是佛山大沥城区的一个城中村，在"三旧"改造中，凤池村成功引入 BOT 合作形式，建设了新的凤池装饰材料市场。新市场总投资 5000 多万元，均为 2~3 层商铺，主要经营铝材、配件和五金装饰材料等，市场的物业改造全部由开发商垫资建设，建成后开发商拥有 5 年的租赁经营权，5 年内开发商只需向凤池村交纳首层店铺租金，2~3 层可无偿使用，开发商垫付的建筑费从 5 年内的店铺租金中获得。通过"以地引资、以租抵建"的模式,改变了以往纯土地出租模式,确保集体物业的保值升值,预计五年后,该片物业的年租金将超过1300万元,村民分红可增长80%。

(三)南海潋表联建仓模式

潋表联建仓地块原属黄岐村的8个村民小组和2个经济社,改造前的地上建筑物是20世纪80年代早期建设的旧厂房、旧仓库,分别出租给不同的客户经营,每平方米的租金仅为6元。2007年,黄岐村委会抓住"三旧"改造的机遇,将近90亩土地连片整合,拆除全部旧厂房、旧仓库,以相同的价格、相同的租赁条款将土地租给同一个开发商建设,合同期满后继续以一个整体捆绑出租,各单位按所出租土地占总面积的比例来获取收益,形成一个新型的农村经济合作组织,结合本村经济特色,黄岐村承接广州花卉产业转移的项目,建立了"华南花卉世界",花卉市场投入使用后,首年租金为70元/平方米,比过去增长了十多倍,该项目的改造成功将为村组增加年收入200多万元。

佛山市的"三旧"改造取得了较大成功,其有益经验包括:

1)充分发挥多主体的作用可以提高土地再开发的效率

佛山的"三旧"改造鼓励多主体参与,根据改造项目的情况允许地权人、市场主体和政府参与到土地再开发中,这样既减少了政府"三旧"改造中的压力,也能更好地吸引社会资本,提高土地再开发的效率。上文介绍的三个案例模式,都体现了市场的力量在佛山"三旧"改造中的重要作用,将土地再开发当作一种市场行为,是佛山市"三旧"改造的重要经验。

2)产业升级转型是土地再开发成功的保证

佛山"三旧"改造中形成的东华里模式、凤池BOT模式和南海潋表联建仓模式都有产业升级转型,其土地再开发的过程同时也是产业升级转型的过程。以南海潋表联建仓地块的改造为例,通过旧厂房的拆除和地块的重新整合,引入了新的产业形态,建立了花卉产业园,极大地推动村经济的可持续发展,充分表明产业升级转型既是土地再开发的结果,也是土地再开发得以成功的保证。

三、重庆:地票制度

重庆的地票制度是在国家倡导农村建设用地整理、集约节约利用土地的政策背景下诞生的,是具有创新意义的城乡统筹土地再开发模式。2004年,国务院在《关于深化改革严格土地管理的决定》(国发[2004]28号)中首次提出"城镇建设用地增加要与农村建设用地减少相挂钩",2008年,国土资源部与重庆市政府签订工作备忘录,将重庆纳入城乡建设用地增减挂钩试点、节约集约用地试点,同年重庆市农村土地交易所挂牌成立(段力誌等,2011)。

根据《重庆农村土地交易所管理暂行办法》,地票实际上指的是建设用地挂钩指标,特指农村宅基地及其附属设施用地、乡镇企业用地、农村公共设施和公益事业建设用地等农村集体建设用地复垦为耕地后,可用于建设的用地指标。其具体的操作流程分为四个步骤(图 3-7)(杨继瑞等,2011):

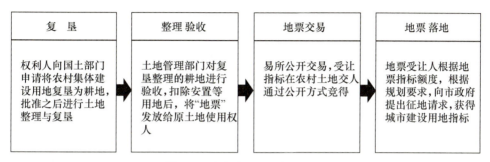

图 3-7 重庆地票制度操作流程

资料来源:杨继瑞等,2011。

(一)重庆江津区的具体案例:介绍重庆地票制度的操作流程

江津区是重庆最早开始进行农村集体建设用地复垦置换试点的区域,其地票模式主要做法如下(段力誌等,2011;袁名富,2011):

(1)复垦项目立项和入库。农户在自愿的原则下,向村集体提出将宅基地复垦的申请,区国土管理部门对符合审查要求的复垦项目进行登记,办理项目入库备案的手续,确定土地整理机构。

(2)复垦项目建设及验收。在指标的"生产"过程中,由江津区人民政府出资设立的"江津区惠农有限公司(下称惠农公司)"负责土地的具体整理工作,公司联合乡镇政府和农民共同开展土地复垦,复垦完成后,由惠农公司组织初验,随后再由江津区国土部门和农委组织验收,最后再由相关部门组织的专家组进行最后的验收。

(3)复垦耕地综合管理。国土部门在完成复垦土地的登记工作后,将经济管理权按照复垦前的权属交还给农户。

(4)复垦置换指标调配使用。复垦项目置换出的建设用地指标,经国土部门确认后可以进行区内统筹调配和地票交易使用,地票交易获取的纯收益中 80%支付给放弃宅基地的农户和集体经济组织。

(5)失地农户补偿补助。江津区规定对于放弃宅基地的农户,首先可以获得原房补偿,其次是宅基地补助,包括 6000 元/亩的补偿金和 6600 元/亩的所有权人收益,最后是一次性的 3 万元住房补贴。

(6)地票流转交易和落地。江津区的地票制度取得了较好的成效,从 2008

年到 2009 年,该区为重庆农村土地交易所提供了 4100 多亩的建设用地指标,2010 年之后,考虑到江津区自身城镇化建设用地的紧张,用地票制度腾退出来的集体建设用地通过增减挂钩将指标留在了区内,这个数量大概在每年 1800 亩左右。

(二) 启示

重庆的地票制度是对现行的城乡建设用地增减挂钩做法的创新:按照一般的增减挂钩程序,折旧复垦区和新建区用地指标不允许跨区域置换,但是重庆的地票制度允许通过市场渠道在全市范围内进行优化配置。此外,与现行的"先占后补"方法不同,地票制度采取先复垦后交易的模式,在保护耕地上比现行制度更有优势(黄忠,2009)。此外,作为一种创新的土地再开发手段,地票制度还有效满足了城市建设用地的需求,提高了土地资源配置效率,提升了土地集约节约利用水平,对统筹城乡发展、提高农民土地增值收益具有积极意义(郭欢等,2013)。

然而,地票制度在实践中也暴露了不少问题。首先,地票制度最大的风险在于耕地质量问题,一旦政策实施过程中监管不到位,开发商纷纷在高地价的城市近郊占用耕地,可能导致复垦后的耕地质量严重劣于城郊占用的耕地,从而降低了国家耕地质量(周立群等,2011);其次,地票制度下土地出让变成了双轨制,企业在获得地票后仍然需要经过公开招拍挂的程序与其他公司竞争,一旦竞拍失败,获得地票的企业须按照原价将地票转让给土地竞得者,这提高了企业参与土地增减挂钩的风险,也抑制了地票二级市场的发育(郭欢欢等,2013);第三,地票制度没有考虑农民发展权的问题,农民将自己的土地交出来,虽然获得了一定的经济补偿,但并没有获得更好的就业机会,也失去了附着于土地的预期增值收益。

重庆的地票制度虽有利有弊,但这一创新模式可以提供十分有益的借鉴价值:

1) 城镇土地再开发可以借鉴这种权利证券化的做法

如果农村建设用地复垦产生的指标可以形成地票,那么城镇旧城改造过程中再开发出来的用地也同样可以形成地票,这样就可以形成一个土地再开发的证券化市场,加快土地再开发的效率和市场配置水平。

2) 总量控制、资源配置优化的思路

地票的本质就是建设用地挂钩指标,因此地票制度实际上采取的是总量控制、资源配置优化的思路。这一思路对城市土地再开发的借鉴价值在于,可以通过增减挂钩的方法影响城镇建设用地的供应。地方政府可以通过城市用地增减挂钩的总量控制方法,鼓励社会资本参与到改造成本较高的旧城或工业废旧用地,通过改造工业废旧用地换取城市建设用地指标。

四、天津:宅基地换房

2005年,国务院批准了《天津滨海新区综合配套改革试验总体方案》,方案明确提出"在符合规划并在依法取得建设用地范围内建设小城镇,实施农民宅基地换房试点"。在这个方案的指引下,天津从2005年开始探索以"宅基地换房建设示范小城镇"的发展模式,出台了《天津市以宅基地换房建设示范小城镇管理办法》《关于示范小城镇试点建立规范的决策指挥系统的指导意见》等一系列文件,作为天津市大规模改造城乡结合部的政策依据,并从2005年开始在天津的"十二镇五村"开展试点,涉及人口达18万人(杨成林,2013)。所谓"宅基地换房",指的是"农民自愿以其宅基地,按照规定的置换标准,换取小城镇内的一套住宅,迁入小城镇居住,原村庄建设用地进行复耕,而节约下来的土地整合后再招拍挂出售,用土地收益弥补小城镇建设资金缺口"(苑清敏等,2009)。在新的小城镇,政府会根据实际情况规划商业和经济功能区,以满足农民进城后的就业和生活需要。

(一)天津市"宅基地换房"工程的基本原则

该原则有三点:承包责任制不变、可耕种土地面积不减、尊重农民自愿(陈伟峰等,2009)。按照上述原则,为了确保耕地总量和质量的稳定,天津市规定项目区内新建地块的总面积不得大于拆旧地块的总面积,拆旧地块复垦耕地的数量、质量不低于建新占用的耕地,根据统计和估算,天津市环城郊区有宅基地2.7×10^4 ha,而规划新建小城镇仅需占地0.6×10^4 ha,有1.3×10^4 ha的土地复垦为农田或转为重点建设用地,可以确保耕地和城市建设用地的占补平衡(崔宝敏,2010)。在"宅基地换房"过程中,天津市政府负责组织工作,由国土资源部率先安排6402亩周转用地,然后由东丽区建委成立的天津滨丽公司负责具体的征地、融资、建设,政府则负责政策制定和动员群众。在融资上,企业向银行贷款,安置房建成后,农民以宅基地置换城镇商品房,尽量达到"政府不拨钱、农民不出钱、企业不亏钱"的目标(陈伟峰等,2009)。

华明镇是天津首批"宅基地换房"试点项目镇,试点面积5.618 km^2,总规划面积12.1 km^2,经过两年的试点改造,目前已经成为"宅基地换房"示范镇(陈伟峰等,2009)。下面以华明镇为案例介绍天津"宅基地换房"具体操作流程和利弊。

华明镇"宅基地换房"具体分为4步(图3-8)。

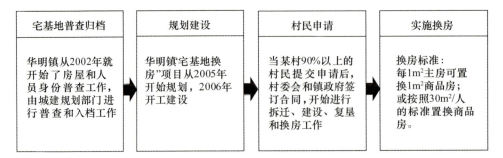

图 3-8 天津华明镇"宅基地换房"流程
资料来源：陈伟峰等(2009).

按照这样的换房政策，建设新镇只需要新占耕地 8427 亩，而华明镇置换出来的宅基地有 12 071 亩，腾出来的宅基地由政府统一组织复垦，完成耕地占补平衡后，节余的土地由东丽区政府出让收取土地出让金，以平衡新城建设的费用（何缨，2010）。据估计，华明镇新城镇建设需要资金 37 亿元，节省出来的经营性开发用地共有 330 公顷，通过招、拍、挂可以获得大约 38 亿元的土地出让金，基本保证了项目资金平衡（崔宝敏，2010）。

（二）天津宅基地换房这一土地再开发模式可供借鉴的有益经验

1）提供了城乡结合部土地再开发和城镇化改造的新思路

"宅基地换房"以一种节约土地的方式快速推进了小城镇建设，将布局分散、使用效率低下的宅基地集中起来统一整理，实现了规模化经营。农民通过换房获得了相当可观的财产性收入，还改善了居住条件和生活水平，新城镇的建设不仅完成了农民市民化的过程，还让农民享有了完善的社会保障服务（蔡玉胜，2009）。

2）是一种能够达到资金平衡和耕地平衡的土地再开发方法

通过将宅基地复垦成耕地，"宅基地换房"保证了耕地总量和质量的稳定，而通过将节约下来的土地重新整合进行土地出让，可以获得新城镇建设的资金，实现资金平衡。

第三节 小 结

按照本章对土地再开发的分类，土地重划、绅士化和棕地再开发根据各利益主体作用的不同分别归类为自上而下、自下而上和公私合作三种模式。这三种模式不仅利益主体作用不同，适用的区域、产生的背景和再开发的过程、结果都有较大差异。表 3-5 归纳了国际经验中土地再开发模式之间的差异比较。

表 3-5　国际经验中土地再开发模式的比较

	土地重划	绅士化	棕地再开发
模式特征	自上而下	自下而上	公私合作
利益主体及其作用	政府:主导作用,立项、土地整合、规则制订、具体执行; 地权人:出让土地; 开发商:参与开发建设。	中产阶层:主导作用,迁入并改造内城旧社区 工薪阶层:被迫从原社区迁出; 政府:政策保障。	政府:确定棕地、提供再开发资助、政策保障、审核再开发资助申请; 开发商:申请政府资助、具体执行棕地清理和再开发。
适用区域	城市边缘区再开发和旧城更新	旧城更新	工业污染或废旧用地再开发
产生背景	城市扩张,基础设施建设和内城改造	城市产业升级转型和内城第三产业的发达,中产阶层回城	产业升级转型与去工业化导致工业用地被废弃,非工业产业产生用地需求
再开发过程	地块整合—基础设施建设—地块再分配	中产阶层迁入(或艺术家群体)—工薪阶层迁出—社区改造和复兴	开发商获得政府资助—棕地污染清理—规划建设
再开发结果	基础设施、商业设施和生态环境更加优良的社区	旧城区工薪阶层社区转变为中产阶层社区,经济和文化出现振兴	工业污染用地转化为多功能用途土地,包括商业用地、居住用地和绿地等
典型案例	日本,横滨港北新区	美国,纽约苏荷区	德国,鲁尔工业区

本章列举的国内土地再开发模式虽然在利益主体作用方面都是政府主导为主,但也存在较大的差异,比如适用地区、再开发目的等,表 3-6 归纳了国内土地再开发的 4 种模式间的差异。

表 3-6　国内经验中土地再开发模式的比较

	北京:城中村改造	广东:三旧改造	重庆:地票制度	天津:宅基地换房
模式特征	政府主导	政府主导、地权人主导和市场主导都有	政府主导	政府主导
适用区域	城市边缘区	城市边缘区和旧城内部	城市边缘区	城市边缘区
产生背景	北京奥运会	节约集约利用土地	城乡统筹;节约集约利用土地	小城镇建设;滨海新区配套改革

(续表)

	北京:城中村改造	广东:三旧改造	重庆:地票制度	天津:宅基地换房
再开发过程	北坞模式:就地城镇化 大望京村:异地搬迁 挂账村模式:一村一策	政府主导:土地储备、市场化运作 地权人主导:自主改造 市场主导:土地出让、收购建筑、自行开发	复垦—整理验收—地票交易—地票落地	农民让出宅基地—获得城镇住宅—宅基地复垦
再开发结果	城镇化;新农村	土地集约利用;工业废旧用地转化为多功能用地	耕地复垦;建设用地置换,总量控制,保护耕地	城镇化;保护耕地
典型案例	北京,北坞	佛山,东华里	重庆,江津	天津,华明

从表 3-5 和表 3-6 可以看出,不同的土地再开发模式有不同的产生背景和不同的利益主体关系,也有各自不同的适用区域、再开发过程和结果,因此要根据具体情况选择有针对性的模式进行借鉴,并在借鉴的基础上根据本地区的具体情况进行政策制度和操作方法上的创新。本章最后,总结国际国内土地再开发经验如下:

1) 产业升级转型是土地再开发的背景和驱动力,同时也是检验土地再开发成功与否的重要标志

城市产业升级转型导致对原有空间的拓展和改善需求是城市土地再开发的根本驱动力,包括绅士化、棕地再开发、"三旧"改造等在内的土地再开发模式都是在城市去工业化的大背景中产生的。绝大部分的土地再开发都同时伴随着产业升级转型过程,甚至可以说土地再开发是产业升级转型在空间上的表现,因此,对于伴随着产业升级转型过程的土地再开发,其成功的重要标志在于,通过再开发后地块上的新产业在经济效益、生态效益等方面相比原有产业有了显著改观。

2) 完善的法律和制度是土地再开发顺利进行的前提

由于土地再开发涉及土地权属的重大调整以及各参与主体的切身利益,因此完善的法律和制度是推动土地再开发顺利进行的前提。德国和日本在土地重划中有十分完善的法律框架和操作制度,美国和德国的棕地再开发也形成了一系列行之有效的法律制度,只有有法可依且执法严格,才能有效保护各方合法利益,并构建各利益主体的信赖基础。

3) 公共部门和私人部门各利益主体的分工、协调和配合是土地再开发顺利进行的保障

无论是国际经验中的土地再开发模式还是国内经验中的土地再开发模式,

无一不牵涉到多个利益主体,尤其是政府公共部门和地权人、开发商等私人部门,他们虽然在不同的土地再开发模式中发挥的作用各有不同,但总的来说,如果两大部门的各个利益主体无法形成有效的合作和分工关系,那么土地再开发将很难成功。

4) 尊重产权和民意是现代社会进行土地再开发的共识

尊重产权和民意是国际经验中三种土地再开发模式一以贯之的原则,也是国内四个土地再开发模式积极探索和实行的准则。随着社会逐渐成熟,民众的产权意识将越来越强烈,这是土地再开发面临的巨大挑战。国际和国内各种模式的土地再开发在处理这类挑战方面积累了有益的经验,概括来说主要的做法有:严格确定边界权属,保障各方主体参与,最大化民众利益。

参 考 文 献

[1] 北京市市政市容管理委员会. 整治城八区范围内现有城中村,对具备条件的实施绿化[OL]. 2008. http://www.bjmac.gov.cn/pub/guanwei/I/I2/I2_4/200806/t20080611_8947.html.

[2] 蔡玉胜. 农地流转"宅基地换房"模式的深层思考[J]. 城市,2009(3):50—52.

[3] 陈伟峰,赖浩锋. 天津"宅基地换房"调研报告[J]. 国土资源,2009(3):14—16.

[4] 重庆市人民政府. 重庆农村土地交易所管理暂行办法(渝府发[2008]127). 2008.

[5] 崔宝敏. 天津市"以宅基地换房"的农村集体建设用地流转新模式[J]. 中国土地科学,2010,24(5):37—40,46.

[6] 段力誌,傅鸿源. 地票模式与农村集体建设用地流转制度的案例研究[J]. 公共管理学报,2011,8(2):86—92.

[7] 芳汀. 苏荷(SOHO)——旧城改造与社区经济发展的典范[J]. 城市问题,2000,96(4):36—41.

[8] 冯晓英. 论北京"城中村"改造——兼述流动人口聚居区合作治理[J]. 人口研究,2010,34(6):55—66.

[9] 佛山市人民政府办公室. 关于贯彻省政府推进"三旧"改造促进节约集约用地若干意见的实施意见. 2009.

[10] 郭欢欢,郑财贵,牛德利,庞静. 地票制度研究综述[J]. 国土资源科技管理,2013,30(5):126—130.

[11] 郭巧华. 从城市更新到绅士化:纽约苏荷区重建过程中的市民参与[J]. 杭州师范大学学报(社会科学版),2013(2):87—95.

[12] 郭鹏,梁燕华,苏海棠. 美国棕地治理分析及其对我国的启示[J]. 环境保护科学,2010,36(3):73—76.

[13] 广东省人民政府. 关于推进"三旧"改造促进节约集约用地的若干意见. 2009.

[14] 汉斯·彼得·诺尔 日尔诺特·帕伦. 鲁尔区棕地再开发[J]. 国际城市规划, 2007, 22(3): 36—40.

[15] 何丹, 江红. 欧美棕地的治理与再开发[J]. 城市问题, 2012(8): 85—90+96.

[16] 何璎. "宅基地换房"模式的法律思考[J]. 山东社会科学, 2010(1): 171—173+176.

[17] 黄忠. 浅议"地票"风险[J]. 中国土地, 2009(9): 36—39.

[18] 林坚, 李刚. 从海外经验看我国建设用地整理开展的思路与途径[J]. 城市发展研究, 2007, 14(4): 109—113.

[19] 蒙莉娜, 郑新奇, 王淑晴. 发达国家污染场地再开发实践经验对北京市的启示[J]. 资源与产业, 2007, 9(5): 91—96.

[20] 宋苑丹, 李琳, 谭顺秋. "三旧"改造, 佛山创新七大模式[N]. 佛山日报, 2009, http://www.citygf.com/FSNews/FS_002008/200911/t20091126_165514.html.

[21] 孙群郎, 黄臻. 纽约苏荷区(SOHO)的绅士化及其影响[J]. 史林, 2013(2): 1—7.

[22] 孙英辉, 佟绍伟, 蔡卫华, 卢静, 朴英, 黄维维. 佛山市"三旧"改造调研报告[J]. 国土资源情报, 2011, (4): 7—15+53.

[23] 王宏新, 甄磊, 周拯. 发达国家棕地再开发经验及启示[J]. 中国土地科学, 2011, 25(2): 92—96.

[24] 谢宝富. 北京城中村改造新模式——北坞的启示[J]. 城市开发, 2012(4): 74—75.

[25] 谢红彬, 杨英武, 孙作玉. 褐色土地再利用研究进展与展望[J]. 山西师范大学学报(自然科学版), 2010, 24(2): 122—128.

[26] 徐波. 土地区划整理——日本的城市规划之母[J]. 国外城市规划, 1994(2): 25—34.

[27] 杨成林. 天津市"宅基地换房示范小城镇"建设模式的有效性和可行性[J]. 中国土地科学, 2013, 27(2): 33—38.

[28] 杨继瑞, 汪锐, 马永坤. 统筹城乡实践的重庆"地票"交易创新探索[J]. 中国农村经济, 2011(11): 4—9,22.

[29] 袁名富. 重庆"地票"调查[N]. 中国经济时报, 2011. www.eastmoney.com.

[30] 苑清敏, 薛晓燕. 城乡结合部土地集约利用研究——天津华明镇模式[J]. 江西农业大学学报(社会科学版), 2009, 8(2): 5—7.

[31] 张澜. "城中村"存在的土地问题研究[D]. 西安: 西安建筑科技大学硕士论文, 2007.

[32] 赵沁娜, 杨凯. 发达国家污染土地置换开发管理实践及其对我国的启示[J]. 环境污染与防治, 2006, 28(7): 540—544.

[33] 钟毅, 叶颖, 周小平. 基于国外经验的中国市地整治阻力及对策研究[J]. 国际城市规划, 2014, 29(2): 73—76.

[34] 周立群, 张红星. 农村土地制度变迁的经验研究: 从"宅基地换房"到"地票"交易所

[J]. 南京社会科学, 2011, (8): 72—78.

[35] Bailey N and Robertson D. Housing Renewal, Urban Policy and Gentrification [J]. Urban Studies, 1997, 34(4): 561—578.

[36] Butler T. Gentrification and the Middle Classes [M]. Ashford: Ashgate, 1997.

[37] Davidson M and Lees L. New-build 'Gentrification' and London's Riverside Renaissance [J]. Environment and Planning A, 2005(37): 1165—1190.

[38] US EPA. http://www.epa.gov/brownfields/laws/index.htm [EB/OL]. (Accessed 23 January 2015).

[39] US EPA. http://www.epa.gov/brownfields/grant_info/index.htm [EB/OL]. (Accessed 23 January 2015).

[40] US EPA. http://www.epa.gov/brownfields/success/milwaukee_redev.pdf [EB/OL]. (Accessed 23 January 2015).

[41] Glass R. London: Aspects of Change [M]. London: Centre for Urban Studies and MacGibbon and Kee, 1964.

[42] Hamnett C. Gentrification and the Middle Class Remaking of Inner London, 1961—2001[J]. Urban Studies, 2003, 40 (12): 2401—2426.

[43] Hamnett C and Whitelegg D. Loft conversion and gentrification in London: From industrial to postindustrial land use [J]. Environment and Planning A, 2007(39): 106—124.

[44] Harris A. Art and Gentrification: Pursuing the Urban Pastoral in Hoxton, London [J]. Transactions of the Institute of British Geographers, 2012(37): 226—241.

[45] Hayashi K. Land readjustment as a crucial tool for urban development[C]. Cambridge: Lincoln Institute of Land Policy, 2002.

[46] Hong Y and Needham B. Analyzing Land Readjustment: Economics, Law and Collective Action [M]. Cambridge: Lincoln Institute of Land Policy, 2007

[47] Larsson G. Land Readjustment: A Modern Approach to Urbanization [M]. UK: Avebury, 1993.

[48] Larsson G. Land Readjustment: A Tool for Urban Development [J]. Habitat International, 1997, 21(2): 141—152.

[49] Lees L. Rethinking Gentrification: Beyond the Positions of Economics or Culture [J]. Progress in Human Geography, 1994, 18(2): 137—150.

[50] Ley D. Liberal Ideology and the Post-industrial City [J]. Annals of the Association of American Geographers, 1980(70): 238—258.

[51] Ley D. Inner-city Revitalization in Canada: A Vancouver Case Study [J]. *Canadian Geographer*, 1981, 25(2): 124—148.

[52] Ley D. Alternative Explanations for Inner-City Gentrification: A Canadian Assessment [J]. Annals of the Association of American Geographers, 1986, 76(4): 521—535.

[53] Ley D. The New Middle Class and the Remaking of the Central City [M]. Oxford:

Oxford University Press, 1996.

[54] Li L and Li X. Land Readjustment: An Innovative Urban Experiment in China [J]. Urban Studies, 2007(44): 81—98.

[55] Masser I. Land Readjustment: An Overview [J]. Third World Planning Review, 1987, 9(3): 205—210.

[56] May J. Globalization and the Politics of Place: Place and Identity in An Inner City London Neighborhood [J]. Transactions of the Institute of British Geographers, 1996, 21(1): 194—215.

[57] Mittal J. Extending Land Readjustment Schemes to Regional Scale: A Case Study of Regional Ring Road via Mosaicking Neighborhood Level Plans [J]. Real Estate Finance, 2013(2): 62—73.

[58] Nagoya City Planning Bureau. Introduction to Land Readjustment (Kukaku Serri) Practice. Nagoya: City of Nagoya, 1982.

[59] Shkuda A. P. From Urban Renewal to Gentrification: Artists, Cultural Capital and the Remaking of New York's SoHo Neighborhood, 1950—1980 [D]. Department of History, the University of Chicago, 2010.

[60] Smith N and Williams P. Gentrification of the City [M]. London: Unwin Hyman, 1986.

[61] Smith N. The New Urban Frontier: Gentrification and the Revanchist City [M]. London: Routledge, 1996.

[62] Sorensen A. Land Readjustment, Urban Planning and Urban Sprawl in the Tokyo Metropolitan Area [J]. Urban Studies, 1999, 36(13): 2333—2360.

[63] Sorensen A. Land Readjustment and Metropolitan Growth: An Examination of Suburban Land Development and Urban Sprawl in the Tokyo Metropolitan Area [J]. Progress in Planning, 2000a(53): 217—330.

[64] Sorensen A. Conflict, Consensus or Consent: Implications of Japanese Land Readjustment Practice for Developing Countries [J]. Habitat International, 2000b(24): 51—73.

[65] Spínola A, Philippi A and Tomerius S. Contaminated Sites and Brownfield Management—State of Art in Brazil and in Germany [J]. Management of Environmental Quality: An International Journal, 2010, 21(3):299—307.

[66] Turk S. An Examination for Efficient Applicability of the Land Readjustment Method at the International Context [J]. Journal of Planning Literature, 2008(22): 229—242.

[67] Zukin S. Gentrification: Culture and Capital in the Urban Core [J]. Annual Review of Sociology, 1987(13): 129—147.

第四章

产业升级、产业优化与村镇土地再开发

改革开放后,中国进入快速城镇化时期,工业化进程也飞速推进。尤其对村镇而言,日益增长的商品交换和经济发展需求刺激了其用地规模的扩张、用地性质与结构的转变。然而由于缺乏合理有效的规划,目前村镇非农建设用地呈现出无序扩张、结构失衡、布局不合理、集约利用水平低等特点,已无法满足经济持续发展的需求。针对此现象,2004年,国务院出台《关于深化改革严格土地管理的决定》(国发[2004]28号),强调必须正确处理保障经济社会发展与保护土地资源的关系,严格控制建设用地增量,努力盘活土地存量,强化节约利用土地,深化改革,健全法制,统筹兼顾,标本兼治,进一步完善符合我国国情的最严格管理制度。这对我国通过开展村镇土地再开发提高建设用地利用效率提出了要求。

土地再开发,又叫土地二次开发,是从效益最大化的角度出发,对原有的用地类型、结构及空间布局等进行置换升级,从而提高土地的利用率以及其经济、社会或环境效益(闵师林,2006)。推动村镇土地再开发的途径有多种,有的是利用产业升级手段,通过提升产业能级、优化产业布局来改善土地资源的利用方式、结构和空间布局,促进土地资源的再配置,从而实现土地再开发(潘德蓓,2012);有的则是利用重大公共设施建设契机,将低效用地再开发为公园、绿地等公共设施,实现土地的再开发。而在已实施案例中,产业升级是推动村镇土地再开发的重要手段,不少学者也通过实证分析论证了产业升级与土地再开发的关系,如汤毅(2011)认为产业结构升级对土地利用结构、方式和布局提出了更高要求,其通过建立福州市产业结构变动率与土地利用结构、土地产值变化的模型,分析福州市产业结构升级与土地结构变化的相关关系,以解释产业升级对土地再开发的推动作用;张秋月等(2013)认为产业结构调整必然首先通过相应的土地利用变化得到反映,并运用结构变化率和偏差系数衡量东莞市双转型背景下的产业结构与土地利用结构的关系。因此,本章主要关注产业升级与村镇土地再开发的内在作用机制。

目前中国各地响应国务院号召,陆续开展土地再开发工作,但由于开展时间先后、经济发展水平、面临问题等不同,再开发的实施情况呈现显著的空间差异,主要表现在产业升级与用地功能、结构、性质改变等方面。省域层面上,广东省首先通过"三旧"(旧城、旧厂、旧村)改造中对土地使用制度的突破,鼓励原国有土地使用权人、集体经济组织、市场等多主体参与再开发,改造卓有成效;而重庆市开创了独特的"地票交易制",鼓励土地所有者将闲置建设用地复垦为耕地,从而获取"地票"与城市建设用地进行交易,保证了城乡建设用地总量不增加、耕地总量不减少(沈萍,2010);江苏省则借鉴广东经验,针对自身特色开展城镇低效用地再开发工作。市域层面上,以广东省"三旧"改造为例,原深圳市赛格日立旧工业区改造变"二产"为"三产",由政府主导打造为"深圳创业板制造业上市公司总部基地",同时土地全面推倒重来,土地利用方式显著改变(叶明华,2010);而深圳市南海瀚天科技城依靠村集体、政府与企业三方力量,将旧厂房改造为集电子、IT 等生产性企业于一体的大型科技产业集聚体,同时调整厂房结构,土地利用方式也发生一定程度的改变(梁春婷,2012);广州市白云区东华工业园改造则是通过局部改善园区环境、基础设施以提高租金,吸引同质(化妆品、制衣、皮具加工)高端企业,但由于缺乏资金支持、政策倾斜,再开发进程缓慢而困难。

由上文可见,不同主体采取了不同的产业升级手段推动村镇土地再开发的实施,即使在同一省域甚至市域内,产业升级与村镇土地再开发的实施效果也存在显著的空间差异。那么,导致此空间差异的原因是什么?此原因又如何影响区域选择相应的产业升级手段推动村镇土地再开发?由于研究区域发展空间差异最直接的视角即为比较优势,因此,本章应用比较优势理论,识别导致产业升级与村镇土地再开发空间差异的主要因素,探讨比较优势对产业升级推动村镇土地再开发的影响,并通过广州市白云区村镇土地再开发的实际案例,从实证角度对该理论视角进行验证。

第一节 产业升级与村镇土地再开发的模式及特点

如上所述,产业升级通过提升产业能级、优化产业布局,改善土地资源的利用方式、结构和空间布局,从而实现土地再开发;然而不同的产业升级手段所推动的土地再开发效果差异显著。因此,本节根据文献与实地调研结果,总结产业升级的模式与特点,并阐明不同产业升级模式所推动的村镇土地再开发特点,进一步揭示产业升级对村镇土地再开发的推动作用。

一、产业升级的模式与特点

目前学术界对"产业升级"并无统一而规范的定义,但总体上存在"产业结构升级"和"价值链升级"两种研究视角(李耀尧,2013)。产业结构升级从宏观上着眼于产业发展的自然演进规律,代表理论是 Clark(1940)提出的产业结构优化理论。该理论认为随着经济发展和人均国民收入水平的提高,产业结构的升级表现为一、二、三次产业渐次演进,农轻重工业渐次演进,劳动密集向资本密集、技术密集、知识密集逐次演进。而价值链升级则从微观角度入手,在融合产业结构升级的基础上,着重考虑全球一体化背景下价值链的提升(Gereffi,1999;Humphrey and Schmitz,2000),主要包括流程(工艺)升级、产品升级、功能升级和链条升级。

综合"产业结构升级"与"价值链升级"两种视角,本章将产业升级的手段按产业结构调整幅度的不同划分为以下三种模式(杨忠伟等,2014):

1) 跨越式

二产转三产,产业间升级,产业全面推倒重来,以金融咨询、文化创意、房地产等现代服务业为主。

2) 过渡式

二产转二产,产业间升级,指由较低端价值链产业转向较高端价值链产业。

3) 递进式

二产转二产,产业内升级,指同一产业的流程升级、产品升级和功能升级。

二、不同产业升级模式推动的村镇土地再开发

不同产业升级手段推动的村镇土地再开发呈现出不同特点,其在实施主体、实施难度、实施强度、土地利用方式(用地规模、结构、布局、集约利用水平)改变等方面存在显著差异(见表4-1)。

(一)跨越式的产业升级模式多用于政府主导的村镇土地再开发

在这一模式中,政府牢牢掌握主动权,向原土地使用权人征收土地,在储备、整理后投放土地市场,通过招拍挂方式交由一家或多家开发商联合开发,并对整个过程进行强有力的监管。因此,这一模式的村镇土地再开发工作容易实施,主要的阻力在于政府的资金能否到位以及当地居民的利益能否得到保障。此模式实施强度大,原有建筑物被大规模推倒重来,建筑结构彻底改变,土地利用的规模、结构、布局等发生较大改变,集约利用水平显著提高。上文引言中深圳市赛格日立旧工业区的改造即为此模式典型案例。

(二)过渡式的产业升级模式多用于市场主导的村镇土地再开发

这一模式由政府监督,市场主持运作,主要采取"多方合作"的方式,由开发商或企业与村镇合作进行再开发。此模式的村镇土地再开发可能会牵扯到土地利益分配问题,因此实施难度较上一模式大。在市场力量推动下,实施强度与土地利用方式改变的程度较大,但不同个体间也存在显著差异。如上述提到的深圳市南海瀚天科技城即为此模式较为成功的案例,此外,位于深圳市南山区的田厦新村改造也是此模式的典型案例之一。其村民以宅基地入股参与改造并分享改造利润,改造完成后村民可分配到宅基地 7 倍面积的相应住宅以及一定面积的商铺用于经营,且可在办公楼、酒店等运营中按持股比例获得相应收益,这保证了村民日后长期收入,开创了土地利益分配的新机制(杨丽媪,2006)。

(三)递进式的产业升级模式多用于村集体主导的村镇土地再开发中

此模式由村集体自筹资金,自拆自建,自行分配利益所得,具有很强的自主性。自主改造力度一般视村庄经济实力而定,但由于大多村庄能力有限,因此其实施难度普遍较大,实施强度小,主要以修缮整饰、改善基础设施、优化环境为主,土地利用方式的改变较小。上文提到的广州市白云区东华工业园改造即为此模式典型案例。

表 4-1 产业升级与村镇土地再开发的模式及特点

产业升级模式	升级范围	升级方向	实施主体	实施难度	实施强度	土地利用方式改变
跨越式	产业间	第二产业到第三产业	市区级政府主导	较小	实施强度大,大规模推倒重来	土地利用的规模、结构和布局发生较大变化,集约利用水平显著提高
过渡式	产业间	价值链上下游升级	市场(房地产商或实业企业与村集体合作)主导	中等	实施强度较大,局部改造、建筑物结构调整	土地利用的规模、结构和布局发生一定程度的变化,集约利用水平也有了一定提高
递进式	产业内	流程、产品和功能升级	村集体主导	较大	实施强度小,修缮整饰,以改善基础设施、优化环境为主	土地利用的规模、结构、布局的改变较小,集约利用水平提升不大

资料来源:作者总结。

第二节 研究框架构建

一、理论基础：比较优势理论

比较优势理论最早由大卫·李嘉图（1817）提出，其认为两国间劳动生产率的差距并不是在任何商品上都相等，处于绝对优势的国家应集中力量生产优势较大的商品，而处于绝对劣势的国家，则应集中力量生产劣势较小的商品，然后通过国际贸易共同获益（韩民春和徐珊，2004）。在此之后，新古典经济学对其进行了补充，相继有 H-O 学说（Ohlin，1933；Leontief，1953）、马歇尔曲线分析（Marshall，1895）等。二战后，经济学家们更是从动态角度对古典比较优势理论进行丰富和发展，提出了技术差距理论（Posner，1961）、产品生命周期理论（Vernon，1966）、内生比较优势理论（Balassa，1978）等。

随着理论研究的不断充实，对其应用也从最初的对外贸易发展到区域发展空间差异、区域产业结构调整等领域。如林毅夫（2001）运用比较优势理论分析产业升级战略，认为发展中国家应选择与其要素禀赋相符合的产业和技术结构，才能实现产业升级和经济发展。之后以此视角分析产业升级途径的相关研究也较多，如高敬峰（2008）研究了中国制造业比较优势与产业间、产业内结构升级的关系；袁境（2012）以四川为例，从比较优势的视角分析西部承接产业转移与产业结构优化升级的途径。这些研究中所涉及的产业升级调整多与土地再开发过程紧密相连，这为本章研究提供了思路。

二、比较优势视角下的产业升级与村镇土地再开发

影响产业升级因素众多，经过大量实证研究，目前学界普遍认为地理区位、交通区位、地形因素（李楠楠等，2013）、资源状况、经济基础、生产力空间分布（马利邦等，2011）、行政力量（杨上广等，2011）等是主要的影响因素。由于村镇与城市相比处于弱势地位，不同村镇发展受区位条件、行政力量、产业基础差异的影响更为明显，因此，本书通过比较优势视角，选取区位优势、行政优势、产业突破优势三个因素，分别探讨其对产业升级推动村镇土地再开发的影响（图4-1）。

（一）区位优势

区位优势即区位的综合资源优势，指某一地区在发展经济方面客观存在的有利条件或优越地位。有关区位优势的研究最早可追溯到区位理论，如德国经济学家韦伯提出的工业区位论，其认为工业区位的选择是以寻求成本最小化为目的，而其中起决定性作用的区位因素是运输费用、劳动力费用和集聚作用（韦

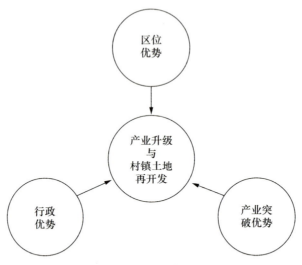

图 4-1　分析框架

伯,1997);其后,廖什提出市场区位论,以市场需求作为空间变量,将生产、运输成本与市场相结合,认为工业区位应选择在能获得最大利润的市场区域(吉莲,2006);而克鲁格曼则提出新经济地理学,其主要的"核心-边缘"模型演示了报酬递增、人口流动与运输成本交互作用演变出的生产结构(胡志丁,葛岳静,2013)。

区位优势对产业升级与村镇土地再开发具有重要影响,主要体现为地理位置、交通条件与市场可达性(曹昌智,1996)三方面。根据上述理论,地理位置优越、交通便捷、临近市中心(市场)的地区,其运输成本低,受市中心辐射影响大,各种要素易于集聚,利润增长空间大,为更好地发挥其土地价值,更倾向于采取跨越式产业升级,以提升土地利用效率。在此过程中,土地利用方式也将发生显著的变化。因此,本书提出

假设1　具备区位优势是实施产业升级、促进村镇土地再开发的基础条件。区位条件好的村镇,土地再开发易于实施,且更易选取跨越式产业升级推动土地再开发,土地利用方式显著改变;区位条件一般的村镇,土地再开发实施难度中等,更多采取过渡式产业升级推动土地再开发,土地利用方式发生一定程度改变;区位条件差的村镇,则土地再开发实施难度较大,更多采取递进式产业升级推动土地再开发,土地利用方式的改变较小。

(二)行政优势

行政优势主要体现为政府力量对区域发展的带动。目前中国的土地及城市规划管理主要采取自上而下的模式,政府的投资与推动力量是区域发展的重要推动力(杨虹,刘传江,2000)。尤其对村镇发展而言,由于存在集体土地产权制

度与集体土地流转制度的约束,其可能对区位优势决定的产业升级与村镇土地再开发产生一定影响。村镇土地再开发资金需求量大,而由于集体土地权属模糊,产权的不稳定性、模糊性和不完整性使得产业用地再开发存在各种不确定性(Lai et al.,2014),因此企业不能实现融资和贷款,倾向于规避大量固定资产投资。在此情况下,政府规划以及投资重点的导向成为推动村镇土地再开发的重要力量,其通过积极、合理的政府调节作用,支撑和引领淘汰落后产业(王国平,2013),从而推动村镇土地再开发进程。因此,本书提出

假设2 具备行政优势是实施产业升级、促进村镇土地再开发的重要条件。政府规划重点推动的村镇,土地再开发易于实施,更易采取跨越式产业升级推动土地再开发,土地利用方式显著改变;政府规划推动力度一般的村镇,土地再开发实施难度中等,更多采取过渡式产业升级推动土地再开发,土地利用方式发生一定程度改变;政府规划推动力度小的村镇,则土地再开发实施难度较大,多采取递进式产业升级推动土地再开发,土地利用方式的改变较小。

(三)产业突破优势

村镇企业以劳动密集型的中小企业为主,其在产业升级时多受到路径依赖的影响。"路径依赖"一词最早由David(1975)提出,后广泛应用于对技术变迁、制度变迁的机制研究中。路径依赖对我国劳动密集型产业的升级具有重要影响,产业转换成本、规模报酬递增形成的产业集群、网络外部性和学习效应等自我强化机制使得其路径依赖效应不断强化,甚至造成锁定,进而使产业升级过程困难重重(罗芳,李红江,2013)。尤其对依赖单一产业集群发展的村镇而言,地方财政、村民就业、相关行业发展等使其更难以实现产业的跨越式升级(董云、马理,2003)。因此村镇原有产业基础越好,即越不具备产业突破优势,其越难以通过跨越式产业升级推动村镇土地再开发。因此,本章提出

假设3 具备产业突破优势是实施产业升级、促进村镇土地再开发的重要条件。容易实现产业突破(具备产业突破潜力)的村镇,土地再开发易于实施,更易采取跨越式产业升级推动土地再开发,土地利用方式显著改变;而较容易实现产业突破的村镇,土地再开发实施难度中等,更多采取过渡式产业升级推动土地再开发,土地利用方式发生一定程度改变;不容易实现产业突破(产业路径依赖)的村镇,则土地再开发实施难度较大,多采取递进式产业升级推动土地再开发,土地利用方式的改变较小。

综上所述,本章通过比较优势视角下的区位优势、行政优势、产业突破优势三个要素,分别探讨其对产业升级与村镇土地再开发的影响。如表4-2所示,区位条件好,政府规划重点推动,具备产业突破潜力的村镇,土地再开发易于实施,且更易采取跨越式产业升级推动土地再开发,土地利用的规模、结构、布局改变

也越大,集约利用水平显著提升;反之,区位条件差,政府规划推动力度小,产业路径依赖的村镇,土地再开发实施难度更大,多采取递进式产业升级推动土地再开发,土地利用的规模、结构、布局改变也较小,集约利用水平提升幅度小。

表 4-2　比较优势视角下的产业升级与村镇土地再开发

比较优势＼产业升级模式	跨越式	过渡式	递进式
区位条件	好	一般	差
政府规划推动力度	大	一般	小
产业突破	容易	较容易	不容易
实施难度	小	中等	较大
土地利用变化	变化较大	一般	变化较小
用地集约水平	显著提升	一定程度提高	提升较小

资料来源:作者总结。

第三节　数据与研究方法

本书选取广州市白云区作为案例地。白云区是广州市近郊区,其东临黄埔,西界佛山南海,北接花都、从化,南连天河、越秀、荔湾等中心城区,区位条件较为优越。区内交通网络发达,京广铁路、105、106、107 国道及 G15 沈海高速广佛段等高速公路穿越该区,另有新旧白云国际机场、华南最大的铁路编组站,使其成为珠三角地区重要的交通枢纽(见图 4-2)。

白云区优越的区位条件促进其地方经济和产业的快速发展,快速城镇化和工业化也加速了非农化的土地利用。有关研究显示,白云区未来可开发的土地资源空间有限,2013—2020 年可用新增建设用地规模约 400 ha;同时,白云区也存在大量存量低效用地,据统计,已标图建库的"三旧"改造项目土地面积 132 km^2,约占广州市全市总量的 24%,占白云区存量建设用地的 51%(数据来自广州市房地产研究中心)。因此,抓住"三旧"改造契机,加快存量建设用地的再开发成为白云区保持经济持续增长的重要途径。

白云区是广东省"三旧"改造工作示范点,且不同改造点的产业升级与村镇土地再开发情况存在显著的空间差异。因此,本书以白云区为研究对象,于 2014 年 6 月选取区内 10 个"三旧"改造示范点与 3 个待改造工业小区(见表 4-3),采用半结构式访谈法,深入访谈 13 个项目负责人及各园区的 2~3 家典型企业(共 21 家)的负责人。主要问及:①园区或企业简要的发展史;②园区或企业的产业升级意愿和动力;③园区或企业对土地利用的改变;④当地基础设施

第四章 产业升级、产业优化与村镇土地再开发

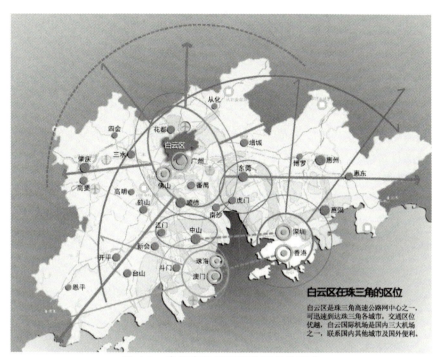

图 4-2 广州市白云区在珠三角的区位
资料来源：广州市房地产研究中心。

条件以及地方政府提供的支持和帮助等。根据调研情况，采用多案例研究法验证不同地区采取的产业升级与村镇土地再开发的不同。

表 4-3 调研对象

"三旧"改造示范点	工业园区	汇创意产业园 228 创意园 国际单位 广州嘉溢科技企业孵化器有限公司
	旧村庄	陈田村 小坪村
	大型企业	广东白云清洁集团有限公司 林安物流园
	其 他	白云区综合服务区 金沙街留用地
待改造工业小区		南村第一工业区 东华(移民)工业区 松北工业区

第四节 比较优势对产业升级与村镇土地再开发的影响

一、区位优势影响下产业升级与村镇土地再开发特点

白云区西部和南部地势低,交通网络发达,且靠近广州市中心区,为商贸业发展提供了良好的市场,具有良好的区位优势,故"三旧"改造示范点多布局于此;而北部和东部则由于地形条件差、交通不方便、临近不发达市区,区位条件较差,故实施困难且效果较差的旧工业园区普遍布局于此(见图4-3)。为进一步验证区位优势对产业升级推动村镇土地再开发的影响,本章分别选取位于白云区西南部新市镇的228创意园与位于北部龙归镇的南村第一工业区进行对比。

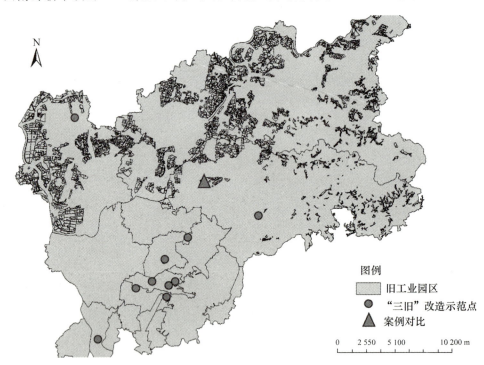

图 4-3 区位优势对产业升级与村镇土地再开发的影响

如图4-3所示,228创意园位于白云区新市镇,前身是广州市比莉华鞋业有限公司。该园区毗邻白云区万达广场、五号停机坪等都市繁华区,且处于地铁沿线,交通便捷,具备较好的区位条件。因此2008年,原鞋业公司在此成立228企

第四章 产业升级、产业优化与村镇土地再开发

业管理服务有限公司,目标打造为集电子商务、服装皮具、贸易公司等于一体的大型商务办公基地。为此,其对原有旧厂房进行了较大规模的拆除与修缮,形成环境优雅、配套齐全的228创意园,通过跨越式产业升级完成了土地再开发。

> "我们园区只用10分钟就可走到地铁口,周边有各大商场,生活交通都很方便,这也是吸引企业入驻、招纳员工的优势之一。目前园区大概25家企业,大部分是企业的总部、研发设计机构,因此我们格外注重对创意氛围的营造,对之前的老厂房进行了结构调整与修缮美化。"
>
> ——228园区负责人

> "我们公司是自主研发、生产与贸易一体化,总部在河南。2007年在广州成立了专门从事设计研发的分公司,2013年迁至228创意园中,主要是看中这里交通便利、生活方便,也容易招工。"
>
> ——代表企业高管

而与之对比,南村第一工业区位于白云区龙归镇,其深陷南村之中,与G106国道仅有一条小路相连,区位条件较差。因此其产业升级与土地再开发进程十分困难,只能通过改善园区环境吸引高端企业入驻来实现。然而,近年来白云区规划将新中心——"白云综合服务区"选址在南村附近,区位条件的改变有助于南村第一工业区的大规模改造。

> "白云综合服务区计划在南村征地,这对我们是极大的好消息。借着这股春风,我们也正在跟规划院合作,计划展开一系列工业区改造规划,将全村打造成商服基地,重点发展村口商贸业,从而提升全村面貌。"
>
> ——南村村支书兼南村发展公司法人

两案例对比发现,具有区位优势的228创意园可采取跨越式产业升级推动土地再开发,其实施较易,土地利用的规模、结构、布局、集约利用水平等也发生较大改变;而不具有区位优势的南村第一工业区只能采取递进式产业升级推动土地再开发,且实施过程困难而缓慢。随着南村第一工业区区位条件的改变,其拟立即采取跨越式产业升级推动大规模土地再开发,可见区位优势对产业升级与村镇土地再开发的影响之大,假设1成立。

二、行政优势影响下的产业升级与村镇土地再开发

目前白云区规划加快"一心三片多组团,一轴两带四廊道"的网格化、组团式空间发展格局(林洪浩,2014),故部分村镇受到政府大力支持,与其他村镇形成鲜明对比。本书通过调研,选取政府规划推动力度不同的白云综合服务区、嘉溢

科技企业孵化器有限公司与松北工业区三个案例进行对比,验证行政优势对产业升级推动村镇土地再开发的影响。

(一)白云综合服务区

上述"一心"为位于白云区中部,涵盖园夏村、南方村及多个工业小区的白云综合服务区(见图4-4)。这一地区周边交通状况较差,原始区位条件并不优越。然而由于政府规划大力推进,旨在将其打造为集居住、商务、文体等九大功能于一体的高端核心区,目前其核心区(20 km²)已完成总体规划,将迅速实现土地的再开发。

> "在政府大力推进下,今年7月份启动区可完成控规审批工作,启动区范围东至空港大道及106国道、西达机场高速,北临北二环高速,南到白海面涌南侧,控规范围面积约7.88平方千米。土地征收补偿成本49.9亿元,需拆迁安置村民住宅约2861栋,补偿赔偿成本33.8亿元。"
>
> ——白云区土地开发中心

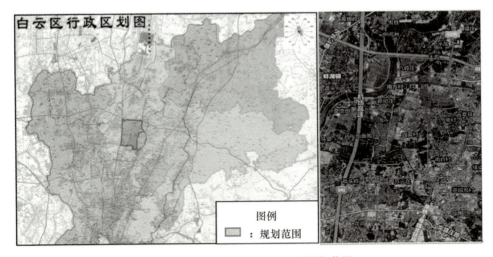

图4-4　白云综合服务区规划位置与范围

资料来源:白云综合服务功能区启动区控制性详细规划环境影响报告书。

(二)嘉溢科技企业孵化器有限公司

而位于白云区西南部、临近华南干线的广州嘉溢科技企业孵化器有限公司,则由于政府规划推动力度一般,只能采取过渡式产业升级,引入机械、化工、电子元件、医疗器械等生产性企业,并为此局部改造原有旧厂房结构,实现了土地再开发。

> "公司租赁原黄边公司闲置旧厂房进行改造,改造成本约 3500 多万元。目前租金从原有平均 15 元/(m²/月)升到 55 元/(m²/月),效益水平提升不少。日后发展还是希望能多有政策扶持。"
>
> ——嘉溢孵化器负责人

> "基本没有什么政府优惠条件,选在这里主要是因为交通条件不错,距离广州市中心区也比较近,货物运输方便。缺点是租金略高,厂房也比较旧。"
>
> ——代表企业高管

(三) 松北工业区

案例三的松北工业区四周路网密布,临近增槎路、社前路、沈海高速等,区位条件较为优越。但由于该工业区临近广州市自来水厂进水口与两条高压电网,故被政府规划了大片绿地保护区,限制其土地再开发,近年来更限制增槎路大货车同行,迫使原有物流业转型或迁移。

> "政府规划的大片绿地保护区就决定了我们这里不可能发展好企业。现在我们把物流整体出租给西城货运中心,只保留原有厂房进行物业出租,延续仓储功能。"
>
> ——松北村村支书

以上三个案例,政府规划推动力度依次减弱,这也使得各主体分别采取跨越式、过渡式、递进式产业升级手段推动土地再开发,相应的实施难度逐渐加大,土地利用的规模、结构、布局、集约利用水平等改变也逐渐减小,可见行政优势对产业升级与村镇土地再开发也存在显著影响,假设 2 成立。

三、产业突破优势下的产业升级与村镇土地再开发特点

由于发展历史不同,白云区不同村镇也形成了深浅不一的产业基础。本书通过调研,选取原有产业基础差异较大的陈田村与小坪村进行对比,验证产业突破优势对产业升级推动土地再开发的影响。

陈田村原有产业基础雄厚,其从 20 世纪 90 年代开始发展汽配行业,目前已形成湛隆汽配城和兴隆汽配城两大汽配市场、六七家 "4S" 店、30 余家汽修店等。2008 年陈田村推行 "三旧" 改造,主要由凯利基金有限公司主导进行,原计划全面清除汽配相关企业,整村改造为集居住、商服、办公、教育于一体的居住社区,然而由于受到村民阻力,目前改造仍未实施。

> "原有产业的存留问题是改造一大困难。由于村民大多从事原有汽配、

汽修等相关行业,故在产业升级时受到极大阻碍,改造难以进行。随后我们方案改为保留污染较小的汽车相关产业,如汽车销售与维修,改造才有了可能,但什么时候能实施还是个未知数。"

——凯利地产代表

"对于最初要完全清除汽配相关企业的改造方案,村民们十分不满,差点发生冲突。没有政府大力推动,只靠房地产商与我们村集体的力量很难办,所以就一直没有实施。"

——陈田村村支书

相比而言,区位条件、政府规划推动力度相似的小坪村,则由于产业基础较弱,于 2012 年由佳兆业集团控股有限公司主导改造,进展较为顺利。方案计划淘汰原有低端产业,着重引入设计、销售等企业并集中经营,并为此实施整村改造 95.55 ha,其中 65 ha 为集中的商业用地,其余分散布局住宅。

"早些年,村里大部分制衣厂、鞋厂等,因下游代工企业无法承担租金而纷纷搬迁,如今整村改造后可引入高端企业,提升绿化率到 26%~33%,容积率从 0.8 提升到 3.3。"

——佳兆业地产代表

两案例对比可见,产业路径依赖的陈田村只能采取递进式产业升级推进土地再开发,其实施较困难,土地利用的规模、结构、布局、集约利用水平等改变也较小,而具备产业突破潜力的小坪村则可采取跨越式产业升级推进土地再开发,其实施较易,土地利用方式的改变也较大,可见假设 3 成立。

第五节 小 结

改革开放后,30 多年的快速城镇化与工业化使得村镇地区的产业快速发展,同时也刺激了用地规模的扩张、用地性质与结构的改变。目前,我国村镇非农建设用地表现出无序扩张、结构失衡、布局不合理、集约利用水平低等问题,在国家严格控制建设用地增量的背景下,急需对存量土地进行再开发。产业升级是推动村镇土地再开发的重要手段,然而不同地区却采取了不同的产业升级手段推动再开发,且呈现了不同的土地利用特点。基于比较优势理论,本章对产业升级背景下的村镇土地再开发空间差异性进行了实证分析,得出如下结论:区位条件好、政府规划重点推动、具备产业突破潜力的村镇,土地再开发更易实施,且多采取跨越式产业升级推动土地再开发,土地利用的规模、结构、布局改变也越大，集约利用水平显著提升；反之，区位条件差、政府规划推动力度小、产业路径依赖的村镇，土地再开发实施难度更大，多采取递进式产业升级推动土地再开发，土地利用的规模、结构、布局改变也较小，集约利用水平提升幅度小。

本章通过构建理论框架与实证分析，识别导致产业升级与村镇土地再开发空间差异的主要因素，并探讨其对产业升级推动村镇土地再开发的影响，具有一定理论价值。同时，也为村镇土地再开发的实施提出政策建议：不同地区应因地制宜，根据自身比较优势选择合适的产业升级手段推动土地再开发，具备区位优势、行政优势、产业突破优势的村镇应积极进行跨越式产业升级，迅速改变村镇整体面貌；而不具备上述优势的村镇则应清醒对待，通过递进式产业升级推动土地再开发，或争取改变劣势以寻求更好发展。此建议有助于更好地发挥土地价值，降低实施难度，实现各地差异化有序发展。

参 考 文 献

[1] 曹昌智. 论城市发展的区位条件和区位优势[J]. 城市发展研究，1996(5):36—39.

[2]〔德〕阿尔弗雷德·韦伯. 工业区位论[M]. 北京:商务印书馆，1997.

[3] 董云，马理. 中小型农村企业的产业升级和渐进式变革——以黄兴镇化工业的兴衰为例[J]. 湖南农业大学学报，2003(3):43—45

[4] 高敬峰. 中国制造业比较优势与产业结构升级研究[D]. 山东大学，2008

[5] 韩民春，徐珊. 国外动态比较优势理论的演进[D]. 华中科技大学经济学院，2004.

[6] 胡志丁，葛岳静. 理解新经济地理学[J]. 地理研究，2013(4):731—743.

[7] 吉莲. 评述廖什的市场区位论及其在实践中的应用[J]. 金融经济，2006(8):134—135.

[8] 李楠楠，李永胜，杜忠潮. 区位对城郊地区村镇发展的影响及其空间差异分析——以西安市长安区为例[J]. 咸阳师范学院学报，2013(2):42—47

[9] 李耀尧. 产业集聚与升级——基于中国开发区产业演变的动态考察[M]. 经济管理出版社，2013.

[10] 梁春婷. 瀚天科技城成为省级孵化器[N]. 珠江时报，2012.11.06.

[11] 林洪浩. 综合服务功能区将成白云区"城市之心"[N]. 广州日报，2014.2.28.

[12] 林毅夫. 自生能力和国企改革[J]. 经济研究，2001(12):11—20.

[13] 罗芳，李红江. 我国劳动密集型产业升级的路径依赖与路径选择[J]. 当代经济管理，2013(06):58—62.

[14] 马利邦，牛书文，李怡欣，杨丽娜. 甘肃省县域经济发展水平空间差异评鉴[J]. 干旱区地理，2011(1):194—200.

[15] 闵师林. 城市土地再开发[M]. 上海:上海人民出版社，2006.

[16] 潘德蓓. 上海工业园区土地二次开发的难点与对策[J]. 上海房地产. 2012(4):

39—40.

[17] 沈萍. 地票交易制度的创新、困境及出路[J]. 经济法论坛,2010(00):236—244.

[18] 汤毅. 基于产业结构升级的福州市土地集约利用研究[D]. 福建农林大学,2011.

[19] 王国平. 产业升级的三大主体行为结构:政府·企业·消费者[J]. 学术月刊,2013(6):78—85.

[20] 杨虹,刘传江. 中国自上而下城市化与自下而上城市化制度安排比较[J]. 华中理工大学学报,2000(2):77—79.

[21] 杨丽媪. 宅基地入股:城中村改造新模式[J]. 科学决策,2006(12):26—27.

[22] 杨上广,吴柏均,沈晗耀. 我国区域经济发展中政府作用研究——基于长三角的调查与思考[J]. 科学发展,2011(7):62—73.

[23] 杨忠伟,陆嫒,华晔. 分类指导下的开发区土地合作再开发模式研究[J]. 现代城市研究,2014(3):57—63.

[24] 叶明华. "三旧'改造三年期限太短"[N]. 南方日报,2010.10.29.

[25] 袁境. 西部承接产业转移与产业结构优化升级研究——以四川为例[D]. 西南财经大学,2012

[26] 张秋月,严金明. 东莞市双转型背景下产业结构与土地利用结构关系研究[J]. 经济研究参考,2013(11):65—69.

[27] Balassa B. Exports and economic growth:further evidence[J]. Journal of development Economics,1978,5(2):181—189.

[28] Clark C. The Conditions of Economic Progress[M]. London:Macmillan& Co. Ltd,1940.

[29] Gereffi G. A Commodity Chains Framework for Analyzing Global Industries[R]. Duke University Working Paper,1999.

[30] Humphrey J and Schmitz H. Governance and Upgrading:Linking Industrial Cluster and Global Value Chains Research[R]. IDS Working Paper,No. 12,Institute of Development Studies,University of Sussex,2000.

[31] Lai Y,Peng Y,Li B et al. Industrial land development in urban villages in China:A property rights perspective[J]. Habitat International,2014(41):185—194.

[32] Leontief W. Domestic Production and Foreign Trade:The American Capital Position Re-examined[J]. Proceedings of the American Philosophical Society,1953(97):331—349.

[33] Marshall A. Principles of Economics[M]. London:Macmillan,1920(1890).

[34] Ohlin B. Interregional and International Trade[M]. Cambridge:Harvard University Press,1933

[35] Posner M. V. International trade and technical change[J]. Oxford economic papers,1961:323—341.

[36] Vernon R. International investment and international trade in the product cycle[J]. The quarterly journal of economics,1966:190—207.

第五章

能源利用、碳减排与村镇土地再开发

　　伴随着城市化和工业化进程的推进,中国经济保持着持续稳定的高速增长。然而,国民经济的高速增长是以能源利用的大幅提升为代价的。能源利用包括天然气、煤炭、石油、水电、核电与风电等,既包括至今仍大量使用的传统能源也包括各种新型能源。中国既是一个能源生产大国,也是能源消费大国。无论是在国家还是全球的尺度上,中国的城市化进程增加了对能源的利用,能源对于经济发展水平提高和城市化都发挥着相当重要的作用。但是大量的能源消耗产生大量的碳排放,对气候环境造成消极影响,制约国民经济增长和社会发展。村镇土地再开发是提升土地利用经济效益、社会效益和环境效益的重要途径,因此在村镇土地再开发过程中注重能源利用和碳减排,是提升环境质量,促进经济效益提升和社会发展的重要途径,也是构建新型城镇化的必然要求。

第一节　能源利用与碳排放

　　全球气候变暖不仅是当今国际社会密切关注的焦点问题,也是国际学术研究的一大热点。从全球尺度看,全球气候变暖将给人类的生存和发展带来严峻的挑战,而能源问题和气候问题密切相关,气候变化问题的诱因之一是碳排放,而碳排放又是能源问题的关键,因此缓解全球气候变化的核心是要解决好能源问题,发展低碳经济,保护生态环境以及保障能源安全。中国经济发展取得了举世瞩目的成就,作为能源消耗大国,高耗能在推动中国经济快速增长的同时,也带来了严重的碳排放的问题。

一、全球能源利用背景

　　自工业革命以来,随着生产力发展和科技进步,人类开发和利用自然资源的能力大幅提升,化石能源的开采及使用极大地推动了社会经济发展,尤其是对工业化和城市化的进程作用显著。人类的发展已经离不开能源的消耗。但是随着工业的发展和能源的大量消耗,二氧化碳的过度排放导致的全球气候变暖问题,已经对人类社会的可持续发展构成严峻挑战。全球气候变化将给人类带来难以估量的损失,而它在很大程度上取决于人类经济活动的内容及经济发展方式。传统工业化过程中的高碳经济发展模式是导致温室气体过量排放的主要原因,因此越来越多的国家注重改变经济发展方式,在经济建设过程中调整能源利用结构,提高利用效率从而发展低碳经济,遏制全球气候变暖,实现可持续增长。

国际社会在能源利用和应对气候变化方面采取了一系列积极行动。在制度框架层面:1992年6月召开的联合国环境与发展大会上通过并签署了《联合国气候变化框架公约》;2005年2月《京都协定书》正式生效,标志着国际上首次以法规形式对温室气体排放进行限制;2007年12月联合国对发达国家的温室气体减排设定了具体目标;2009年12月,联合国气候变化大会通过了《哥本哈根协议》,达成了对各国二氧化碳排放量问题上的共识;2012年11月,多哈世界气候大会上,要求发达国家为发展中国家应对气候变化提供资金支持。在国内政策层面,许多国家已经开始积极开展节能减排工作,为实现经济可持续发展而积极行动。

在全球气候变暖的背景下,调整能源结构,减少碳排放正由科学共识转变为现实行动。英国、美国作为发达国家的典型代表,积累了许多成功经验;俄罗斯作为典型的能源大国,其能源发展过程也值得我们关注。通过比较分析这些国家的经验,能够为中国的能源利用提供借鉴。

(一)英国的能源利用

英国是欧盟中能源资源最丰富的国家,煤的可采储量达 46×10^8 t,石油储量为 70×10^8 t,天然气储量达 $(12\,260\sim38\,000)\times10^8$ m³。天然气和石油在英国的能源结构中,占有十分重要的地位。从2012年的数据来看,天然气占英国能源消费的34.63%,石油占33.64%,而在1973年,英国能源消费的结构是石油占到了能源结构的52.3%,而天然气只占到了16.1%(姚枝仲,2005)。

从能源结构来看,2012年英国一次能源消费为 2.036×10^8 t油当量,其中石油消费量 0.685×10^8 t油当量,天然气消费量 0.705×10^8 t油当量,煤炭消费量 0.391×10^8 t油当量,是英国能源结构中最重要的三种能源。

英国在能源战略上注重减排,是世界上第一个用法律来对碳排放进行约束的国家。政府主要通过对重工业碳排放政策的制订;低碳排放技术创新的支持以及树立居民日常低碳生活的观念等方式来确保减排目标的实现。

（二）美国的能源利用

美国工业化起步较晚，但发展迅速。在短短几十年里，成为首屈一指的世界政治、经济和军事强国。在美国经济迅速扩张的同时，也面临着重要的能源问题，但因其及时的调整和改善，使美国在节能减排方面取得了巨大的成就。其能源发展现状有以下特点：

第一，能源消费结构转变。由20世纪中期以来主要以使用煤炭为主转变为以石油和天然气为主。但石油、天然气、煤炭三大能源仍处于主导地位。

第二，可再生能源发展迅速。美国是世界上二氧化碳排放量最大的国家之一，2012年二氧化碳排放占全球排放总量的16%，人均二氧化碳排放量17.3t（新华网，2013）。为了减少碳排放量，美国大力发展可再生能源，风能、太阳能、生物质能、地热能等可再生能源消耗大幅增加。

第三，光伏技术发展迅速。美国是世界光伏技术和光伏产业的发源地，一直代表着世界光伏技术的前沿（贾林娟，2014）。

（三）俄罗斯的能源利用

俄罗斯作为世界上油气资源富裕的大国和世界主要能源的供应国，能源产业比较发达，其国内经济发展主要依靠能源出口。由于俄罗斯在继承了前苏联完善的能源基础设施和能源工业体系，加之俄罗斯近十年来具备了较强的能源生产能力，能源产业成为俄罗斯经济发展的主要动力，但能源产业在发挥积极作用的同时，也对俄罗斯经济发展产生了消极影响。长期以来，俄罗斯能源产业发展呈现明显的资源依赖式特征，即能源消费增长过快，能源利用效率低，高碳化现象严重。其发展过程中出现了与中国十分类似的特征。

第一，经济增长以能源大量消耗为代价。20世纪90现代，俄罗斯大多数工业成本是发达国家的1.5倍以上。90年代以来单位GDP耗能增加了31%以上，耗电量增加了30%~32%。大量的能源消耗也使得俄罗斯成为碳排放大国，2010年碳排放量达到16.89亿吨，占世界碳排放总量的5.04%，居全球第四位（苗红萍，2012）。

第二，能源利用效率低。俄罗斯在发展过程中一直忽视了"节能与提高能效"这一重要问题，使得俄罗斯的能源效率严重落后于发达国家和新兴经济体。目前，俄罗斯的能源效率比美国低5倍，比日本低12倍，约有1/3的燃料能源被浪费或没有有效利用（王欣，2011）。

第三，能源结构失调。天然气在俄罗斯能源消费中占主导地位，但天然气资源量仅占俄罗斯矿物燃料总资源量的27%（戚文海，2009），新能源产业发展处于刚起步阶段。

因此，俄罗斯现有不合理的能源结构以及低效的能源使用效率使得俄罗斯成为碳排放的大国,严重制约着俄罗斯的经济社会发展,破坏生态环境。

二、中国能源利用背景

中国长期以来,经济增长具有明显的粗放型特征,即经济增长速度过快,能源和原材料消耗过多,能源利用效率低,能源碳排放量高现象严重。尤其自改革开放以来,中国对能源的需求不断增加,能源利用程度持续加深,数据显示能源消费总量已经从 1978 年的 57 144×10^4 t 标准煤,增长到 2008 年的 285 000×10^4 t 标准煤。能源对于中国的经济社会发展和工业化发挥了十分重要的作用。根据《中国能源年鉴》的数据显示,我国人均能源消费量在 1998—2013 年间一直处在不断上升的趋势中。2013 年,人均消耗能源总量达到 3071 千克标准煤,其中煤炭人均消费量可达 3127 kg,相较于 1998 年 1087 kg 的人均煤炭消费量,10 年间增长近 3 倍左右。可以说中国已经成为仅次于美国的世界能源消费第二大国,是世界煤炭消费的第一大国。

表 5-1　1998—2013 年中国人均能源消费量水平

年　份	能源总量/千克标准煤	煤炭/kg	石油/kg	电力/(kW·h)
1998	1097	1087	160	934
1999	1122	1112	168	982
2000	1156	1075	178	1067
2001	1223	1125	180	1158
2002	1324	1200	194	1286
2003	1530	1426	214	1477
2004	1777	1637	241	1695
2005	2005	1867	250	1913
2006	2185	2064	266	2181
2007	2363	2204	278	2482
2008	2420	2269	282	2608
2009	2525	2441	290	2782
2010	2696	2609	330	3135
2011	2880	2894	339	3497
2012	2977	3018	354	3684
2013	3071	3127	368	3993

资料来源:《2014 年中国能源统计年鉴》。

能源的大量消耗带来碳排放量的急剧增长,中国以煤为主的能源生产和消费结构在相当长时期内难以改变,这一不可持续的能源利用模式使中国面临着前所未有的严峻挑战。有学者研究发现中国的能源利用效率低,总体能源利用率仅仅占到33%左右,但是每万美元GDP能耗和CO_2排放量却比发达国家要高3倍甚至10倍多,若估算一下,中国每万元GDP能耗大致要经过50~60年的时间才能降到日、英、德、法、美等目前产值较低国家的水平(许红星,2010),中国提高能源利用效率任重而道远。

中国是世界能源和原材料消耗大国,经济的快速增长必然消耗大量的能源、原材料和矿产品,而资源的不合理开发和利用则会加剧气候变化。过度砍伐、破坏耕地等人类经济活动使得森林面积和草地面积迅速减少。一方面降低了自然对二氧化碳的吸收量,另一方面人类的活动如焚烧、工业气体排放又释放出大量二氧化碳,最终导致全国范围内碳排放量急剧增加。可以说,中国现阶段高耗能、高排放的能源利用方式不仅将对气候环境造成破坏,同时也将制约本国的经济发展。

三、中国碳减排的必要性

从全球范围内来看,各国正在积极推进应对气候变暖的措施,调整能源战略,减少碳排放,倡导绿色经济发展模式。各国在温室气体减排工作上力度加大,更好地实现可持续发展。注重碳减排已经成为能源利用战略的主要趋势。

从国内来看,快速的经济增长,导致我国能源消费和碳排放总量大,增长快,传统的高碳发展方式以能源、资源为依赖,粗放扩张,污染严重。积极实现碳减排,减少能源利用过程中产生的碳排放是中国经济发展模式转变的必然选择。

二氧化碳排放国际能源署数据显示,2012年全球二氧化碳排放量达到$316×10^8$t(亿吨),上升了1.4%,创历史新高。而其中中国作为世界最大的二氧化碳排放国,为全球碳排放量的增加"贡献"了$3×10^8$t(人民网,2012)。国际能源署(EIA)预测,美国2015年的二氧化碳排放为$56.8×10^8$t,如果中国的能源消费总量控制在$41×10^8$t标准煤之内,到2015年的碳排放将达到$84.6×10^8$t。如果不能及时有效的实现碳减排,将对全球的发展和气候环境带来非常严重的后果。

现阶段,我国能源利用存在以下问题:

首先,能源消费结构单一,煤炭消费比重较大,新能源所占比重小。众所周知,煤炭是现有所有能源中碳排放系数最高的,而我国以煤炭消费为主的能源消费结构将直接导致二氧化碳排放量持续增加。

其次,碳排放引致的气候问题日益严重。在过去的几十年里,中国的气候发生了明显的变化,最明显的变化就是气候变暖。在过去的一个世纪里,中国均温升高了0.5~0.8摄氏度。而气候变暖增加了农业生产成本,改变了农作物的生产环境。同时西北地区冰川大量融化,我国海平面高度上升,严重威胁人们的生活,改善我国气候变暖的问题最关键是要减少碳排放量。

最后,在碳减排约束下,虽然给中国经济发展会带来压力,但是从长期来看,为减少碳排放积极而引入新能源新技术,将切实有效提高中国的能源利用效率,实现自身的跨越式发展,避免或缩短"高污染,高耗能"的发展模式,走"边发展,边治理"的绿色发展道路,实现可持续发展。以能源消耗为驱动的发展模式非长远之计,因此转换能源利用模式,运用最新最前沿的技术,推动碳减排,实现绿色发展才是人类长久的发展模式。

目前,中国正处于工业化中期阶段,资源环境约束日益趋紧,合理选择碳减排路径、实现碳减排目标将对我国经济转型和可持续发展产生重要影响。随着碳减排在全球的广泛推广和发展,低碳经济转型将成为未来世界发展的主流。减少碳排放,有利于中国从传统的高耗能、高污染、高排放的粗放型经济发展模式向低能耗、高产出的集约型经济发展模式转变,也有利于转变人们的生产、生活和消费方式,实现可持续发展。

第二节 理论进展与研究假说

一、土地利用与碳排放

除了化石能源燃烧将直接造成二氧化碳等温室气体的排放,引起气候变暖以外,土地利用变化也是造成二氧化碳过量排放的一个重要原因。土地作为人类活动的承载体,能源消耗、产业布局、经济建设等人类活动都与土地利用相关,而人类活动过程必将产生二氧化碳排放,因此土地利用与碳排放是密切相关的。土地利用伴随着碳排放的发生,人类在土地上的生产生活以及土地自身利用状态的保持与转变是陆地碳排放的主要来源。

一方面,作为陆地生态系统碳源、碳汇的自然载体,土地利用类型与管理方式的转变是造成碳排放量迅猛增长的重要因素。据相关学者研究估算,1850—1998年间,土地利用及其变化引起的直接碳排放约占同期人类活动影响总碳排量的影响1/3,其在全球碳循环过程中不容小觑(Houghton et al.,2012;Intergovernmental Panel on Climate Change,2000)。另一方面,土地作为人类生产生活碳排放的社会经济空间载体,其利用方式虽然不能直接带来碳排放,但是它为分析碳源的空间分布以及碳源间的空间作用而提供了天然的研究框架,有助于从宏观上调控社会经济活动碳排放。

土地利用碳排放可分为直接和间接两类:其中直接碳排放包括土地利用类

型转换(包括生态系统类型更替)带来的碳排放以及土地利用类型保持(主要指土地管理方式的转变,如种植制度改变等)的排放;间接碳排放则是指土地利用类型上所承载的人类活动排放,包括居民生活区能源消费碳排放、工矿用地产生的工业碳排放以及交通用地的碳排放(韩骥,2016)。

土地利用类型转换产生的碳排放主要是通过林木采伐、植树造林等活动影响自然环境中的碳储量。近年来,国内外研究主要关注城市用地扩张、农业用地内部转化等主要土地利用转换类型产生碳排放。长期以来,城市化带来的工业碳排放备受关注,但城市用地扩张影响区域植被碳库和土壤碳库的现象却少有人关注。近年来,这方面逐渐引起人们的注意。比如 Hutyra 等(2011)以美国西雅图市为例发现城市化导致了单位面积植被碳密度呈现出从城市外缘向中心递减的规律;Xu(2012)研究了城市化后,上海中心城区的土壤有机碳含量增加,而城市扩展区的土壤有机碳减少;杨庆媛(2010)等研究了城市化进程中耕地向建设用地转换的碳排放影响,发现土壤对有机碳的固化作用、植被对大气碳的固化作用均明显减弱,同时植被残体分解还会向大气中释放大量碳素。土地管理方式转变指特定土地利用类型(侧重于农业用地)的经营管理方式转变所驱动的碳排放。

土地利用的直接碳排放主要是把土地作为生态系统碳源、碳汇的自然载体考察其对碳排放的而影响;而土地利用间接碳排放则是把土地作为人类生产生活碳排放的社会经济空间载体。Canan 等认为城市化过程对区域碳排放的影响体现在直接驱动力和间接驱动力两方面。直接驱动力包括因为城市化带来土地利用变化造成的森林砍伐和农业用地减少,产生碳排放以及能源消费碳排放。而潜在驱动力则包括人口、经济、技术、制度和文化等人文因素。一些学者分析了城市用地空间布局对碳排放的影响,得到三点重要发现:一是城市用地规模与人为碳排放量呈显著正相关。因为城市规模的扩大,所承载的产业和人口规模也大幅增加,所需能源总量增大,而能源利用效率较低,导致由此产生的碳排量巨大(Ou et al., 2013;Chen et al., 2011);二是城市景观破碎度与碳排放量之间存在显著的正相关;三是单中心城市空间布局模式的碳排放效应较多中心模式弱,可能的原因是大规模的城市中心组团因为拥有更丰富的社会经济服务功能,从而降低了城市主题为获取相应服务而需克服的空间阻力,从而影响碳排放量。

从上述讨论中可发现,相关学者从不同部门和类别,不同时间和空间范畴对土地利用碳排放效应进行了研究,在此从与村镇土地再开发有关的农地非农化和建设用地配置两个方面对相关文献进行总结。

农地非农化,主要指农用地转变为工业、住宅、基础设施等各类建设用地的过程。伴随着土地利用类型的巨大转变,覆盖植被、土壤水体等生态系统发生了巨大变化,由于植被大量减少,对空气中二氧化碳的吸收和固化作用大大减少,同时植被破坏后的残体会释放大量的碳素,而且对土壤有机碳的固化作用也减弱。姜群踏等(2008)、赵荣钦等(2010)、李颖等(2008)和杜官印(2010)的研究或测算均表明建设用地扩张是碳排放的主要驱动因素。

建设用地作为人类生产和活动的载体,其所承载的能源、生产和废弃物等是主要的碳排放来源。建设用地的规模、结构、空间组织和产业布局变化对碳排放存在影响。廖俊豪(2010)和戴浩芬(2010)分别对台北县林口都市区和台湾嘉义市进行测量,发现都市土地使用对能源消耗和碳排放量有较大的影响。王桂新(2012)测算了中国 227 个地级市城市空间效率,验证了城市规模和空间结构与碳排放强度之间存在关联。Glaeser 和 Kahn(2008)研究认为,对土地利用的限制和约束越严格,居民生活的碳排放量水平越低。赵荣钦(2010)通过测算得出中国产业空间碳排放强度为 1.98 t/ha。其中,生活及工商业空间、交通产业空间的碳排放强度较高,分别为 55.16 t/ha 和 49.65 t/ha。金三林(2010)研究认为产业用地的合理配置对碳排放水平也有较大影响,不同类型的土地利用所承载的产业能源消耗不同,三产用地比二产用地相对来说碳排放小。魏楚等(2008)研究发现,主导产业结构用地实行"退二进三"的调整,有利于提高能源使用效率,从而减少碳排放总量。因此,建设用地的合理配置一定程度上能够减少向大气中的碳排放。

综上所述,土地作为自然载体或者是社会经济空间载体,其利用方式的变化都将影响着碳排放的量,人类生产生活通过改变土地利用方式实现碳减排。

二、研究假设

化石能源的大量使用和能源利用结构单一是造成当前碳排放量急剧增加的重要因素。为实现碳减排,必须从控制能源消耗着手。而土地利用中无论是土地非农化、建设用地产业结构调整以及土地利用技术变化对碳排放的影响都是直接或间接的通过能源消耗碳排放量来衡量的。不同土地利用类型碳排放强度存在较大的差别,因此从土地利用角度可以考虑通过改变土地利用类型来减缓碳排放。本章从村镇土地再开发的角度,研究通过调整土地利用结构减缓碳排放的增长。

(一)土地利用直接碳排放效应

首先,作为自然生态系统碳源、碳汇的载体,土地利用类型与管理方式的转变带来碳排放量的变化,也就是土地利用直接碳排放效应。因为土地利用通过林木采伐、植树造林等活动都将影响植被和土壤的碳储量。因此,城市用地扩张、农业用地内部转换等土地利用方式的转变将产生碳排放。而村镇土地再开发要求严格控制建设用地增量,努力盘活土地存量。从效益最大化的角度,对原有的用地类型、结构及空间布局等进行置换升级从而提高土地的利用率。因此,村镇土地再开发可以通过调控土地利用类型,严格控制建设用地的增量,退耕混林,注重保护自然环境中植被和土壤的碳储量,从而降低村镇对能源利用总量的需求的同时,增强植被和土壤的碳储量,最终实现碳减排。因此,从土地利用直接碳排放角度出发,提出:

假设1 村镇土地再开发可以通过降低能源消耗总量实现碳减排。

(二)土地利用间接碳排放效应

再者,从土地利用间接碳排放效应来看,土地作为人类生产生活的社会经济活动空间载体,其在土地上进行的产业生产活动将带来碳排放。因此产业升级背景下的村镇土地开发,将是碳减排的重点。一方面,不同产业对于能源消耗的需求不同,因此产业结构会影响能源消耗的变化,最终影响到碳排放量的变化。我国在工业化发展初期建立的高耗能、高污染、高排放的产业无疑是碳排放的主要来源,特别是重化工业。而对于战略性新兴产业,其发展和兴起将减少以重化工业为代表的高耗能产业所占比重,从而显著降低能源利用总量实现碳减排。村镇土地再开发的重要内容就是淘汰落后产能,引入战略性新兴产业,调整村镇产业结构。因此在大规模的产业结构调整过程中,村镇再开发将改变地区产业结构,利用产业的升级和转型改变对地区能源结构的需求,从而实现碳减排。另一方面,村镇土地再开发的主要目标和必然要求是实现能源的高效利用。能源利用效率低是中国村镇地区产业活动的基本特征之一,主要表现在:一是原料使用量大;二是村镇地区生产技术相对落后,生产过程的资源使用率比较低;三是不注重生产"废弃物"的循环利用,导致生产垃圾规模庞大,不仅造成处理费用居高不下,而且也对村镇地区生态环境带来较大压力。能源消费结构单一,煤炭消费比重较大,新能源所占比重小是当前村镇能源利用结构的现状。而由于不同产业所消耗的能源有所不同,为了改变煤炭消费比重过大、能源结构单一的问题,村镇土地开发可以通过引入能源效率使用更高、不完全依赖煤炭消费的产业,从而解决能源使用效率低等问题,改善能源利用结构,提高能源利用效率,从而实现碳减排。因此,提出:

假设2 村镇土地再开发通过改善能源利用结构实现碳减排。

第三节 数据与案例分析

位于北京市北郊昌平区南部平原的郑各庄村,其土地开发经历了从农业生产到对外建筑施工,再到本村综合房地产开发的演变过程,其中 20 世纪末历史背景下的村集体土地资源价值的盘活是村庄实现自主城镇化跨越的重要条件。但随着国家整体经济步入"新常态",外部建筑市场萎靡,郑各庄村土地存量资源也逐渐耗尽,依靠土地一次开发的暴利时代一去不复返,城市经营维护的长期成本和矛盾逐渐凸显出来,产业转型和社会发展难以协调的困境在快速城镇化地区的农村颇具代表性。因此本章以郑各庄村为例,展开村镇土地再开发对碳减排的影响分析。

郑各庄村位于北京市北郊昌平区南部平原上,隶属北七家镇(图 5-1)。郑各庄村域面积 295 ha,户籍村民 576 户、1493 人,其开发模式属于农村集体组织自主决策、规划、建设,自下而上的主动城市化开发模式。该模式自 1995 年开始酝酿,1998 年在获得村民集体投票决策认可的情况下,根据当时土地管理和规划控制的历史条件,对村域范围进行了全面规划,并由村委会和村办企业宏福集团具体实施,拆除村民原有分散住房,通过集中规划建设,逐步建成了包括宏福苑社区、宏福创业园和温都水城等项目,并引进了北京邮电大学昌平校区、北京电影学院继续教育基地、中央戏剧学院等高等教育机构,形成职住商娱一体化的综合型城市化社区(图 5-2)。

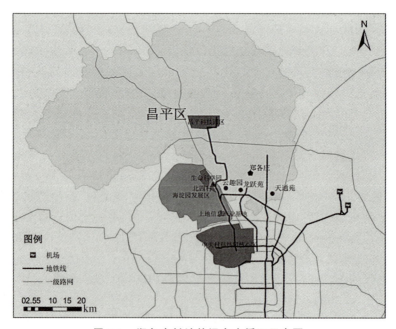

图 5-1　郑各庄村地热温泉水循环示意图

第 五 章　能源利用、碳减排与村镇土地再开发

图 5-2　郑各庄建设现状

一、土地利用直接碳排放效应：土地利用类型转变——"水城御墅"改造

（一）项目概况

郑各庄北边的"水城御墅"项目 2009 年开始建设，占地面积 7.3 ha。其中包括 4.44 ha 集体建设用地、0.72 ha 农用地、2.07 ha 未利用地。根据北京市总体

规划,所占用地属于首都第二道绿隔范围,温榆河绿道的组成部分,因此2012年6月该项目被列入北京市国土局挂牌督办的两起集体土地违法建设重大典型案件之一。在政策压力下,2014年2月17日,宏福集团主动将"水城御墅"项目37个四合院拆除。根据土地利用和城市规划,该地块需要复垦为农田或林地。

(二)改造方案

该地块已经部分拆除,改造地块面积7.3 ha,其中农地0.72 ha,地块坡度小于3°,周边无污染源,生态适宜性比较好。拆除中的四合院为简易砖木结构,地基较浅,工程难度小。可变更土地利用类型农地7.3 ha,参考规划用途建议变更为林地。

目前土地利用规划为有建设条件的农地和未利用地,项目实施后借助昌平区土地利用总体规划,将规划用途调整为农用地(耕地和林地),作为温榆河绿带景观建设的一部分。

建议土地利用再开发措施包括:建筑物拆除、地基挖除、废弃物掩埋、表层土壤剥离、土地平整、土壤改良种植等。拆旧区土地所有权和使用权保持不变,土地利用类型变更后交由村民集体经营。

(三)碳减排成效

水城御墅地块7.3 ha土地经过土地再开发后,土地利用方式从非林地转变为有林地。根据《2006年IPCC国家温室气体清单指南》推荐的计算方法,并参考北京市园林绿地平均碳密度31.40 t/ha,计算得出改造后可新增碳汇229.22 t。此块地块由之前的建设用地改为现阶段的有林地,不仅直接减少了该地块因城市建设用地开发而增加的能源需求总量,同时还因为土地类型转变为有林地,增加了植物和土壤的碳储量,碳汇增加减少碳排放,从两方面有效实现碳减排。

二、土地利用间接碳排放效应:产业转型升级——"创业孵化器"

(一)项目概况

2013年宏福创业园被纳入中关村科技园昌平分园,产业发展方向调整为科技研发服务和创新孵化。宏福集团在郑各庄村域范围内,对原有建筑空间加以改造利用,建设创业孵化器。2014年12月10日被国家科技部列为2014年度国家级科技企业孵化器。宏福孵化器发展模式以旧建筑改造利用为特色,并依托综合型社区的配套优势,为创业团队提供生产、办公和居住一体化的创业空间。

(二)改造方案

宏福科技孵化器与宏福社区融为一体,社区配套完善。南依天通苑、回龙观两大居住社区,临近未来科技城、中关村生命园,位于中关村科技商务中心

(TBD)中心位置,有轨交通、快速公交系统均在可达范围内,交通便利。已完成改造空间包括:

(1) 宏福创业园 10 号院内六层标准厂房改造为科技园综合楼,占地面积 2094 m²,建筑面积 11 808 m²。

(2) 宏福苑活动中心(原村委会办公楼)改造为生物医药孵化器(派尔特国际中心),建筑面积 7000 m²。

(3) 美飒格制衣厂停产车间改造为"创意空间",建筑面积 4144 m²,改造投资 210 万,现已有入驻企业 40 多家。

(4) 2014 年 8 月起,宏福集团对"宏福大厦"进行重装改造,目前已改造面积 5000 m²,入驻企业 20 多家。

社区内约 40 户居民先期众筹 3000 万元,设立了孵化器基金,委托宏福孵化器管理。目前,已开展"持股孵化"项目 8 个,已投资 1700 万元,每月底开展沙龙活动 1 次。社区提供 300 套"青年公寓"定向为创业骨干提供居住配套。

(三) 改造效果

宏福孵化器已有入孵企业 54 家,均为技术研发企业,信息技术与智能装备领域占 75%,符合昌平区产业发展方向,并且属于《战略性新兴产业重点产品和相关服务指导目录》和《战略性新兴产业分类(2012)》(试行)支持的范围。

表 5-2　2013—2014 年旧建筑改造项目新增企业注册资本及行业类型

	占地面积 /m²	建筑面积 /m²	新增企业注册资本 /万元	新增产业类型
10 号院	2094	11 808	2068	科技推广和应用服务业,零售业
创意空间	864	4144	4340	科技推广和应用服务业,零售业,文化艺术业
活动中心	3769	7000	22 100	科技推广和应用服务业
宏福大厦	1600	5000	72 039	科技推广和应用服务业,零售业,文化艺术业,商务服务业

孵化器还吸引初创企业 67 家。其中,宏福苑及周边 10 km 内社区居民创办企业 51 家,占 76%;郑各庄村域范围内北影、北邮分校师生创业项目 17 个,师生创业占 23%。社区内办公、居住、教育、休闲、医疗相互配套,入驻企业员工 80% 以上都在社区居住和生活,有助于提高职住平衡,降低交通拥堵及交通能耗。

三、土地利用间接碳排放效应:调整能源结构——"太阳能光伏应用"

(一)项目概况

分布式光伏发电是中国近期太阳能发电发展的重心,目前分布式光伏从工业园区厂房屋顶逐步扩展到居民屋顶,这种模式贴近市场,就地消纳,发展前景十分广阔。结合我国太阳能光伏技术应用的现状,利用综合评价了郑各庄村内推广光伏应用的可行性。北京市属于中国太阳能资源条件中等的地区,日辐照度强度在(2.75~6.29)(kW·h)/(m^2·d)。全年降水较少,适合发展分布式太阳能光伏发电。

表 5-3 按地块汇总光伏发电量测算

名称	地块面积 /m^2	多晶硅理论发电量 (MW·h/a)	多晶硅实测发电量 (MW·h/a)	薄膜理论发电量 (MW·h/a)	薄膜实测发电量 (MW·h/a)
公交站	30 792	9711	6865	6312	4577
宏福苑南区	222 959	70 312	49 710	45 703	33 140
中央戏剧学院	163 615	51 598	36 479	33 538	24 319
北京电影学院	17 776	5606	3963	3644	2642
平西府中学	32 917	10 381	7339	6747	4893
北邮	209 104	65 943	46 621	42 863	31 081
金手杖公寓	38 459	12 128	8575	7883	5716
温都水城	297 422	93 795	66 312	60 967	44 208
探路者	10 397	3279	2318	2131	1545
汉能	8405	2650	1874	1723	1249
特诺康	4910	1549	1095	1007	730
消防中心	13 912	4387	3102	2852	2068
安贞医院	37 882	11 946	8446	7765	5631
修正制药	50 828	16 029	11 332	10 419	7555
宏福工业园	108 035	34 070	24 087	22 145	16 058
宏福公园	58 271	18 376	12 992	11 945	8661
宏福苑北区	48 878	15 414	10 897	10 019	7265
宏福苑小区	402 244	126 852	89 682	82 454	59 788
祠堂	24 102	7601	5374	4940	3582
孵化器	88 545	27 923	19 741	18 150	13 161
小区工业园	50 602	15 958	11 282	10 373	7521
南区工业园	23 196	7315	5172	4755	3448

(二) 改造方案

表 5-4 是根据实测发电量结果,计算的郑各庄村域范围内屋顶采用两种主流光伏材料(多晶硅和 CIGS 薄膜),在自用有余上网条件下的光伏投资回收期。从中可以看出,以目前的转化效率来看,多晶硅的投资回收周期较短,两种技术发电收益的投资回收周期都在十年以内,但初始投资成本较高。

表 5-4　自用有余上网情景下的光伏投资回收周期

组件类型	投资额/万元	年发电收益/万元	回收周期/a
CIGS 薄膜	61 648	7385	8.5
多晶硅	68 206	9383	7.5

(三) 改造效果

对比郑各庄村域范围内屋顶发电潜力的理论值,与汉能实验室安装光伏屋顶的实测值比较,可以看出无论是光伏还是薄膜,实际发电都在理论值的 70% 左右。从实际发电量来看,屋顶面积较大的公共建筑发电效益显著。

由于光伏发电量不足以支撑小区全部用电量,表 5-5 计算了用不同光伏材料发电和煤电组合满足目前村域范围内各种用电需求下,光伏材料和煤电的生命周期碳排放量,从中可以看出,在目前的转化效率下,晶体硅+煤电比纯煤电可减少碳排放量 70%,CIGS 薄膜+煤电可减少碳排放量 47%。

表 5-5　两种光伏材料替代煤电的生命周期碳排放量

发电方式	原料类型	单位碳排放量/$[CO_2\text{-eq}/(kW \cdot h)]$	供电量/$(MW \cdot h/a)$	碳排放量/$(CO_2\text{-eq}/a)$	总碳排放量/$(CO_2\text{-eq}/a)$
晶体硅+煤电	晶体硅	45 g	71 601	3.22×10^6 kg	3.07×10^7 kg
	煤电	1.018 kg	26 987	2.75×10^7 kg	
CIGS+煤电	薄膜	27 g	47 733	1.28×10^6 kg	5.31×10^7 kg
	煤电	1.018 kg	50 855	5.18×10^7 kg	
煤电	煤电	1.018 kg	98 588	1.00×10^8 kg	1.00×10^8 kg

注:$CO_2\text{-eq}$ 表示等同的 CO_2 量。

进一步对比两种光伏材料通过发电获得的能源,与材料生产中的消耗的能源,可以看出 CIGS 薄膜材料的能量回收期略短。由于目前公开的 CIGS 生产数据计算的 CIGS 薄膜材料生产能耗存在偏大,CIGS 的实际表现应该更好一些。

表 5-6　郑各庄光伏能量回收期

组件类型	生产耗能 (GJ/MW)	总功率 /MW	总生产能耗 /GJ	年发电量 /(MW·h)	能量回收期 /a
薄膜(CIGS)	29 637	35.74	1 059 226.38	47 734	6.16
多晶硅	33 068	53.61	1 772 775.48	71 601	6.88

综上分析,宏福创业孵化器的打造,引入战略新兴产业,积极推广和应用服务业,减少了产业对能源的过度消耗,提高本地的能源利用效率。并且通过在宏福社区推广光伏发电,改变原有依赖煤炭燃烧的能源消耗模式,降低碳排放量。中国的能源结构一直呈现高碳结构,第二产业也是能源高消耗产业。其中的煤炭挖掘、钢铁业、建材水泥、电力业等更是二氧化碳高排放量产业,因此积极引入新兴创意产业,发展服务业,降低第二产业的比重,在优化产业结构的同时直接可以减少本地区的能源消耗总量,因为产业的结构的改变影响了对能源结构需求的变化,从而产业的转型升级下的村镇土地开发,可以优化能源消耗的结构以及提升利用效率。

第四节　小　　结

中国快速的工业化和城镇化提升了对能源利用的需求,能源利用在经济发展和城市建设中发挥越来越重要的作用。但是,由于现阶段我国能源利用效率偏低,大量能源消耗直接产生大量的碳排放,对气候环境造成消极影响,制约国民经济增长和社会可持续发展。土地作为人类活动的载体,能源消耗、产业布局、经济建设等人类活动都与土地利用息息相关。因此,可以说土地利用的变化是碳排放的重要原因,土地利用类型和管理方式的转变引起土地利用直接碳排放。村镇土地再开发是提升土地利用经济效益、社会效益和环境效益的重要途径。本章通过实证研究表明,在村镇土地再开发过程中,一方面可通过土地利用类型的调整,降低能源消耗总量,从而实现碳减排。另一方面,通过土地利用结构调整,优化能源利用结构,也可以实现碳排放量的降低。

碳排放问题关系到我们人类共同的未来。无论是何种形式的碳源和碳汇都和人类对土地资源的使用密切相关。有效的测量、监控和调控土地的使用方式,建立土地使用和碳排放之间的关系,可以帮助我们更好地把控经济发展和环境保护之间的关系,从而更好地保证我们所生存的环境能有一个可持续的未来。

参考文献

[1] 贾林娟. 全球低碳经济发展与中国的路径选择 [D]. 东北财经大学,2014.

[2] 唐丽媛. 中国能源战略的国际经验比较及实施效果评价[D]. 南京信息工程大学,2015.

[3] 姚枝仲. 英国的石油安全[J]. 国际经济评论,2005.(4):7—8.

[4] 外媒:2012年全球二氧化碳排放增幅首次下降[N]. 新华网,2013.

[5] http://news.xinhuanet.com/cankao/2013-11/13/c_132884141.htm,2013-11-13.

[6] 苗红萍. 俄罗斯碳排放量与经济增长的关系浅析[J]. 俄罗斯中亚东欧市场,2012,(6):26—28.

[7] 王欣. 日本公司评全球能源低效国,俄罗斯居首,中国第四[N]. 环球时报,2011-01-28.

[8] 戚文海. 俄罗斯战略性主导产业增长方式:能源工业的实证分析[J]. 俄罗斯研究,2009,(1):74—86.

[9] 许红星. 中国能源利用现状与对策,2010,15(1):3—14.

[10] 2012年全球碳排放量创历史新高[N]. 人民网—环保频道,2013.

[11] http://env.people.com.cn/n/2013/0619/c1010-21892694.html,2013-06-19.

[12] 韩骥,周翔,象伟宁. 土地利用碳排放效应及其低碳管理研究进展[J]. 生态学报,2016,36(4).

[13] 杨庆媛. 土地利用变化与碳循环. 中国土地科学,2010,24(10):7—12.

[14] Hutyra L R,Yoon B,Alberti M. Terrestrial carbon stocks across a gradient of urbanization: a study of the Seattle,WA region. Global ChangeBiology,2011,17(2):783—797

[15] Xu N Z,Liu H Y,Feng W,Zhu Y P. Urban expanding pattern and soil organic,inorganic carbon distribution in Shanghai,China. Environmental Earth Sciences,2012,66(4):1233—1238.

[16] Canan P,Crawford S. What can be learned from champions of ozone layer protection for urban and regional carbon management in Japan? Tsukuba,Ibaraki:Global Carbon Project,2006,16—17.

[17] Ou J P,Liu X P,Li X,Chen Y M. Quantifying the relationship between urban forms and carbon emissions using panel data analysis. Landscape Ecology,2013,28(10):1889—1907.

[18] Chen Y M,Li X,Zheng Y,Guan Y Y,Liu X P. Estimating the relationship between urban forms and energy consumption: A case study in the Pearl River Delta,2005—2008. Landscape and Urban Planning,2011,102(1):33—42.

第六章

资源使用、循环经济与村镇土地再开发

资源使用是工业化和城镇化的另一个重要组成部分,资源使用效率的提升已经成为构建新型城镇化的内在要求。循环经济作为资源使用的优化模式,自其提出以来就受到广泛关注。循环经济提倡经济对资源的减量化、再利用和再循环("3R"原则),从而减少人类经济活动所排放的废物对自然环境的干扰,不仅有效提升资源使用效率,也可以实现环境友好。村镇土地再开发是提升土地利用经济效益、社会效益和环境效益的重要途径,因此在村镇土地再开发过程中引入循环经济理念,是实现其环境效益的重要方式,也是构建新型城镇化的必然要求。本章目的即是探讨资源使用、循环经济与村镇土地再开发之间的关系和内在作用机制。从循环经济发展目标出发,针对村镇建设用地再开发过程中产业和城镇化发展的特点,结合社会转型中的环境管理体制变迁,本章分析不同开发模式下可以选择的循环经济发展路径。通过明确开发模式、识别循环经济发展机遇,从而实现通过村镇建设用地再开发过程,有效提升资源利用效率,减少环境污染,并通过垃圾减量,降低城市公共废物管理成本的目标。

第一节 资源使用面临的挑战

改革开放以来,中国工业化与城镇化进程快速推进,资源环境问题日渐突出。大规模生产、大规模消费和大规模废弃的生产消费模式一方面带来资源消耗急剧增长,另一方面带来各种废物排放相关的环境污染。这一问题在村镇建设用地开发中尤为突出,不可持续的生产消费模式的扩张与城乡二元化隔阂的困境相结合,在快速城镇化的土地利用上产生了两种相互关联的突出问题:

一方面,正规的管理体系在技术和管理方式上不断借鉴发达国家的模式,走向资本密集型和技术密集型的道路。然而,这些努力往往与现实的劳动密集型产业发展阶段不相容,各种城市管理者青睐的资本密集和技术密集的设施和管理方式难以推广普及。尽管国家和地方政府不断出台循环经济产业园的支持政策,在税收、用地和建设方面提供了不少优惠,但实际上很多园区并没有发挥应有的作用,反而出现不少借发展循环经济的名义圈占土地的现象。

另一方面,非正式的生产系统,通过劳动密集型的组织方式,在城市合法用地之外形成自成体系的,高度分工的物质生产、流通、消费、回收、分类和循环利用的空间,包括通过跨区域的生产网络,形成一个庞大的灰色经济系统。这类灰色经济系统往往与合法外的土地利用相结合,赢得廉价的生产生活空间。尽管提供了大量的就业、产品和服务,但这些空间游离于正式管理体制之外,由于用地性质处于不合法的状态,面临整治拆迁的威胁。并且土地产权的不确定性,使相关主体缺少投资、改造、升级的动力。城乡差别化的产权性质限制了这类地区自我更新改造的能力。其中最典型的要数顽固存在于城市周边的大大小小的废品村(陶栋艳等,2014)。

同时,快速城市化地区的村镇往往形成高密度的产业、居住混合区。如纺织、鞋业、家具、五金等行业,都属于整体物质流总量较大,但就单个企业而言,物质流分散的行业。这些企业对有助于成本节约,或者存在再利用市场价值的工业废物管理非常注重。但对于缺少经济收益,甚至可能带来成本支出的废物管理,则迫于成本压力,不时采用偷排方式规避政策法规的治理要求。对于单个中小企业而言,污染治理由于缺少规模经济,使得很多资源再生机会难以在纯粹的市场经济条件下变为现实。具体而言,村镇地区资源使用面临着三个方面的挑战。

一、乡镇产业升级的挑战

随着社会经济发展,农村经济活动日趋复杂。特别是乡镇工业发展壮大,农业生产在农村居民经济活动的比重大幅度下降。区域性的乡镇工业具有专业化集群的特点,其产业构成直接影响到地方物质流的构成。

在沿海发达地区,农村工业化呈现以专业化产业集群为特色的区域发展模式,形成"一乡一品""专业镇"等不同规模的地方特色产业集群。中国村镇发展的地方产业集群存在依赖外资的外生型产业集群和依靠本地民营企业的内生型产业集群两种类型。前者以珠江三角洲最为典型,而后者以江浙一带最为典型。外商投资看重村镇廉价的土地资源和劳动力,并且在改革开放初期,村镇招商引资政策具有较大的灵活性。这些企业通过发展"三来一补"的出口加工业,形成劳动密集型的加工产业集群。内生产业集群的创业者则大多就是本地农民,往往承袭历史上流传下来的手工业传统,从家庭手工作坊逐步发展壮大,因此大多也是从乡镇起步,以就地工业化的方式,形成离土不离乡的工业发展模式。

对于乡镇企业来说,一方面企业规模小,市场竞争激烈,企业对环境治理的投入面临资本不足和技术缺乏的困境;另一方面,由于企业分散,经济活动变动频繁,也使得政府难以有效监管。乡镇企业发展带来的环境问题自20世纪80年代就已得到重视。1989年和1996年,由农业部牵头,多部委合作,开展过两次全国范围乡镇工业主要污染行业污染源调查,结果显示乡镇工业污染排放在全国工业排放中的比重大,增长速度快(表6-1)。其中尤以固体废物排放最为突出,固废产生量占全国工业固废产生量的比重也就1/3左右,但排放量接近九成。排放量的增长速度也快于产生量。这反映了当时市场经济转轨过程中,乡镇工业在快速发展的同时,环境保护投入落后,资源循环利用方面与国有企业、外资企业等相比存在较大的差距,发展循环经济的挑战大,潜力也很大。根据这次调查,废金属矿物制品、纺织、食品加工、金属制品、化工、机械6大行业的污染源总数占乡镇工业污染源总数的64.9%。就地区而言,按产值比重计算的污染源分布集中在浙江(17.5%);江苏(15.5%)、山东(11.8%)、广东(10.1%)、福建(5.4%)和上海(5%)等沿海发达省市。此后,中国的工业污染源普查不再区分乡镇工业与其他工业。

表6-1 乡镇工业主要污染行业污染排放情况

	1995年排放量/10^4 t	占当年全国工业排放量比重/(%)	与1989年相比增长幅度/(%)
工业烟尘	849.5	50.3	56
工业粉尘	1325.3	67.5	182
二氧化硫	441.1	23.9	23
工业废水	591 000	21	12.1
COD	6113	44.3	24.6
固体废物(排放量)	18 000	88.7	55.2
固体废物(产生量)	38 000	37.3	39.6

资料来源:全国乡镇工业主要污染行业污染源调查1990,1997。

近年来,乡镇地方产业集群的规模和技术水平有了很大的提升。从初期的分散家庭作坊,到以"专业市场+家庭工厂"的农村工业化模式,形成了一批高度集聚、专业化分工,且紧密连接海内外市场的地方产业集群。如浙江在2008年销售收入亿元以上的制造业产业集群超过600个,涉及纺织服装、塑料加工、医药制造、通用设备制造业、交通运输设备制造业等众多行业。部分龙头企业的生产规模、技术能力有了较大提升,与国有企业、外资企业的差距显著缩小。但龙头企业与众多中小企业之间的差距仍然巨大。并且,初期以水平分工为主的产业集群逐步向垂直分工的产业链结构转变,污染密集环节更加集中,处理的难度也相应增加。由于这些生产环节往往是整个产业链不可或缺的部分,单一针对这些环节的关停治理等措施,往往波及整个地方生产系统,因此地方政府从地方保护主义出发,环保处理的压力也更大。

专业化的产业集群形成与产业密切关联的地方物质流特征,因此其中一些环境污染问题也具有明显的行业特点,如纺织业中的印染环节,电子产品及金属加工中的电镀环节,塑料金属加工中的表面处理环节,化学工业中的各种废水助剂等。例如,根据颜文等(2000)对珠江三角洲典型电子工业区——东莞石龙和顺德容桂——所做的土壤重金属污染调查,工业发展造成了当地汞、砷、铜等重金属污染物在土壤中的积聚,由于乡镇初期工业发展布局较为随意,工厂分散、规模小,与生活居住混合,导致环境治理难度大。而在20世纪90年代中期,广州市近郊污灌区调查也显示,土壤中镉、铅、汞、锌等重金属含量均超过广东省土壤背景值数倍至数十倍(曾思坚,1995)。发展循环经济是进行土壤修复以及预防污染加剧的重要途径之一(朱永官等,2005)。

从20世纪90年代中后期开始,地方政府开始通过建设工业园区的方式,将产业集中布局,配套环境治理设施,以期改善产业发展的环境污染问题。但由于产品普遍集中在进入门槛较低、技术含量较低、附加值较低的传统制造业和商贸业,大量的小化工、小五金、小造纸、小皮革、小饰品制造企业与家庭作坊等处于在全球分工体系中的低端环节,主要靠低成本、低价格来维持市场竞争力。改善的努力难免因成本压力加剧而难以持续。2008年金融危机以后,随着国际国内市场需求增长的减缓,依靠产量扩张的增长模式遇到严重的发展瓶颈,加上经济增长带来的土地用工成本的提升,结构调整的压力持续增强。中国两大外向型制造业基地——广东和浙江——在危机最严重的时期,家具及零件、服装及衣着附件、塑料制品等传统大宗商品出口均出现负增长。浙江省在2008年出现10年未曾有过的较大范围企业关停现象,规模以上亏损企业有1万多家,亏损面达19.6%。危机带来漫长的结构调整期,产业升级一方面需要从数量扩张转向质量提升和服务增值,另一方面也需要更多关注利润最大化以外的环保、健康等社会责任的多元诉求。

二、城镇化发展路径的挑战

城镇化最根本的是生活方式的改变,其中最重要的是就业和居住。从发达国家的经验来看,从传统社会到工业化社会,再到后工业社会,就业-居住经历了从混合到分化再到混合的变化过程。工业用地的再利用成为后工业化社会的一项重要议题。

现代城市规划的起源很大程度上与工业化过程中，人口向工业城镇集聚，居住与工业生产混合以及由此带来城市环境恶化有关。而城市规划的解决途径就是通过区划，实现产业与居住功能分离。这种物质空间的功能分区自 20 世纪 20 年代以来逐渐主导了城市规划实践，并且在二战后城市的快速重建中被广泛采用。然而随着发达国家步入后工业化时代，城市规划千篇一律采用的机械功能分区方法受到广泛批评。单一功能区的规模不断扩大，而人的日常生活被机械切割，分配在彼此隔离的功能区内，依赖机动交通联系，功能区内部社会活动单调机械，城市活力丧失。简·雅各布斯（2005）在 20 世纪 60 年代所著《美国大城市的生与死》中深刻揭示了这种僵化的功能分区所带来的诸多问题。

城镇是多种功能的综合体，多元化的功能聚合符合城镇的发展规律，也是城镇生活的魅力之所在。由此，从人的日常生活尺度重建功能混合的城市空间逐渐为城市规划者所接纳，并成为 20 世纪 80 年代以来西方新城市主义思潮的重要构成，强调将居住、工作、商业与娱乐设施结合在一起，形成一种紧凑的、适宜步行的、功能混合的新型社区，从而在社区尺度创造和复兴城镇的经济和社会活力（Lynch，1984）。90 年代以后，随着可持续发展思想的广泛普及，混合开发在减少化石能源消耗、改善城市生态环境方面的优势也日益受到关注，因此成为实现"紧凑城市""精明增长"等可持续发展理念的重要途径（Barnett，2007）。

中国改革开放以来，工业化与城市化快速发展。尽管功能综合的平衡布局思想一直贯穿着新中国成立以来的城市规划实践，但随着市场经济体制转轨，基于平衡布局思想的规划设计在现实中却面临落实实施的种种困境。在短短二三十年间，城市蔓延、职住分离、交通拥堵、环境恶化、社区多样性和活力丧失等问题在诸多城市蔓延。这种弊端在城市快速扩张的城乡结合部尤为明显，许多城市边缘的规划新区在十来年的时间里，迅速演变成规模庞大的单一功能区——或动辄数十万人的大型居住区，或绵延数十平方千米的工业区。而在规划新区之外的农村地区，则由于缺乏有效的控制管理，而任由村民自发建设形成人口集聚、公共基础设施缺失、社会管理混乱的城中村。其发展困境与西方战后城市重建中基于机械的功能区规划带来的城市发展困境有诸多相似之处，其中也有源自中国城市独特的土地和城市管理制度的特殊问题。现实的规划管理困境令混合开发的思想近年来被国内规划界广为关注。

在快速城市化地区，村镇建设用地生产、生活混杂的现象比较突出，形成了类似西方工业化初期城镇发展所面对的问题。一方面需要通过分区方式实现工业活动的相对集中，将污染源与居住空间相隔离，并提高工业污染物的集中处理水平。但针对目前乡镇产业升级的条件来看,后工业化所推崇的混合开发原则,在村镇建设用地再开发中也逐渐具有合理性。快速工业化与城镇化时期形成的高密度的工业与居住空间,需要通过功能置换、建筑改造、及布局调整,在降低工业与居住相互干扰的前提下,保持就业-居住一定程度的混合,在改善居住环境的同时,能够容纳和创造更多的就业空间。

三、生活方式改变带来的资源环境挑战

城市化带来生活方式的改变,这种生活方式是以工业化生产的物质产出效率大幅度提高为前提的,因此工业化以来,人类生活方式的改变带来了物质消耗的大幅度增长。由于资源环境问题从本质上讲均与人类生产生活过程中对物质材料使用的方式有关,因此以物质发达为特征的社会经济发展难以避免与资源环境压力的增长挂钩。

传统农业经济条件下,农村生活垃圾主要通过直接还田等途径实现就地处理与循环利用。这种方式在目前我国的典型农业地区仍然是农村最主要的垃圾处理途径。根据姚伟等(2009)针对我国典型农业地区所做的问卷调查,农业生产性垃圾的产生量尽管远远高于生活垃圾产生量,但大部分可以通过还田方式实现回收利用。农村每人日均生产性垃圾量为 2.03 kg,其中养殖业垃圾占 44.11%,秸秆杂草垃圾占 33.36%,生产性垃圾中 83.44% 被收集,能够直接再利用的占 46.31%,以高温堆肥方式处理的占 26.29%。而人均每日生活性垃圾量为 0.86 kg,不到农业生产性垃圾的一半,其中适宜就地填埋的有机垃圾含量较高。

而在经济发达地区,农民的消费模式已越来越接近城镇居民。根据高海硕等(2012)对广东省 33 个县(市、区)256 个行政村开展的调查,人均垃圾产生量与工业化和城镇化水平密切相关,生活方式改变带来垃圾产生量的增长,珠三角地区村镇垃圾已经主要依靠集中收集外运处置。其中,超过 90% 为生活垃圾,垃圾处置的行为模式与城市居民并没有太大差别。农户人均生活垃圾产生量最高的是东莞 0.82 kg/d,其次是广州 0.75 kg/d,相比之下,广东山区经济欠发达的茂名和清远,户均垃圾产生量仅为 0.31 kg/d,不到珠三角发达地区的一般。

经济模式的变化对农村生活垃圾的产生量和构成都产生重要影响,难以自然降级的工业合成成分增加且日趋复杂,如包装材料、化纤织物,以及其他非耐用消费品。而通过农业活动自然降解的消纳空间也逐渐萎缩。由于农村地区居住分散,建立类似城市废物管理的基础设施成本相对较高。在一些发达地区,随着城乡统筹发展的推进,日常的垃圾清运服务已经逐步在农村地区推广。例如,

根据刘永德等(2005)对太湖地区典型村庄春季两个月的调查,通过乡村垃圾清运系统收集的生活垃圾达到人均每日产生量 255 g 的水平,约为周边城市的 1/3 左右。生活垃圾的组成以食品废物和包装物残余为主,其中易腐的食品废物产量较为稳定,而包装废物的产生量增长较快,比重已经接近周边城镇地区。除此之外,通过对家庭垃圾处理行为的调查显示,农业生产活动的自然消纳仍然是乡村生活垃圾处理的重要途径,特别是有机垃圾的减量和消纳。这些地区农业生产活动的逐渐萎缩,无疑对废物减量非常不利。只有从生活方式入手,通过规划引导土地利用方式的合理配置,促进循环经济发展,才能有效实现垃圾减量和资源效率提升的目标。

第二节 理论基础与研究假设

一、循环经济思想的提出

20 世纪 60—70 年代以来环境保护主义在西方发展迅速,并成为一支重要的社会力量。越来越多的环保主义者对现代工业化发展模式的不可持续性提出了尖锐的批评。工业化社会的生产和消费过程中产生大量有毒有害废物,包括废气、废水和废渣等,对自然环境造成巨大破坏。尽管废物管理并非现代社会所特有,但是工业化发展所带来的废物问题却是传统社会所无法比拟的。这其中不仅仅是生产环节的问题,而且由生产模式扩展到消费模式,从而使仅仅针对生产环节的技术改进的效果大受限制。

循环经济思想最早由美国经济学家鲍尔丁提出,1966 年他发表"未来宇宙飞船地球经济学"(The Economics of the Coming Spaceship Earth)一文,文中叙述了一种"宇宙飞船经济模式",这种经济模式要求人类社会彻底抛弃原有的线性单向经济发展模式,代之以具备反馈利用的经济社会发展模式(Boulding, 1966)。1976 年,罗马俱乐部发表的报告《超越废弃物的年代》,提出从局限于关注微量污染物质排放转移到关注大量废弃物问题的研究(Gabor and Colombo et al.,1976)。该报告尽管未能像同一时期发表的《增长的极限》那样引起广泛的社会关注,但是历史发展证明其中不少见解是很有预见性的。大量的废弃物已经对地球环境造成了严重威胁,地球吸收人类活动所产生的成千上万吨废物的能力并非像人们所幻想的那样永无止境。根据热力学定律,人类活动必然会产生以能量或物质形式存在的废物,按照强可持续性的要求,不能允许废物在自然界持续积累(皮尔斯,1996),因此需要采取有效措施对废物进行管理,减少人类经济活动所排放的废物对自然环境的干扰。

环保领域对待废物问题的态度反映了环境保护思想的演变。20世纪70年代以前,环境保护往往处于同工业发展相对立的地位,采取的方法主要是一些限制废物排放,强制对有害废物进行排放前处理等被动途径,这种环保观念又被称为"浅绿色"的环境保护主义。70年代以来,环保观念出现了重要转变,被动的、局部性的环境保护观念开始转向积极的、整体化的改造思路,环境保护目标与经济发展结合起来,使"浅绿色"的环境保护主义发展成为"深绿色"的环境保护主义(诸大建,2001),这种转变体现在工程技术、环境保护立法、工业系统分析(魏茨察克,2001)等诸多方面,并且突破环境保护研究的疆界,对公共管理政策、城市规划研究等众多领域产生广泛影响(Davoudi,2000)。

从发达国家废物管制模式的演变来看,在过去30年中,废物问题的焦点从工业生产阶段转向社会消费阶段(Anderberg,1998)。这种转变是与管制模式的变化相对应的。在工业发展占据主流地位的阶段,产业界的实力强大。对生产阶段的排放控制主要通过政府颁发强制禁令或制订严格的排放标准。随着工业生产阶段的废物排放问题得到有效控制,同时社会公众的环保意识不断提高,废物问题的解决方案逐渐向产品设计阶段的源头控制演变。厂商开始通过市场宣传提升自身的社会形象,加强与公众的环境知识对话与交流,同时利用消费者选择产品的市场压力促进技术创新和产品改良的激励作用越来越强大,市场压力已经逐渐超越政府行政管制的作用,使得企业以更加积极的态度参与社会的环保行动。

循环经济在发达国家和发展中国家面临的发展环境并不完全一样。从物质流的角度来看,发展中国家在经济结构转型的过程中,与生产、生活方式变化相联系的物料消耗模式,及其所带来的资源环境问题,与发达国家工业化过程中遭遇的问题有相似之处。但是在经济全球化的背景下,发展中国家内部的经济结构二元化问题,使简单套用发达国家的管制经验面临很多问题,其中最典型的就是如何将非正式经济纳入管制框架。

二、循环经济与村镇土地再开发:研究假设

循环经济的核心是以"3R"原则作为经济活动的行为准则,即减量化原则(reduce),再使用原则(reuse)和再循环原则(recycle)。减量化原则要求用较少的原料和能源投入来达到既定的生产目的或消费目的,进而实现从经济活动的源头就注意节约资源和减少污染。再使用原则要求制造产品和包装容器能够以初始的形式被反复使用。再循环原则要求生产出来的物品在完成其使用功能后能重新变成可以利用的资源,而不是不可恢复的垃圾。循环经济以实现少排放废物甚至零排放废物为主要目标,因此是提高资源使用效率和构建环境友好空间的内在要求,也是资源环境约束下村镇土地再开发的必然趋势。因此,本研究提出如下研究假设。

(一)村镇土地再开发的主要目标和必然要求是实现循环经济模式的应用

资源使用效率低是中国村镇地区产业活动的基本特征之一,主要表现在:一是原料使用量大;二是村镇地区生产技术相对落后,生产过程的资源使用率比较低;三是不注重生产"废弃物"的循环利用,导致生产垃圾规模庞大,不仅造成处理费用居高不下,而且也对村镇地区生态环境带来较大压力。因此,为了解决资源使用效率低等问题,村镇土地再开发需要从村镇产业资源利用出发,研究提高资源利用效率的途径,而这正是循环经济模式的核心。通过村镇土地再开发从而提高企业经济效益也要求引入循环经济模式,实现资源再利用和集约利用。

(二)村镇土地再开发可以为实现循环经济模式提供平台

村镇土地再开发需要淘汰村镇落后产能,引入战略性新兴产业,从而为产业重组、转型和升级提供条件。在大规模的产业调整过程中,为了实现资源利用效率的提升,循环经济模式的引入也就成为了可能。尤其是通过完善产业链以及通过资源利用流程的合理设计,循环经济模式将发挥重要作用。即使在对产业内部进行的升级和转型过程中,也可以通过生产工艺和技术流程的改进,实现资源循环利用。因此,村镇土地再开发是实现循环经济模式的重要机会。

以上研究假设从必要性和可行性两个角度,提出了循环经济和村镇土地再开发之间的内在联系。在以下研究中,本章将结合案例分析进行实证验证,以进一步阐述循环经济和村镇土地再开发的内在作用机制。

第三节　数据与案例概况

一、案例地区选择

本章选取北京市昌平区郑各庄村作为案例。案例区总面积 242.69 ha。从用地类型看,工业用地 18.26 ha,居住用地 75.39 ha,商业用地 29.74 ha,交通用地 3.08 ha,公共管理与公共服务用地 53.78 ha,其余为空闲地和农用地。

根据《昌平区土地利用总体规划(2006—2020)》,郑各庄现有建设用地基本纳入城镇建设用地范围。其建设规划被 2005 年北京市规划委员会批复的《郑各庄片区平西府组团控制性详细规划》所采纳。

二、郑各庄产业变迁过程中的土地开发特点

郑各庄的产业变迁经历了从农业生产到对外建筑施工,再到本村综合房地

产开发的演变过程,其中20世纪末历史背景下的村集体土地资源价值的盘活是村庄实现自主城镇化跨越的重要条件。但随着国家整体经济步入"新常态",外部建筑市场萎靡,本村土地存量资源也逐渐耗尽,依靠土地一次开发的暴利时代一去不复返,城市经营维护的长期成本和矛盾逐渐凸显出来,产业转型和社会发展难以协调的困境在快速城镇化地区的农村颇具代表性。

(一)农业生产阶段(1950—1984)

1950年土改后,全村分配到户土地165.8 ha,人均0.23 ha,实现"者有其田"。1979年,作为昌平区平西王府管理区推行农业联产承包责任制的试点村,郑各庄大队实行了承包到组、到劳的联产承包责任制。1984年,郑各庄正式采取"大包干"的形式,劳动力逐渐从土地上解放出来。

(二)劳动力输出阶段(1985—1997)

1985年,时任郑各庄生产大队长的黄福水,带着一群年轻人借钱买下一台挖掘机和一台推土机,组建土石方施工队,开始进入北京建筑市场,并逐步积累起建筑施工的经营技能和产业资本。1996年,昌平区鼓励区内企业组建企业集团,并实行股份制改造,成立宏福集团,形成以村为基础、以企业为经营主体的"村企合一"经济运行机制,农民通过参股、就业等不同形式逐步进入企业。

(三)综合房地产开发阶段(1998—2012)

20世纪90年代末,金融风暴席卷亚洲,宏福集团也未能幸免。大量工程款被拖欠,许多工程因资金问题被迫停工。1997年,集团债权已高达3000万元,面对危机,决策层不得以采取以物折款的方式盘活资产,让债务单位用水泥、钢材、人工等折抵工程欠款,同时在村集体建设用地上,为村民建设了4栋住宅楼。由此吸收自来村民、企业员工的500万元购房预付款,帮助集团渡过了难关。

借此契机,郑各庄村委会委托规划专家编制了《郑各庄村21世纪生态庄园》规划,将村域范围划分为生活居住、科技产业、教育科研、旅游休闲、商业服务五大功能区。1998年,修订的《土地管理法》开始施行,国家对土地实行用途管制,严格耕地保护。为了实现村庄规划,郑各庄通过在昌平区内其他村庄复垦荒滩和沟边土地的方式将村内土地置换为集体建设用地。在1999年至2000年的两年中,村里100多公顷耕地陆续调整为建设用地。尽管2003年以后这种置换办法被禁止,但郑各庄村除保留4.9 ha耕地外,其他农业用地已经全部转换为集体建设用地。

房地产开发启动以后,郑各庄通过拆除村民原有住宅,腾出70 ha宅基地,同时规划建设了16.7 ha的住宅小区,建设住房面积60×10^4 m^2,村民由此获得人均70 m^{2}住房。按全村2000村民(含离开村庄,但仍保留户籍,以及为嫁娶生育预留的指标)推算,用于解决本村居住的住房面积约为 14×10^4 m²。剩余的 40 多万平方米,先后以相当于同时期北京经济适用房的价格水平,安排供应了宏福集团及周边其他企业员工、北邮教师、周边拆迁村庄周转房等各类居住需求。居住类型涵盖单身宿舍、一居、二居、三居、四居等多种类型。不同时期销售价格从 2800 元/m² 到 6800 元/m² 不等。

在住宅开发之外,宏福集团也开始在郑各庄的土地上经营多种产业地产。1999 年,宏福集团和郑各庄村委联合创立宏福创业园,包含 11 个工业小院,4 栋标准厂房,引进各类企业百余家。

2000 年 9 月,郑各庄村内开凿出第一眼地热井,此后围绕地热温泉资源建设温都水城,2003—2012 年间建设了水空间、温泉养生馆、水城国际酒店、湖湾酒店和水城文化广场等休闲旅游项目。

在教育科研区,逐步引进了北京邮电大学、中央戏剧学院、北京电影学院等高校。

(四) 转型调整阶段(2013—今)

2013 年宏福创业园纳入中关村国家自主创新示范区昌平园政策区范围,享受中关村示范区的各项优惠政策。园区规划 200 ha,覆盖了除居住地块以外的其他各类功能用地,并规划未来建设 10×10^4 m² 总部基地,依托教育、科研、产业和综合城市配套的优势发展信息通信、软件技术、生物医药以及高端文化特色产业。

产业转型增加了投资风险,集团迫切希望通过土地资源的资本化,提高融资能力,但遭遇了政府对村集体建设用地非法建设的强力遏制。这一矛盾其实是中国近年来土地财政整体困境的微观缩影,对土地一次开发产出预期的过度依赖,已经严重透支了现实土地利用活动的真实收益,而土地一次开发后的长期运营维护和更新的成本被严重低估,更加复杂的城市社会协调和管理机制则远未成熟。

公共服务业是新发展阶段产业转型的重要方向,被作为跨越"中产阶级陷阱"、实现更加公平的发展利益分享机制的重要机制建设途径之一。如何通过有效的公私合作机制,将可持续发展、社会公正等公共发展目标转变为吸引企业和社会资本投入的有效需求,需要微观机制的建构激励企业家精神的发扬。

第四节 循环经济与村镇土地再开发:实证检验

村镇土地再开发是一项系统工程,涉及村镇建设与发展的诸多方面。本节将结合北京市昌平区郑各庄案例,实证检验循环经济与村镇土地再开发之间的

第六章 资源使用、循环经济与村镇土地再开发

关系,论证村镇土地再开发中实践循环经济的必要性和可行性,同时也为在村镇土地再开发过程中识别循环经济机会提供案例示范。结合郑各庄的再开发案例,本节选取了两种模式进行论述,分别为:产业转型的自主升级模式(以水循环为例);产业转型的公关服务市场化模式(以社区垃圾分类为例)。

一、产业转型的自主升级模式——水循环

宏福集团两大主业——房地产开发和休闲旅游产业,涉及的主要物质流是水,包括地热温泉和自备井开采的自来水。水循环的优化可以作为自主升级转型的重点。

宏福利用地热资源发展温泉旅游产业,创立了温都水城旅游休闲品牌。至今开发六眼温泉井,深度达 3000 m 有余,其中沙热-16 井出水量可达 2386 m^3/d,出水温度 74℃,热恢复水位达到地表以上 5 m,属于高品质自流井。围绕温泉水的综合利用,宏福集团建立了地热采暖、温泉旅游、人工水景观和污水处理的梯次循环体系。其中温都水城的建筑综合体成为郑各庄村域范围内占地面积最大的公共建筑群,包括水空间、温泉养生馆、水城国际酒店、湖湾酒店闲旅游项目。温泉梯次利用后的尾水用于村域范围内的人工景观建设,包括占地 2.67 ha 的水上公园和全长 7 km 的环村水系(图 6-1)。

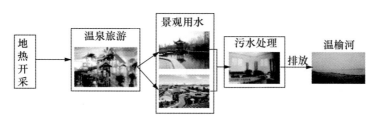

图 6-1 郑各庄村地热温泉水循环示意图

近年来随着北京市地热资源开采快速增长,大量开采和利用导致北京地区地下热水位平均每年下降 1.5～2 m。小汤山地区率先开展地热尾水回灌,补充地热资源,回灌水量可达到开采量 60%,对于缓和整个地区地热资源耗竭有一定的贡献。从循环经济的角度,温都水城继续发展地热相关产业,需要考虑尾水回灌。

图 6-2 测算了郑各庄村域范围内包含温泉水和自来水的水物质流总量和构成。其中温泉水用量数据来自实地访谈信息,居民和高校用水数据参考《北京统计年鉴 2013》计算,人均每月用水 1.94 t,户均每月用水 4.84 t。企业用水数据参考实地调研企业月用水量,换算为单位工业用地耗水量 0.81 kg/(m^2·月)。休闲旅游用水数据参考李源,王艳婷(2015)所做京津冀星级酒店的旅客人均用

水标准 1.5t/(人·日),按温都水城月平均游客 5 万人计算。

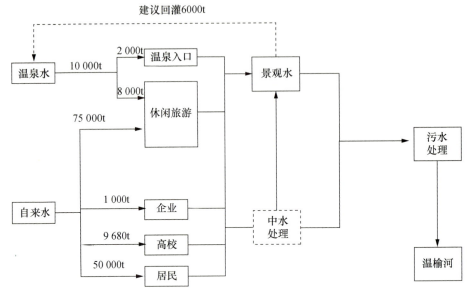

图 6-2 郑各庄每月用水量和排水量物质流分析图

根据测算结果,温泉尾水回灌率达到 60%,一年回灌量可以达到 7.2×10^4 t。由此损失的景观水,考虑增加中水循环系统。经测算,社区自来水用量每年可达 168×10^4 t 以上,按中水循环利用后 50% 中水可用于景观补水量计算,可以有 84×10^4 t 完全能够补充景观水因温泉尾水回灌造成的损失,同时可以降低对外排放的污水处理量。

休闲旅游产业作为郑各庄的支柱产业之一,对其产业转型具有重要影响。而水资源作为发展休闲旅游产业最重要的要素之一,对水资源的合理利用就显得尤为重要。本案例通过合理设计水循环模式,搭建了中水循环平台,不仅实现了缓和整个地区地热资源耗竭的突出问题,还减少了对外污水排放量,从而现实了循环经济的落地应用。

二、产业转型的公共服务市场化模式——社区垃圾分类

村镇建设用地再开发,发展商住用途,公共服务支出成为日常运行维护的主要成本。以垃圾清运为例,宏福苑居住社区 2014 年生活垃圾清运量达到 8745 t,居民人均清运量 350 kg/a,比 2012 年北京市居民人均水平 311 kg/a 高 12.5%。由于宏福苑有相当比例新建住宅,建筑垃圾比重相对较高,假设完全建成后,人均生活垃圾清运量与北京市平均水平相当,则年清运量应该在 7775 t,

以城市综合消纳成本 200 元/t 计算，垃圾处理成本约为 155.5 万元。

宏福苑小区的废物管理演变历程折射了改革开放以来我国城市废物管理系统演变的一般历程。宏福苑社区在 2001 年建设之初，曾经尝试过建立社区垃圾分类系统，在村北侧专门开辟了一个垃圾分类场所，由本村村民对收集的生活垃圾进行分类处理。但是这一系统由于缺少居民参与很快就难以维系了。为了解决社区垃圾管理的问题，村办物业在邻村租借了一个小院，将社区废品回收和垃圾清运一起承包给几个河南籍的拾荒者。但随着小区居住规模快速扩张，垃圾清运量越来越大，社区废品回收的收益已经远远无法支持垃圾清运的成本了。2011 年，小区物业将环卫和垃圾清运外包成立了一家环卫公司，每年需要为环卫清扫、垃圾清运等服务固定投入 160 万元左右。而原本承包的几个拾荒者则在每年缴纳给物业一定数量的管理费后，获得继续在小区内收购废品的权利。

本案例通过在宏福苑社区(不含北区)开展垃圾分类实验进行。案例实验区占地面积 65 ha，住宅建筑面积 54×10^4 m²，居民约 1 万户，分为 4 个组团(图 6-3)。各组团居民构成存在一定差异，东区组团以村民回迁为主。西区以周边企业单位团购为主，产权性质为小产权。其中，某央企职工团购组团实行相对封闭的管理，自成一体。南区组团为面向分散购房者的商品房片区，有正式产权。

图 6-3　宏福苑社区空间结构

前 3 个月总共募集了 512 户社区居民参与分类活动，约占总住户的 5%，居住分布如图 6-4 所示。

系统可以跟踪参与住户的日常投放行为，活动较为密集的时期，用户参与度较高，活动频率下降的时候，用户参与度也相应下降(图 6-5)。参与率(有投放行

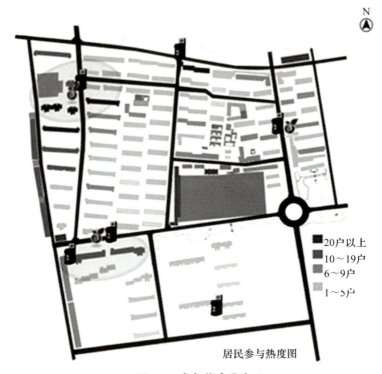

图 6-4 参与住户分布

为的用户数占注册用户的比重）最高月份达到 23%，达到绿色地球在成都社区常态运行下的平均参与率。

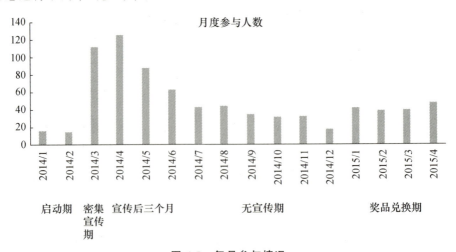

图 6-5 每月参与情况

第六章　资源使用、循环经济与村镇土地再开发

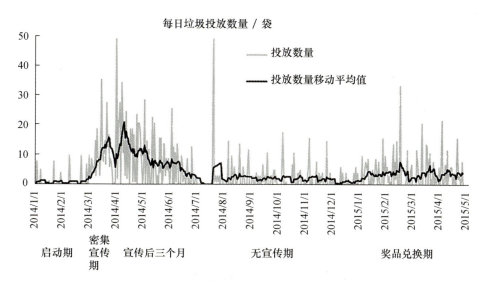

图 6-6　垃圾投放情况——每日投放次数

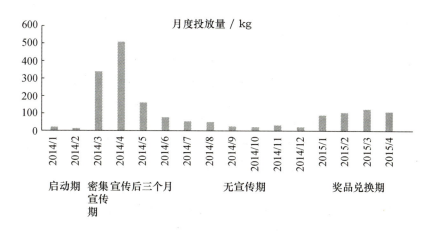

图 6-7　垃圾投放情况——月度投放量

活动期间坚持每月投放的住户投放量也随社区活动的频率而有变化（图 6-6、6-7）。在 3 月社区活动最密集的时期，平均投放量超过 4 kg/(户·月)，而在暑期社区活动基本的阶段，降至 1 kg/(户·月)。随着研究人员将日常现场维护委托给一对社区收废品的夫妇，并持续提供积分奖励，投放量又回升到 3 kg/(户·月)。参考绿色地球在成都推行了数年社区垃圾分类的成果，每个家庭的平均投放量是 10.83 kg/(户·月)。

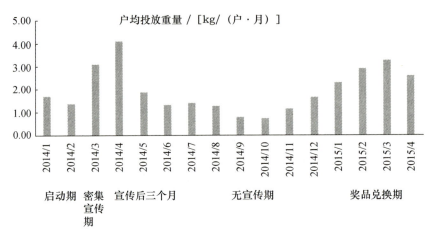

图 6-8　每月参加投放的住户户均投放量变化

参考试验结果和成都绿色地球常态运营的效果,估算垃圾分类活动推广到整个社区的效果。以住户参与率 20%～40%,户均月投放重量达到 8～12 kg 计算,每年垃圾减量规模可以达到 200～600 t。如果该模式可以配合餐厨垃圾分类处理,则减量潜力可以达到 50%。

北京市目前垃圾消纳成本超过 200 元/t,新增垃圾处理设施落地极其困难。而近年来再生资源市场低迷,传统废品回收业难以为继,使得大量低值再生资源无法得到回收利用,转变为需清运处置的垃圾。降低城市废物管理成本,需要考虑资源循环的垃圾减量化价值,探索公共服务市场化模式创新。村镇建设用地再开发过程中,设立住户垃圾分类参与率和改造后的减量化目标,对于鼓励创新模式的推广和应用可以产生一定的激励作用。

第五节　循环经济模式下的村镇建设用地再开发:制度创新

借鉴世界各国循环经济发展的实践,以用途管制标准为目标的技术路线需要三方面的制度设计加以配合:首先,管理部门需要从单纯的土地管理向全面的资源管理的方向转变;其次,土地开发者需要从实体空间的建设者向社会空间的服务供应者转变;第三,土地使用者需要从分散决策的个体向协同合作的共同体转变。这三方面主体的权力责任和行为规范的建立,是循环经济技术规范能够得以实施的基础。

第六章　资源使用、循环经济与村镇土地再开发　121

一、土地管理部门：从土地管理到资源管理

中国的土地管理部门是依法主管土地保护、开发、利用统一管理工作的政府职能部门。包括国家、省、市、县、基层的多级管理系统，实行属地管理。尽管国土与资源同属一个部门，但实际上土地与资源是各自为政的。资源偏重矿产资源，而土地偏重土地用途管制，特别是城镇建设用地以外的土地用途管制。这一角色定位对土地管理部门插手循环经济问题非常不利。

而从循环经济发展的角度来看，如果仅仅从废物处理环节入手，很难实现循环经济发展期望的废物减量、资源效率提升的目标。管理体制需要从废物管理转向以物料管理为核心（MacBride, 2012）。通过物料管理，将土地管理与资源战略结合起来，从而将对自然矿产资源的管理延伸到人工环境下的"城市矿产"。

事实上，人类社会面临的大多数环境问题都与我们使用的物料以及物料使用方式有关。稀缺性材料的使用导致资源耗竭问题，有毒材料的使用导致人类和自然系统的健康危害，臭氧层消耗物的使用导致臭氧层破坏问题，不可降解材料使用导致废弃物处理的问题，等等。因此，循环经济的着眼点只有从废物管理转向物料管理，才能真正从生命周期的环境效益出发，把握和控制复杂变动的物质流网络中的潜在风险。

从操作上看，在土地用途调查的基础数据库中，增加对上附物材料属性的内容，是这一角色转变的基础工作。这一基础工作是开展物质流分析的基础，对循环经济发展的潜在机遇和有限性给予有效的支撑，进一步通过标准的建立实施，引导土地开发和利用活动。

二、土地开发（经营）者：生态园区（循环型社区）的服务供应商

从国内外循环型社区建设的经验来看，地产开发商是重要的发起者和参与者之一。无论工业地产还是商住地产，地产运营者（一般而言的物业服务公司）都是提供环境维护服务的主要责任者。目前来看，土地开发、建设、经营通常是分离的，土地开发者更重视销售前的规划、开发和建设，并且利润主要集中在这一阶段，地产销售以后的服务在创造收益的能力上大大降低。然而随着可建设土地资源的减少，增量发展必将让位于存量更新，维护和运营将逐渐成为土地开发经营者的中心任务。如何提升服务增值，将土地开发的一次变现转变为土地经营的持续产出？近年来，在循环经济发展模式的探索中，将建筑开发视为材料银行的理念对地产开发提出了非常不同的模式创新。如何改变城市开发的利益机制，使得建设者更愿意选择坚固持久的材料，易于改变的设计，从而使固定资产建设的沉没成本，变成易于流动和变现的资产。已经有一些有趣的创新实践可资借鉴。

中国目前地方政府通过深入参与房地产开发过程形成的独特的土地财政制度,其优势是保证了政府对土地一次开发中增值收益的控制,但如何将这一收益转变为地方公共服务的长期投入,则是一个巨大的挑战。循环型社区建设是新型城镇化社区服务中的一部分。

事实上,房地产业已经成为我国最重要的公共服务市场化试验田之一。改革开放以前,我国城镇住房供给是典型的公共福利体系,并且通过单位这一兼具生产和社会管理的机构来组织住房的生产和分配过程。1998年启动住房货币化改革,房地产市场的快速成长成为上一阶段城市化最重要的推动力。这一过程与对外开放带来的制造业大发展相结合,成功地将个人短期收入盈余导向住房这一长期需求的投资之中。从国外经济周期研究的经验来看,这种房地产建设推动的增长周期一般大约在10年左右,通过房地产投资可以拉动建筑、建材、家居家装、家电家纺等一系列相关产业的需求。中国目前沿海发达地区已经经历的过程清晰的展现了这样一种循环积累效应的效果。

然而,这一市场化过程带来的土地开发变现是一次性的,而附着在土地上的建筑、社区、个人生活都需要长期的持续投入,实现维护、更新与持续发展。简单追求房地产市场扩张的短期繁荣,特别是通过向低收入群体提供住房,而不解决低收入群体的长期收入和社会保障来源问题,其结果必将埋下未来经济危机的种子。2008全球金融危机就是一个最经典的例子。

近年来,对全球金融危机的反思催生了地方化社区理念的复兴,社区在英文中又是共同体的意思,反映了一种基于共同价值观下的认同感,并与联合、互助的行动相联系。通过社区行动,市场化机制成为服务共同价值观的工具而非利润最大化本身。社区的决策机制、公众参与性是保证社区公共服务长期维系的重要条件。

三、土地使用者:建立行为规范

循环经济的最终落实还是体现在土地使用者(企业或居民)的具体行动上。在生产方面,生态工业园区成为针对生产环节发展循环经济的重要工具。通过废物交换,降低废物处理成本,增加企业收益。但从实践上看,如何让企业之间能通过积极的交流,发现废物交换的潜在机会以及为了配合废物交换的实现,在技术、交易、基础设施等方面做出共同的努力;都需要相关企业的深入参与、交流与合作。通过生态工业园建设,发展园区集中供能和废弃物集中处理处置系统。园区内企业要形成共享资源和互换产品的产业共生组合,或不同产业的耦合,使一个企业的废弃物成为另一个企业的资源或能源,逐步建立起企业间、产业间物资能源互换或转换的供求关系。

在社会消费环节,树立可持续的消费观,提倡健康文明、有利于节约资源和保护环境的绿色生活方式与消费方式。其中居民参与垃圾分类,是目前社会范围内循环经济体系建设的难点。垃圾分类要扭转重设施、轻行为的传统思路,就必须重视消费者的行为,以行为为导向,配合设施规划建设,这些方面需要相应的技术支持。

第六节 小 结

资源利用效率低是我国村镇产业用地的主要特征之一。在资源环境约束不断增强的背景下,通过村镇土地再开发,提高资源利用效率是新型城镇化建设的内在要求。本章基于循环经济思想,提出了研究假设,即村镇土地再开发的主要目标和必然要求是实现循环经济模式的应用;同时,村镇土地再开发也可以为实现循环经济模式提供平台。本章以北京市昌平区郑各庄为案例,选取产业转型的自主升级模式(以水循环为例)和产业转型的公关服务市场化模式(以社区垃圾分类为例)两种循环经济再开发模式进行实证分析,验证了研究假设的成立。最后,本研究还基于循环经济模式下的村镇建设用地再开发,提出了制度创新,为从制度源头促进循环经济落地提供保障。

参 考 文 献

[1] 埃尔克曼著.工业生态学:怎样实施超工业化社会的可持续发展[M].徐兴元译.北京:经济日报出版社,1999.

[2] 曾思坚.珠江三角洲经济区农业生态环境现状与对策[J].热带亚热带土壤科学,1995,4(4):242—245.

[3] 高海硕,陈桂葵,黎华寿等.广东省农村垃圾产生特征及处理方式的调查分析[J].农业环境科学学报,2012,3(17):1445—1452.

[4] 简·雅各布斯著.美国大城市的死与生[M].金衡山译.南京:译林出版社,2005.

[5] 刘永德,何品晶,邵立明,杨光.太湖流域农村生活垃圾产生特征及其影响因素[J].农业环境科学学报,2005,24(3):533—537.

[6] 皮尔斯著.绿色经济蓝图:衡量可持续发展[M].李巍等译.北京:北京师范大学出版社,1996.

[7] 史普博著.管制与市场[M].余晖等译.上海:三联书店,1999.

[8] 陶栋艳,童昕,Carlo Ferri.从"废品村"看城乡结合部的灰色空间生产[J].国际城市规划,2013.

[9] 童昕,孔卉,王㤗. 混合开发的实施途径与效果分析——以昌平南部为例[J]. 国际城市规划,2013.

[10] 童昕,王缉慈,李天宏. 论可持续发展与生态工业革命[J]. 科技导报,2000(142):6—10.

[11] 魏茨察克等. 四倍跃进:一半的资源消耗创造双倍的财富[M]. 北京:中华工商联合出版社,2001.

[12] 颜文,池继松. 珠江三角洲工业区土壤(沉积物)重金属污染特征及防治对策[J]. 土壤与环境,2000,9(3):177—182.

[13] 姚伟,曲晓光,李洪兴,付彦芬. 我国农村垃圾产生量及垃圾收集处理现状[J]. 环境与健康杂志,2009(1):10—12.

[14] 中国经济时报(2002). 科斯定理能否解决我国环保难题. 2002年7月27日.

[15] 周宇,蔡一帆. 打造中国绿色建筑推广的合力[J]. 现代城市研究,2013(6):89—96.

[16] 朱永官,陈保冬,林爱军等. 珠江三角洲地区土壤重金属污染控制与修复研究的若干思考[J]. 坏境科学学报,2005,25(12):1575—1579.

[17] 诸大建. 绿色前沿译丛总序[M]. 上海:上海译文出版社,2001.

[18] Anderberg S. Industrial metabolism and the linkages between economics, ethics and the environment [J]. Ecological Economics, 1998(24): 311—320.

[19] Andrews C. J. Putting industrial ecology into place: Evolving roles for planners [J]. Journal of American Planning Association, 1999(65): 364—375.

[20] Andrews C. J. and Swain M. Institutional factors affecting life-cycle impacts of microcomputers. Resources [J], Conservation and Recycling, 2001(31): 171—188.

[21] Angel D. P. Environmental Innovation and Regulation. In the Oxford handbook of economic geography, edited by Clark G L, Feldman M P, and Gertler M S. New York: Oxford University Press, 2000: 607—622.

[22] Angel D and Rock M T. Environmental rationalities and the development state in East Asia: Prospects for a sustainability transition [J]. Technological Forecasting and Social Change, 2009, 76(2): 229—240.

[23] Angel D and Rock M T. Environmental rationalities and the development state in East Asia: Prospects for a sustainability transition [J]. Technological Forecasting and Social Change, 2009, 76 (2): 229—240.

[24] Baas L. Cleaner production and industrial ecology, a Dutch experience [J]. Journal of Cleaner Production, 1998, 6(3/4): 189—197.

[25] Bai X, Wieczorek A J, et al. Enabling sustainability transitions in Asia: The importance of vertical and horizontal linkages [J]. Technological Forecasting and Social Change, 2009, 76(2): 255—266.

[26] Barnett J. Smart Growth in a Changing World [M]. American Planning Associa-

tion, 2007.

[27] Berkhout F., Angel D., and Wieczorek A. Asian development pathways and sustainable socio-technical regimes [J]. Technological Forecasting and Social Change, 2009, 76 (2): 218—228.

[28] Boulding K. The Economics of the coming spaceship earth. In Jarrett H (ed.). Environmental Quality in a Growing Economy [M]. Baltimore: John Hopkins University Press, 1966.

[29] Brouillat E. An evolutionary model of recycling and product lifetime extension [J]. Technological Forecasting and Social Change, 2009, 76 (4): 471—486.

[30] Brunner P. H. and Rechberger H. Practical Handbook of Material Flow Analysis [M]. CRC Press LLC, Boca Raton, Florida.

[31] Chertow M. The Eco-Industrial Park Model Reconsidered [J]. Journal of Industrial Ecology, 1999, 2(3): 8—10.

[32] Coase R. The Problem of Social Cost [J]. Journal of Law and Economics, 1960 (10).

[33] Davoudi S. Planning for Waste Management: discourses and institutional relationships [J]. Progress in Planning, 2000(53): 165—216.

[34] Dosi G. Technological Paradigms and Technological Trajectories: A Suggested Interpretations of the Determinants and Directions of Technological Change [J]. Research Policy, 1982(11): 147—162.

[35] EPA (2009)Sustainable Material Management: The Road Ahead. Washington DC: EPA. http://www.epa.gov/smm/pdf/vision2.pdf

[36] Faber A. and Frenken K. Models in evolutionary economics and environmental policy: Towards an evolutionary environmental economics [J]. Technological Forecasting and Social Change, 2009, 76 (4): 462—470.

[37] Freeman C. The Economics of Industrial Innovation [M]. Penguin: Harmondsworth, 1974.

[38] Freeman C., Dosi G. and Orsenigo L. Part II-Evolution, Technology, and Institutions: a Wider Framework for Economic Analysis [C]. Dosi G, Freeman C, Nelson R, et al. In Technical Change and Economic Theory, LEM Chapters Series: Laboratory of Economics and Management[A]. Sant'Anna School of Advanced Studies, Pisa, Italy, 1988.

[39] Frosch R. A. Industrial ecology: Adapting technology for a sustainable world [J]. Environment, 1995, 37(10): 16—28+34.

[40] Gabor D., Colombo U et al. Beyond the Age of Waste, A Report to the Club of Rome [M]. Oxford: Pergamon, 1976.

[41] Geels F. W. Ontologies, Socio-technical Transitions (to Sustainability), and the Multi-level Perspective [J]. Research Policy, 2010, 39 (4): 495—510.

[42] Graedel T. , Allenby B. R. Industrial Ecology. Upper Saddle River [M]. N J: Prentice Hall, 1995.

[43] Hajer M. The Politics of Environmental Discourse: Ecological Modernization and the policy Process [M]. Oxford: Clarendon, 1995.

[44] Lindhqvist T. Extended Producer Responsibility in Cleaner Production [D]. Lund: IIIEE Dissertations, Lund University, 2000.

[45] Lynch K. Good City Form [M]. Cambridge : The MIT Press, 1984.

[46] MacBride S. Recycling Reconsidered: The Present Failure and Future Promise of Environmental Action in the United States [M]. Cambridge: MIT Press, 2012

[47] Nagel C. and Meyer P. Caught between Ecology and Economy: end-of-life aspects of environmentally conscious manufacturing [J]. Computers and Industrial Engineering, 1999 (36): 781—796.

[48] National Research Council. Improving Engineering Design: Designing for Competitive Advantage. Washington DC: National Academy Press, 1991.

[49] Nelson R. and Winter S. G. An Evolutionary Theory of Economic Change[R]. London: Belknap Press of Harvard University Press, 1982.

[50] OECD (2001) A Guidance Manual for Governments [M]. Paris: OECD.

[51] Shugart W. F. The Organization of Industry. Boston. MA: BPI-Irwin, 1990.

[52] Tong X. and Li Yan. From legal transplant to sustainable transition: Extended Producer Responsibility in the WEEE management in China [J]. Journal of Industrial Ecology, 2013, 17(2): 119—212.

[53] Turner K. R. Markets and Environmental Quality. In The Oxford handbook of economic geography, edited by Clark G L, Feldman M P, and Gertler M S. New York : Oxford University Press, 2000: 585—606.

[54] Van Berkel R. , Fujita T. , et al. Industrial and urban symbiosis in Japan: Analysis of the Eco-Town program 1997—2006 [J]. Journal of Environmental Management, 2009, 90 (3): 1544—1556.

[55] Williamson O. E. Transaction cost economics: The governance of contractual relations [J]. Journal of Law and Economics, 1979(22): 233—261.

[56] Williamson O. E. The Economic Institutions of Capitalism [M]. New York: Free Press, 1985.

第七章

制度约束、机制创新与村镇土地再开发

  自改革开放以来,中国沿海城市经历了30多年的快速工业化和城镇化。在这一过程中,粗放型经济增长方式带来了资源环境的恶化和土地利用的低效,使得土地再开发成为现阶段和未来一段时间内中国许多城市解决空间发展瓶颈、提升城市质量的必然选择。从现实情况来看,中国土地再开发,尤其是村镇层面的土地再开发,进展并不顺利,土地再开发过程中出现的利益冲突及其导致的经济绩效损失已经成为当前城市发展的核心问题,然而这一问题并不能通过一般经济演化规律得到完整的解释。基于新制度经济学,本章将从中国转型阶段的实际情况出发,以村镇产业用地再开发为例,从理论和实证两个方面分析集体土地权属模糊和集体土地流转制度缺陷这两种主要的制度约束在村镇产业用地再开发利益冲突过程中扮演的角色,并进一步揭示这种由制度约束所引发的利益冲突对村镇产业用地再开发所可能产生的不利影响,最后从机制创新的角度为村镇产业用地再开发提出建议。

第一节 问题的提出

  经过30多年,以高投入、高污染、高能耗、低产出为特征的高速工业化和城镇化发展阶段,中国粗放型经济增长方式和城市扩展方式已难以为继,城市转型正成为中国大多数城市面临的迫切需求(陈浩等,2010)。作为城市转型的重要组成部分,土地再开发,尤其是位于城市周边地区的村镇土地再开发已经成为拓展城市空间、提升城市质量的有效手段。然而,村镇土地再开发进展并不顺利,土地再开发时间周期不断被拉长,利益冲突所导致的群体事件增多,令中国城市的转型与可持续发展困难重重。以广州市为例,自2009年广东省实施"三旧"改造以来,广州市纳入"三旧"改造项目的土地面积约 554 km²,约占建成区面积的 1/3,其中城中村有 310 km² 有余,旧厂有 190 km² 有余,旧城有 56 km²。但是,截至 2014 年 1 月,完成改造的仅有近 30 km²,约占全市"三旧"总的改造项目面积 554 km² 的 5%[①]。

这就引起我们提出如下两个问题:为什么中国村镇土地再开发会出现如此之多的困难?而这种严重的村镇土地再开发滞后性又对中国城市可持续增长及其经济绩效产生了怎样的影响呢?

在一般的市场经济规律和城市发展规律下,决定城市周边地区村镇土地再开发能否实现的核心因素之一是再开发区域的区位特征。由此所产生的一种可能的解释就是,村镇土地再开发区位条件不合理是导致中国城市周边村镇土地再开发难以有效实施的主要原因。由于区位因素是导致再开发难以推进的重要根源,因此"区位因素"对解释我国城市再开发空间差异特征具有相当的说服力,由此,我们也容易理解为何距离城市中心越近的区位,土地再开发就越顺利;而距离城市中心越远的区位,土地再开发就难以开展。但如果仔细考察村镇土地再开发的具体状况,却仍可以发现一些不一致的特征:如果区位优势真的与村镇土地再开发具有显著因果关系,那么区位条件较好的地区,其再开发应该越快越顺利。然而,中国城市的实际情况并非完全如此。尽管在一些交通条件较好的城市核心区域出现了土地再开发的典型案例,但在一些区位特征也较好的地区,尤其是在一些大都市区的城乡结合部或者城中村,其土地再开发仍然难以落实。即使土地再开发可以开展实施并完成,其实施的成本和艰难程度都远远高于预期,甚至再开发之后的管理和运营也困难重重。这意味着中国村镇土地再开发困难重重并不是简单地随着区位特征而变化,而是一个遍及所有区域的普遍性现象。

由此看来,中国村镇土地再开发"困难重重"的背后必然隐藏着更为深刻的原因。Lin(2007)认为,以土地为中心的城市转型是中国城镇化过程中城市空间重组的重要特征。Wu(2001)也曾指出,城市土地使用制度改革是推进我国城市空间重构及功能重组的主要因素。这一思想带给我们较强的启示和借鉴:要对中国村镇土地再开发"困难重重"进行进一步的解读,我们也必须要从中国现阶段制度安排的特点出发来进行深入探讨。

制度安排在多大程度上影响村镇土地再开发?现有研究提出了以下分析和证据:张建荣等(2011)以深圳市为例,指出"未合法"工业用地改造的困境在于其难以确权,历史问题继续遗留以及"未合法"工业用地不具备"法定的改造条件"。

---

① 资料来源:北方网 http://house.enorth.com.cn/system/2014/01/23/011633474.shtml

黄海燕等(2011)认为,中国转型期城市更新中土地再开发问题根源在于:土地产权制度缺陷下土地再开发追求利益最大化;土地市场制度的渐进式改革以及土地管理制度不完善催生的土地再开发种种弊端。针对土地开发的制度约束,Choy等(2013)发现不完全的土地财产权将导致土地开发效率的低下,并引发土地租赁价格的低下和单位土地工业增加值的低下。Lai等(2014)则进一步从产权视角出发,将村镇区域产业用地开发的制度约束界定为:① 政府可能的征地带来的土地使用权不稳定性;② 不平等产权导致获得信贷的不确定性;③ 因不确定性产权导致的国家对集体土地交易管理的缺失。

本章将在以上研究的基础上,以村镇产业用地再开发为例,进一步从理论和实证证明中国转型时期的土地产权制度安排和土地使用制度安排是导致村镇产业用地再开发举步维艰的重要根源;同时,我们将进一步讨论这样的制度安排对中国城市转型和可持续发展所带来的影响。

第二节 制度约束下的村镇产业用地再开发:分析框架

一、理论基础:新制度经济学

新制度经济学是科斯、诺思、威廉姆斯等人应用新古典经济学的理论和方法分析制度的构成和运行而建立起来的一门学科。新制度经济学在坚持新古典经济学"硬核"的同时,又对其有所修正和发展。新制度经济学已经成为当代微观经济学发展中的一个新分支,并且逐步融入主流经济学。

诺思在《经济史中的结构与变迁》(1983)一书中指出:制度提供了人类相互影响的框架,它们建立了构成一个社会,或确切地说构成一种经济秩序的合作与竞争关系。制度是一系列被制定出来的规则、守法秩序和行为道德、伦理规范,它旨在约束主体福利或效用最大化利益的个人行为。而在其另一部经典著作《制度、制度变迁与经济绩效》(1990)一书中开门见山地指出:制度是一个社会的博弈规则,或者更规范地说,它们是一些人为设计的、塑造人们互动关系的约束。从而,制度制造了人们在政治、社会或经济领域里交换的激励。

制度被认为是继天赋要素、技术和偏好之后经济理论的第四大柱石,制度对经济行为影响的分析居于核心地位。诺思(1990)认为,有效率的制度能够使每一个社会成员从事生产性活动的成果得到有效保护,从而激励他们努力从事合乎社会需要的经济活动,使得每个社会成员的生产投入的私人收益率尽可能等于其社会收益率;同时,有效率的制度能够给每一个成员以发挥自己才能的最充分的自由,降低交易费用,从而使整个社会的生产潜力得到最充分的发挥。因此,有效率的制度是经济增长的关键。

综上,新制度经济学强调了制度对经济发展的重要性。新制度经济学对于研究制度转型国家如何发挥制度及制度变迁对经济发展的作用具有重要的指导意义(卢现祥,2003)。近年来,受经济地理学"制度转向"的影响,制度因素开始成为理解区域经济发展和地理空间转型的一个新视角(Amin,1999)。

二、村镇产业用地再开发的主要制度约束

在完善的市场经济制度环境下,村镇产业用地再开发主要取决于其区位条件。但由于中国转轨时期制度安排的不完善,一些特殊的制度约束可能是我国村镇产业用地再开发难以顺利实施的一个重要根源。

建国后,我国实行社会主义土地公有制,包括国家所有制和集体所有制。在高度集中的计划经济体制下,中国一直实行国有土地使用权划拨的土地使用政策,划拨土地可以由使用单位或使用人无偿、无期限和无流动使用。作为改革开放以来经济体制改革的一部分,中国土地制度改革发端于20世纪80年代后期,其基本框架可以归纳为:首先,必须坚持城市土地国家所有制,实行国有土地所有权与使用权的两权分离,国有土地使用权可以依法进入市场流通;其次,国家在征用农村集体所有土地以及国有土地所有权的初次分配中处于垄断地位;第三,国家实行国有土地有偿使用制度(艾建国,2000)。

城乡二元的土地所有权结构造成了典型的"二元化"的城乡土地使用结构(洪世键等,2012)。中国城市土地归国家所有,农村土地归农民集体所有。国家对集体土地享有随时征收和征用权,并且国家征收是农村农用地转为城市建设用地的唯一合法途径。在二元土地市场中,由于农村集体土地、特别是农业用地和城市建设用地两类土地之间产出的级差、社会功能负担和税费负担的级差,从而形成了农村集体的农用土地向城市国有建设用地转换的巨大租金空间(陈鹏,2007)。具体而言,中国土地利用在转轨过程当中存在着两种主要的制度约束。

(一)集体土地产权制度

土地产权是指存在于土地中的一系列排他性权利,包括土地占有权、使用权、收益权与处分权等。中国实行土地"二元所有制"结构,包括国家所有制和集体所有制。《中华人民共和国宪法》规定,城市土地属于国家所有,农村和城市郊区的土地,除由国家规定属于国家所有的以外,属于集体所有,宅基地和自留地,也属于集体所有。然而,现行的土地产权制度下,集体土地的产权具有显著的特点,本章拟从产权的稳定性、明晰性和完整性三个属性(图7-1)进行分析。

1. 产权的稳定性

产权的稳定性是有效产权制度的基本特征之一。产权的激励性功能也在一

定程度上根源于产权的稳定性。从长远来看,人们积累产权的一个动机就取决于对未来的预期。如果未来产权风险很大,那么人们就失去了积累产权和财产的积极性。就土地产权来说,其稳定性是指土地产权的控制者对于土地的占有、使用、收益、处置等权利是否有比较稳定的预期,并且这些预期是否比较可靠(熊万胜,2009)。一个国家想要尝试执行某种政策的方式,必然将会影响排他性权利的界定及其稳定。如果出现了不完全的排他性权利,则可称之为土地权利的稳定性受到冲击(刘文勇,2013)。对于不确定的土地产权,追求福利最大化的正常的反应应该是:通过各种调整使被影响的风险最小化。这些调整往往会降低投资活动的水平以及改变它的性质。

一般来说,土地产权的"不稳定"源自如下两个方面:一是,与土地产权相关的法律法规带来的"土地产权不稳定"。这就意味着原则上是不可以调整,但特殊情况下是可以的,而法律之中对于特殊情况并没有严格规定,因此,也就给了其他影响因素发挥作用的空间;二是,由于政策法规的执行不力带来的"土地产权不稳定"(刘文勇,2013)。

当土地产权是稳定的,即土地的租用者和租入者对于土地都有着稳定的预期,土地的投资和收益不会受到突发的土地产权不稳定性的影响,因此交易行为是不受影响的。当土地产权是不稳定的,即土地使用者对土地不能有稳定的预期,不能确定对土地投资带来的收益是否会受到外来的因产权不稳定引发的负面影响。不稳定的土地产权使得土地使用者对于自己所拥有的地块缺乏长期的预期。因此,土地权利的稳定性是影响土地所有人对其拥有的土地做出各种决策的重要影响因素,尤其会影响土地使用者对土地的中长期投入决策(Lai et al.,2014)。

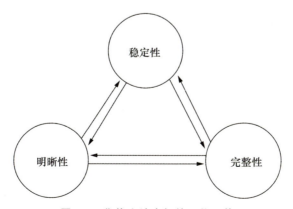

图 7-1 集体土地产权的三位一体

2. 产权的明晰性

产权明晰与产权模糊皆指"权利束"边界确定而言的。任何产权,如果其所有者是确定的且是唯一的,那么这个产权就是明晰的。但是有些产权,如社团产权,所有者尽管是确定的(可能是 10 个人,也可能是 13 个人),但是并不是唯一的,这也容易产生产权的模糊性。产权模糊有两种情况:一是产权归属关系不清,即产权属于谁,未明确界定或者未通过法律程序予以肯定;二是财产在使用过程中,权利归属不清。当产权出现分割、分离与转让等情况时,财产各种权利主体变得不明确。

产权的明晰性就是为了建立所有权、激励与经济行为的内在联系。产权会影响激励和行为,这是产权的一个基本功能。产权的明晰有利于降低交易费用。在市场交换中,若交易费用为零,那么产权对资源配置的效率就没有影响;反之,若交易费用大于零,那么产权的界定、转让及安排都将影响产出与资源配置的效率。产权的明晰是有条件的:一是产权的明晰需要费用,有些产权由于界定和实施所有权的费用太高而不得不采用模糊产权的形式,如社团产权;二是产权的明晰需要一定的社会制度条件,如在中国由于市场经济体制的不完善和政府对经济的过多干预,乡镇企业在目前不得不采用模糊产权。

在对集体土地具体归属方面,《中华人民共和国土地管理法》第 10 条规定,农民集体所有的土地依法属于村农民集体所有的,由村集体经济组织或者村民委员会经营和管理。集体土地所有权是一定社区范围内的农民共同共有的所有权,"农民集体"不是一个抽象的名词,而是一种能按章程或规则行使权利的组织形式。集体所有权性质的模糊,是集体土地所有权弱化的原因与表现,其直接结果将进一步导致对土地无人负责。这就在理论和实践中不可避免地造成了农村集体建设用地所有权主体模糊,产权主体虚置(Lai et al.,2014)。权利主体在法律规定上的模糊性必然导致实际运行中的混乱。

3. 产权的完整性

完整的产权应该包含资源利用的所有权利。这些所有权利就构成了"权利束"。权利束常常附着在一种有形的物品或服务上,在其他情况不变时,任务物品的交换价值都取决于交易中所包含的产权束。"权利束"是一个总量的概念,即产权是由许多权利(或权能)构成的,如产权的排他性、收益性、可让渡性、可分割性等,也是一个结构的概念,即不同权利束的排列与组合决定着产权的性质及结构。如果权利所有者对他所拥有的权利有排他的使用权、收入的独享权和自由的转让权,就称他所拥有的产权是完备的。如果这些方面的权能收到限制或禁止,就称为产权的残缺。

农村集体建设用地则实行严格限制使用范围和自由流动的土地使用制度。1999年修改实施的《中华人民共和国土地管理法》规定,农民集体所有的土地的使用权不得出让、转让或者出租用于非农业建设,但是符合土地利用总体规划并依法取得建设用地的企业,因破产、兼并等情况致使土地使用权发生转移的除外。对比国有建设用地使用制度,集体建设用地使用制度对集体建设用地的使用限制较多。与国有建设用地相比,集体建设用地使用权并没有获得相同的权利,农村集体建设用地的使用主体和交易的限制也较多,而出现了产权权能残缺。如集体土地使用权不能正常进行转让或转包,不但使用权人的权益受到限制,土地资源作用的发挥也受到影响(肖方扬,1999)。

(二)集体土地流转制度

按照中国现行的土地使用制度,国家控制和垄断了集体建设用地所有权市场,建设用地由国家统一供给并实行集中管理,农村集体建设用地所有权只能向国家转移,国家可以行政手段低价征收农村集体建设用地。首先,这种集体建设用地权属单向度转移方式使农村集体建设用地不能通过市场化的自由交易实现,同时,使农村集体建设用地资产不断流失(江华,杨秀琴,2011)。其次,中国集体建设用地产权自由流动受严格控制。中国现行土地管理法对集体建设用地流转仅仅做出了例外规定,为集体土地流转创造了一定的空间,但是总体上国家层面的法律规定集体建设用地是不能自由流动的。国有建设用地和农村集体建设用地产权的不平等关系长期存在,城市国有建设用地的所有权、使用权分离后,使用权实际上是可以买卖和租赁的(江华,杨秀琴,2011)。集体土地不能实现与国有土地同权同价入市流转,是村镇产业用地再开发难以有效实施的又一制度约束。

三、制度约束下的村镇产业用地再开发:理论假设

一般来说,区位条件的改善会有利于产业升级,并促进村镇土地再开发的实施。那么,由制度扭曲所引致的困难的增加是否也能实现这样的效果呢?我们认为,由区位条件改善或要素禀赋增强所引致的开发可行性的增强可以在一定程度上增加产业升级和村镇土地再开发的可行性,然而,如果这种开发可行性受到制度约束,那么即使存在区位优势或要素禀赋增强,也很难推进村镇土地再开发。

理论上讲,区位条件的改善和要素禀赋的增强可以通过资金平衡驱动、人力资本驱动、基础设施驱动和技术更新驱动等渠道对村镇产业升级产生影响。一方面,区位条件的改善可以使土地再开发的资本平衡得以实现,这是市场经济作

用下土地再开发行为得以实现的基本前提;另一方面,人力资本、基础设施和技术等要素禀赋的增强能提供更坚实的经济和社会基础,进一步促进了产业升级及土地再开发的落实。但从根本上来看,这些条件的改善要发挥作用,还必须取决于土地再开发所涉及的利益相关各方的利益再平衡。然而,制度约束的存在则可能会破坏这种利益再平衡的实现,从而影响土地再开发和产业升级的推进。

1) 假设1:制度约束会影响村镇产业用地再开发投资行为人的预期,从而不利于吸引投资,扩大产能

产业升级改造和土地再开发需要大量的投资才能得以实现,不管是外来投资,还是现有企业的再投资,都需要一个稳定的预期。然而,由于集体土地权属模糊,产权的不稳定性、模糊性和不完整性使得产业用地再开发存在各种不确定性(Lai et al.,2014)。企业在使用(租用)集体土地时,由于土地产权的不稳定性,企业的理性行为应该是减少或避免大量的固定资产投资,从而规避未来可能的投资风险,使得产业升级的推动力减弱。

2) 假设2:制度约束下村镇产业用地升级的融资难以落实,不利于土地再开发的推进

我国集体土地产权权能不完整,企业租用的集体建设用地不能进行抵押(蒋省三,刘守英,2003)。由于土地产权的模糊性和不完整性,使得企业无法使用所占土地在银行等金融机构进行抵押,从而实现融资和贷款(Lai et al.,2014),造成资金筹措难以落实,产业升级困难重重。

3) 假设3:制度环境的不完善使得村镇产业用地再开发的利益矛盾凸显,协调难度激增

村镇产业用地再开发一般涉及地方政府、村集体和村民、开发企业和实体经济企业。在现有制度框架下,集体建设用地只有通过国家征收为国有土地之后,才能上市流转;集体土地被禁止自行上市流转。由于征地拆迁费用大增,近年来地方政府财力有限,很难在村镇层面开展大规模的土地再开发。因此,政府允许现有集体产业用地自行改造,但设置了严格的规划限制条件,比如,产业用地再开发涉及的规划容积率只能减小,不能增加。村集体和村民有意愿推进土地再开发,但由于财力和技术有限,难以落实。开发企业则由于规划限制条件的设置而积极性不高。实体经济企业则更愿意通过补缴土地出让金,从而获得土地的确权,但土地出让金缴纳多少又成为其与地方政府争论的焦点。这些利益相关各方的利益冲突在现有制度框架下难以有效协调,导致产业升级难以落实。

第七章 制度约束、机制创新与村镇土地再开发

第三节 数据与研究方法

本研究选取广州市白云区作为案例地。白云区位于广州市老城区北部,东临黄埔,西界佛山南海,北接花都、从化,南连广州老城区,是典型的城市边缘地带。白云区区位条件优越,拥有国内三大机场之一的白云机场,年旅客吞吐超过4500万人;而且白云区也是华南地区铁路、高速公路南下广州的重要通道,拥有华南最大的铁路客货调配站江高编组站,同时也是珠江三角高速公路网中心,由南向北贯穿广清高速、机场高速和京珠高速,由东向西贯穿沈海高速、华南快速和广州北环快速,使得白云区成为珠三角地区重要的交通枢纽。

白云区优越的区位条件,促进了白云区地方经济和产业的快速发展,形成了以物流业、批发零售业以及电器机械制造业为主的产业体系。快速城镇化和工业化加速了土地利用的非农化。根据第二次全国土地调查数据,白云区土地总面积为 665 km^2(不包括海域面积),其中农用地面积约 377 km^2,建设用地面积约 254 km^2。从城乡土地所有权结构看,国有土地与集体土地比例为 3∶7,国有土地约 188 km^2,集体土地约 477 km^2。根据有关研究显示,白云区未来可开发土地资源空间有限,2013—2020 年可用新增建设用地规模约 400 ha。另一方面,白云区存在大量存量低效用地,据统计,已标图建库的"三旧"改造项目土地面积 132 km^2,约占广州市全市总量的 24%,占白云区存量建设用地的 51%。充分挖掘存量建设用地,加快土地再开发已经成为白云区满足用地需求、保障经济社会平稳发展的重要途径。

土地再开发涉及旧村、旧厂房和旧城镇等低效用地,土地类型复杂多样,空间上各种地类交错布局。为了集中讨论,本书选取制造业产业用地作为研究对象。在研究方法上,采取演绎与经验主义相结合的方法,数据主要来自 2014 年夏的质性访谈。

访谈区域包括白云区 4 个创意产业园区、4 个工业小区和 2 家大型企业,访谈对象包括 8 家产业园区或工业小区的负责人,另外在每个产业园区或工业小区选取了各 2~3 家典型企业,共计 21 家企业负责人。本研究采取半结构的访谈方式,每个约进行 1 个小时,主要问及:① 园区或企业简要的发展史;② 园区或企业的产业升级意愿和动力;③ 园区或企业土地使用情况和约束因素;④ 当地基础设施条件以及地方政府提供的支持和帮助等。此外,为了更进一步从宏观层面了解白云区制造业产业用地发展,本研究还安排了与政府机构和相关职能部门负责人进行深度访谈。质性访谈后,我们将访谈录音转换为逐字记录,并参照社会学方法对记录进行语义的编码(coding)和合并同类的提取分析(表 7-1)。

表 7-1　质性访谈对象列表

类别	编号	访谈区域
创意产业园区	1	汇创意产业园
	2	228 创意园
	3	国际单位
	4	嘉溢科技企业孵化器
工业小区	5	东华工业区
	6	南村第一工业区
	7	松北工业区
	8	云竹工业区
大型企业	9	A 大型企业
	10	B 大型企业

第四节　制度约束对村镇产业用地再开发影响的实证检验

一、制度变迁下的村镇产业用地演化及其特征

（一）制度变迁下的村镇产业用地演化阶段

20 世纪 80 年代以来，随着国家经济体制由计划经济向社会主义市场经济的转变，中国沿海地区，尤其是处于改革开放最前沿的珠江三角洲地区，不仅社会经济和城市建设取得了快速发展，而且农村工业化也大量兴起，成为推动农村城市化和农村经济增长的重要力量。这种农村工业化不仅带来了就业人口的增长和农村收入的提高，也带来了土地资源的大量使用，造成了非农建设用地规模的急剧增加，土地资源普遍的粗放利用以及违法用地的大量存在。农村工业化是伴随中国城镇化发展的重要过程，对其进行深入分析，对于了解现阶段我国村镇产业用地的特征具有重要意义。我国东部沿海地区农村工业化大致可以划分为两个阶段（杨廉，袁奇峰，2009），其土地利用也有各自的特征：

第一阶段，20 世纪 80 年代至 90 年代中期。这一阶段，中国开始了以国有土地有偿使用为基本特征的土地使用制度改革。这一改革过程，土地的价值得以不断显现。在农村地区，村集体普遍采取农村社区工业化，大规模实行"土地股份合作制"，以村或村民小组为单位，将集体财产和集体土地折成股份集中起来组建合作组织，然后由股份合作组织统一规划、统一经营。村民则以承包权换股份，凭借股份分享土地非农化的增值收益。具体做法是用集体土地股份制来

代替原来的农户分户承包制,农地的使用权与所有权合二为一,村集体作为土地所有权的代表人重新获得土地经营权,农民按股份获取分红。应该说,这一制度创新有利于集中集体建设用地引进大企业、配套公共设施等,大大促进了乡村工业化进程。

第二阶段,20世纪90年代中后期至今。90年代中后期,由于亚洲金融危机的爆发和北美自由贸易区的建立,中国劳动力密集型产品的出口受到打击;加上乡镇企业产权不清晰导致企业家出现道德危机,许多乡镇企业纷纷倒闭,并让不少村庄欠下了大量的银行债务(袁奇峰等,2009)。许多乡镇企业纷纷转制成为私营企业,但转制只是拍卖了原集体企业的所有权,土地所有权仍在集体(村委会或村民小组)手中,于是村集体又从靠办企业、经营企业赚取利润退回到纯粹依靠土地(收取地租)生存的状态,采取直接出租土地和修建物业出租两种方式。集体经济基本发展成为依附于土地的租赁经济(杨廉,袁奇峰,2009)。

(二)制度变迁下的村镇产业用地特征

从中国村镇产业30多年的发展来看,我国村镇产业发展与土地利用具有密切关系,其特点主要表现在:产业用地演化不涉及农村集体土地所有权的变更,在非农化过程中,农民始终保有土地的所有权,让渡的只是一定年限的土地使用权;土地收益留在农村集体,农地转用后的土地增值收益也基本内部化在农村集体。

在村镇地区,企业发展所需要的土地或者通过与村集体直接签订合同购买,或者是从村镇控制的经济开发公司购买获得。但需要指出的是,在现有制度框架下,通过这两种方式获得的土地并没有突破集体土地使用制度,企业所购买的土地并未转为国有土地,因此也就很难获得土地产权。加之地方政府基于经济发展压力,采取了放任的态度(杨廉,袁奇峰,2009),使得企业用地产权问题成为历史遗留问题一直延续到现在。另外,从企业可获得土地情形来看,由于企业很难获得较为完整,规模较大的集体土地,使得产业用地破碎化严重,集体土地上产业集聚经济难以获得。其中一位大型民营企业高管在访谈中回忆企业发展史时,谈到企业用地的演化过程:

"……当时整个政府规划滞后,导致企业、产业发展没有渠道去解决土地的产权问题。当时的地方政府也是想了一些灵活变通的政策,叫做先建厂房,后办手续。允许当时先签订合同购买土地,当然当时购买的地并不是直接从政府手中,而是从某村镇控制的经济开发总公司。这个公司负责从村集体中把地购买进来,进行三通一平一级开发,然后再转卖给企业。我们企业也是通过这种方式买地,先建,手续后面再补充。但是10年,20年过

"……去了,这个手续始终没有办下来,始终没有确权。现在企业已经做到国内龙头企业了,产出也非常大,但地的问题(即产权)一直没有解决……"

——A大型企业高管

"……当时也是按照市场价买的地,也是分10多次大大小小的协议买的地……"

——A大型企业高管

在发展经济的压力下,地方政府和企业均有动力通过打"擦边球"的方式,为企业的发展提供用地保障;农民也有激励去出租土地,因为出租土地的收入远高于农业收入。然而,在现有土地制度的约束下,政府从农民或村集体手中征地后,再出让于企业是企业获取土地产权的法定过程,集体土地在当时并没有自由流转的权限,因此这类企业难以获得土地产权证则是一种必然的结果。该大型企业尚且如此,其他的中小企业的情况可能更糟,它们所得土地产权证的可能性更小,从而造成了大量产业用地没有合法产权证的局面。

除了土地产权没有突破外,村镇工业化发展起来的大量工业小区由于各种限制条件,总体上土地产出效率低,入驻企业比较低端,高耗能高污染普遍,成为目前白云区村镇发展的一大难题。同时,由于很多传统乡镇企业运营困难,大量倒闭,导致出现了相当多的闲置用地,这也是对村镇土地资源的一大浪费。被访谈的一家工业小区的负责人在谈到工业区现状时作了如下描述:

"……主要是受村内环境、配套落后,政府政策无倾斜,集体用地性质等因素影响,只能以低价吸引低端企业入驻,甚至以前发展较好的企业,比如马自达汽车公司的一个配套企业,都纷纷迁至其他工业区……"

——C工业小区负责人

"……我们看到的现状,很多地方要么空着,要么荒着,土地利用效率很低,即没有用来耕地,也没有拿来建住宅,10多年来一直维持这种状况,因为没有更多的政策途径来利用土地。又有指标限制,又有18亿亩的耕地红线……"

——D工业小区负责人

从白云区的产业用地演化特征来看,在集体土地制度安排和集体产业发展特定轨迹下,村镇工业用地普遍低效利用,急切需要通过产业升级和土地再开发,实现土地利用效益的提升。

二、集体土地产权模糊下的村镇产业用地再开发

土地产权是影响村镇产业用地再开发的重要因素。土地产权制度约束将影响村镇产业用地再开发投资行为人的预期,从而不利于吸引投资,扩大产能。产业升级改造和土地再开发需要大量的投资才能得以实现,不管是外来投资,还是现有企业的再投资,都需要一个稳定的预期。然而,由于集体土地权属模糊,产权的不稳定性、模糊性和不完整性使得村镇产业用地再开发存在各种不确定性(Lai et al.,2014)。比如,中国集体土地产权的不稳定,随时有可能以公共利益为名被征用为国有土地,企业对土地投资的预期不明确,因此积极性不高。在这一情形下,企业的理性行为应该是减少或避免大量的固定资产投资,从而规避未来可能的投资风险,使得产业升级的推动力减弱。从我们实地调研了解的情况看,村镇企业或工业小区大都希望尽快明晰产权,从而改善投资环境,促进园区和企业的发展。被访谈的一家工业小区负责人对此作了如下回应:

> "……园区存在土地权属不清、手续不全等问题。工业园区有较大一部分用地没有集体土地所有权证,且有一部分工业用地属于违规建设,不符合规划,所以没法获得房产证,导致后续招商、改造过程中存在隐患,无法吸引大型企业和开发公司的投资……"
>
> ——E 工业小区负责人

> "……通过'三旧'改造机遇,完善旧厂房用地临时用地征收手续,规划调整与产业升级,引入高端品牌客户,逐渐淘汰小、乱、差业户,提高公司品牌形象……"
>
> ——B 大型企业高管

土地产权模糊还涉及企业融资问题。制度约束下村镇产业用地升级的融资难以落实,不利于土地再开发的推进。中国集体土地产权权能不完整,企业租用的集体建设用地不能进行抵押(蒋省三等,2003)。从村镇产业用地的特征来看,产业用地的所有权仍然属于村集体,而企业所获得的是一定时间段的使用权。由于土地产权的模糊性和不完整性,使得企业无法使用所占土地在银行等金融机构进行抵押,从而实现融资和贷款(Lai et al.,2014),造成资金筹措难以落实,产业升级困难重重。因此,难以进行融资也在另一方面困扰着村镇产业升级和土地再开发的实现。其中一位企业高管在访谈中验证了这一说法:

> "……有相当范围的企业是这样。从投资的角度,可以做抵押贷款啊,对资金周转是一个辅助。如果未来考虑上市的话,地如果不确权的话,也是

没有可能的。现在民营企业到银行去贷款，也需要有抵押。像我们这种规模的企业可以有一定的授信，资金账户有流动。如果是比较小的企业，到银行贷款是很难的。毕竟授信比较有限，如果土地有产权的话，那么可以用土地产权去做抵押，效果会好点……"

——A 大型企业高管

因此，从实证分析来看，集体产权权属模糊不清直接导致了村镇产业用地再开发的滞后。这一制度约束不仅会影响村镇产业用地再开发投资行为人的预期，从而不利于吸引投资，扩大产能；同时也不利于现有企业融资行为，妨碍再投入的增加，从而难以促进土地再开发。村镇产业用地再开发的滞后性也阻碍了城市整体产业升级，无法发挥规模效应和集聚效应。如果制度约束长期无法突破，势必造成城市经济绩效的降低。这也就验证了假设1和假设2的推论。

三、集体土地流转制度缺陷下的村镇产业再开发

在现有土地使用制度框架下，集体土地产权权能是不完整的，而集体土地只有被征用为国有土地后，才能获得完整的土地权能。集体土地流转为国有土地，具有单向性和唯一性的特征，即集体土地只有通过政府征用才能实现流转。在这样的使用制度下，土地再开发将不得不迫使企业投入大量的资金补缴土地出让金，以获得国有土地使用权，这就进一步加剧了企业的资金压力，不利于企业的生产再投入和后续发展。某企业高管在访谈时提出了他的担忧：

"……我们也不是不想补缴出让金，从而获得国有土地使用权。但是还是希望这个额度能够适中，不然会影响企业的长期发展后劲。钱都上缴政府了，企业后续投资就会很困难……"

——G 某企业高管

另外一种途径，就是在保留集体土地所有权的基础上进行产业用地的改造和再开发。这种途径同样存在大量的问题和风险：一方面，政府对集体建设用地改造进行了严格规划控制，现有工业小区的再开发难以获得足够的政策支持，再开发难度很大，比如一位创意园区负责人提供的资料表明，集体土地再开发地块规划容积率只能减小、不能增加，建筑密度也需降低，这势必影响再开发的资金平衡。另一方面，产业用地再开发往往涉及多个村集体，再开发成本分摊和利益分配难以完全均衡，从而造成管理和协调方面的额外成本，增加了再开发难度。如一家工业小区负责人和一家创意园区负责人在访谈中提到：

"……政府方面限制严格，比如自主改造1万平方米的工业区，控规对

第七章 制度约束、机制创新与村镇土地再开发

绿化、道路等的要求就限制了只有七千平方米可用于工业厂房建设，改造费用又全是村民分摊，改造进行有困难，在这方面，村里渴望政府能够给予帮助，给予优惠政策或资金支持，鼓励村民也投入自主改造中去……"

——E 工业小区负责人

"……园区建设困难，拿地拆迁涉及多个生产社，补偿标准不同造成很多麻烦，且超出预算很多……"

——F 创意园区负责人

总之，村镇产业用地再开发是一个经济利益重新界定和划分的过程，所涉及的问题错综复杂，各利益主体间的谈判博弈也较为困难，各相关主体在维护各自利益的前提下，进行博弈，其后果是造成了社会经济绩效的损耗。制度环境的不完善使得村镇产业用地再开发的利益矛盾凸显，协调难度激增。

村镇产业用地再开发一般涉及地方政府、村集体和村民、开发企业和实体经济企业。在现有制度框架下，集体建设用地只有通过国家征收为国有土地之后，才能上市流转；集体土地被禁止自行上市流转。由于征地拆迁费用大增，近年来地方政府财力有限，很难在村镇层面开展大规模的土地再开发。因此，政府允许现有集体产业用地自行改造，但政府又设置了严格的规划限制条件，比如，产业用地再开发涉及的规划容积率只能减小，不能增加。村集体和村民有意愿推进土地再开发，但由于财力和技术有限，难以落实。开发企业则由于规划限制条件的设置而积极性不高。实体经济企业则更愿意通过补缴土地出让金，从而获得土地的确权，但土地出让金缴纳多少又成为其与地方政府争论的焦点。这些利益相关各方的利益冲突在现有制度框架下难以有效协调，导致产业升级难以落实。因此，这也就验证了假设 3 的推论。

第五节 村镇产业用地再开发的机制创新

在集体土地产权模糊和流转制度缺陷等制度约束造成村镇产业用地再开发乏力的情况下，本章建议通过观念的革新、制度的创新、政策的配套、实操的灵活来打破传统的路径依赖，从而促进村镇产业升级、实现提高土地利用效益的目标。

一、实现产权稳定化

村镇地区产业用地产权的不稳定性主要来源于政府征地的可能性和农村集体经济组织收回土地使用权的不确定性。这种土地产权不稳定性的存在，直接影响企业的投资预期，不利于产业升级。因此，应积极推进村镇土地产权的稳定

化。通过科学编制城乡规划、严格执行城乡规划、规范政府的征地行为、加强利益主体间的协调等方式,提升产业用地产权的稳定性,引导企业加大土地投入,积极开展技术升级,提升产品质量和性能,满足市场需求,进而实现产业升级和结构调整。

二、逐步实现产权明晰化

集体产业用地产权模糊是村镇产业难以升级的又一重要原因。在实地调研中了解到,因企业对土地产权的模糊,致使企业融资困难重重。尤其是对于中小企业来说,抵押物的缺乏是企业融资的突出问题。如果能够逐步实现土地产权的明晰,则可以缓解企业贷款的难度,促进企业升级。目前看,一方面是通过政策创新,逐步引导符合规划和具备条件的企业用地实现国有化,简化流程,合理核算土地出让金补偿,为企业的良性发展提供条件;另一方面,通过财政和金融等部门的政策创新,引导银行加大对实体经济企业的贷款力度和扶持力度,创新企业融资机制,从而促进产业升级。

三、推进集体产业用地同权入市流转

村镇产业用地再开发,需要从根本上改革现有的土地流转制度,促进集体产

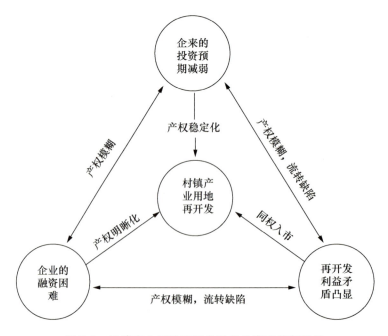

图 7-2　村镇产业用地再开发制度约束及创新机制

业用地同地同价入市流转,逐步建成城乡一体化的建设用地市场(图7-2)。村镇产业用地再开发是一个有关各方利益冲突激烈的过程,集体产业用地无法与国有土地同权入市,直接影响了农民和农村集体组织的收益预期,也就影响了其参与村镇产业用地再开发的积极性。同时,由于农村集体组织往往财力有限,管理水平不高,直接限制了村镇产业用地再开发的进度和成效。因此,未来的政策要从推进集体产业用地同权入市入手,通过加快符合规划条件的集体产业用地的流转,发挥市场力量,引导有关社会主体积极参与再开发,促进产业升级。

第六节 小 结

经过30多年快速工业化和城镇化,中国村镇地区产业发展迅速,为城乡经济发展作出了突出贡献。然而,中国村镇地区产业发展过程中资源消耗高、土地占用多、污染排放重、碳排放量大等诸多问题,使得产业用地再开发成为现阶段和未来一段时间内中国许多城市解决空间发展瓶颈、提升城市质量的必然选择。另外,国家近年来强力推行土地紧缩政策,使得传统"以空间换发展"的增长路径已经从根本上被钳制,发展模式从外延粗放型转变为内涵集约型成为必然。如何盘活存量土地、实现地区"集约,高效"运作,成为我国沿海大多数城市发展的必然选择。从现实情况来看,中国土地再开发,尤其是村镇层面的土地再开发,进展并不顺利,土地再开发过程中出现的利益冲突及其导致的经济绩效损失已经成为当前城市发展的核心问题。

基于新制度经济学,本章主要从我国转轨时期的制度安排出发讨论了村镇产业用地再开发困难重重的原因及其对经济绩效带来的影响,得到基本结论如下:首先,中国转轨过程中具有两种制度约束,一是集体土地权属模糊,二是集体土地流转制度缺陷。这两种制度约束的存在一方面造成了村镇产业用地再开发投资预期的下降,另一方面也造成了企业无法通过所占的集体土地进行抵押和融资,从而降低了经济绩效。其次,制度环境的不完善也带来了利益相关各方的利益冲突,从而造成了产业升级无法有效落实。最后,从实证检验结果来看,我国所存在的这两种制度约束的确是导致我国村镇产业用地再开发难以推进的原因,这一影响甚至要超过区位条件和要素禀赋所带来的土地再开发可行性。这一结论说明,对于中国转轨阶段的现实而言,只有通过解除体制中不合理的制度约束,赋予集体土地更清晰和更完整的权能以及允许城乡土地实现同地同价流转,才能从根本上解决中国村镇产业用地再开发的问题。

参 考 文 献

[1] 〔美〕道格拉斯·C.诺思.经济史中的结构和变迁[M].上海:上海人民出版社,1994.

[2] 〔美〕道格拉斯·C.诺思.制度、制度变迁与经济绩效[M].上海:上海人民出版社,2014.

[3] 艾建国.中国城市土地制度经济问题研究[D].武汉:华中师范大学,1999.

[4] 陈浩,张京祥,吴启焰.转型期城市空间再开发中非均衡博弈的透视——政治经济学的视角[J].城市规划学刊,2010,190(5):33—40.

[5] 洪世键,张京祥.城市蔓延机理与治理:基于经济与制度的分析[M].南京:东南大学出版社,2012.

[6] 黄晓燕,曹小曙.转型期城市更新中土地再开发的模式与机制研究[J].城市观察,2011(2):15—22.

[7] 江华,杨秀琴.农村集体建设用地流转:制度变迁与绩效评价[M].北京:中国经济出版社,2011.

[8] 蒋省三,刘守英.土地资本化与农村工业化——广东省佛山市南海经济发展调查[J].管理世界,2003(11):87—97.

[9] 刘文勇.关于中国农地流转的一个制度分析——范式、实证与反思[M].北京:中国人民大学出版社,2013

[10] 卢现祥.新制度经济学[M].武汉:武汉大学出版社,2003.

[11] 肖方扬.集体土地所有权的缺陷及完善对策[J].中外法学,1999(4):86—90.

[12] 熊万胜.小农地权的不稳定性:从地权规则确定性的视角[J].社会学研究,2009,1(1):1—24.

[13] 杨廉,袁奇峰.珠江三角洲"二次城市化"中的土地再开发——以佛山市南海联滘地区土地整合案为例[J].城市规划和科学发展——2009中国城市规划年会论文集,2009.

[14] 袁奇峰,杨廉,邱加盛等.城乡统筹中的集体建设用地问题研究——以佛山市南海区为例[J].规划师,2009,25(4):5—13.

[15] 张建荣,李孝娟.直面旧工业区"未合法"工业用地的改造困境——以深圳为例[J].城市规划,2011(10):74—77.

[16] Amin A. An Institutional Perspective on Regional Economic Development [J]. International Journal of Urban and Regional Research,1999(23):365—378.

[17] Choy L H T, Lai Y and Lok W. Economic Performance of Industrial Development on Collective Land in the Urbanization Process in China: Empirical Evidence from Shenzhen [J]. Habitat International,2013(40):184—193.

[18] Lai Y, Peng Y, Li B et al. Industrial Land Development in Urban Villages in China: A property Rights Perspective [J]. Habitat International,2014(41):185—194.

[19] Lin G C. Reproducing Spaces of Chinese Urbanization: New City-based and Land-centred Urban Transformation [J]. Urban Studies,2007,44(9):1827—1855.

[20] Wu F. China's Recent Urban Development in the Process of Land and Housing Marketization and Economic Globalization [J]. Habitat International,2001,25(3):273—289.

第八章

淘汰村镇落后工业产能土地优化技术

第一节 引 言

现阶段,中国村镇工业存在资源消耗高、产业配套低、碳排放量大、产能效率低、土地占用多等问题。这是经济发展粗放的重要表现,成为提高工业整体水平、完成节能减排任务、实现可持续发展的严重制约。加快淘汰落后产能,是转变经济发展方式、调整经济结构、提高经济增长的质量和效益、走中国特色新型工业化道路的关键。《国务院关于进一步加强淘汰落后产能工作的通知》(2010)明确提出对若干行业实施淘汰落后产能的具体任务,主要涉及淘汰工艺装备水平落后、产能低下、污染物排放超标的生产装置和生产企业。因此,从经济、社会、生态等多角度甄别村镇落后工业产能,制订相应的淘汰和优化方案,具有重要的现实意义。

从 20 世纪 80 年代开始,中国开展了政府主导型的淘汰落后产能工作,采取行政强制手段,推动节能降耗和环境保护,化解部分行业产能严重过剩矛盾,推动产业结构优化升级(王万茂等,2005)。在国家层面,1981 年和 1989 年国务院两次发文要求关停一批小钢铁厂,严格限制发展小炼油厂,取缔小土炼油炉。20 世纪 90 年代末期中国纺织业共压缩淘汰 906 万棉纺锭(吴爱芝,2003)。2009 年国家发改委等部门出台了《关于抑制部分行业产能过剩和重复建设引导产业健康发展的若干意见》,从产能、污染物排放、能耗等方面制订了钢铁、水泥、平板玻璃、多晶硅、电解铝等产业的政策导向。2010 年和 2013 年,国务院分别颁布了《国务院关于进一步加强淘汰落后产能工作的通知》和《国务院关于化解产能严重过剩矛盾的指导意见》,对电力、煤炭、钢铁、水泥、有色金属、制革、印染等行业提出了淘汰落后产能的具体任务,主要淘汰工艺装备水平落后、产能低下、污染物排放超标的生产装置和生产企业。在地方层面,2011 年广州市出台了《进一步加强淘汰落后产能工作实施方案》,对电力等 15 个行业的落后产能淘汰标准从工艺装备的先进性、年产量等方面做出相比国家标准更为严格细致的规定。

除了政策层面强化淘汰落后产能外,技术层面的研究也取得一定进展。其中,构建一系列具有层次性和结构性、包含若干个相互联系、相互补充指标的产业评价体系,再根据评估结果制定淘汰或优化方案的方法较为常用(王业侨,2006)。评价指标的选取和评价体系的构建根据对象、评价目的和评价标准的不同而异。权重选取方法主要包括特尔菲法、熵值法、层次分析法等(丁林可,2005)。卢蕊(2012)分别运用主成分分析法选择的指标体系和基于层次分析法的模糊综合评价模型,界定了火电行业的落后产能;贺正楚等(2011)提出采用层次分析法和模糊综合评价法相结合的分析方法评估战略性新兴产业;赵玲玲(2003)从理论上设计了由 69 个指标组成的广东工业产业竞争力评价指标体系。

近年来,关于产业用地和城市用地绩效评价的研究相对较多。这些研究主要从经济效益、社会效益和生态效益三方面对土地利用进行综合评价(季曦等,2010)。郑延敏等(2013)从政策导向、能效、投资利用强度、环境影响、开发效果五个方面构建了产业用地后评估指标体系。顾湘等(2009)采用熵值法计算指标权重,从土地投入水平、产出水平、利用强度三方面评价了朝阳开发区各工业企业土地利用效率。《广州市产业用地指南》(2013)也从容积率、投资强度、土地产出率、产值能耗等方面,规定或限制了不同行业的用地标准,作为广州市项目选址、预审和土地供后监管的重要依据,以切实推进产业评估和筛选淘汰落后产能等相关工作。

整体而言,现有关于淘汰落后工业产能的政策法规和技术评估体系大多是针对城市工业,而以村镇工业为对象的政策指引或技术研究还相对较少。城市工业与村镇工业在产业结构和空间组织上都存在明显差异,使得针对城市工业的政策和技术评估体系难以直接照搬到村镇工业的产能评估中。过去针对城市工业的评估大多建立在一系列复杂的指标体系基础上,过于强调评估的理论性和全面性,而难以保障实践性。相对城市来说,村镇工业层面的经济社会、土地、环境等数据更难以获取。这要求我们在构建村镇工业产能评估体系时需要开展更为细致的分析和鉴别，以准确把握村镇工业的基本特征，使其充分适应村镇产业转型和升级的基本需要。

基于此，本章在借鉴城市工业产能评估方法的基础上，以城市与村镇间的尺度转换为切入点，探讨村镇层面评估落后工业产能的技术方法。基本内容包括三个方面：首先针对村镇工业相关属性数据难以从统计年鉴获取的客观情况，研究村镇工业用地信息获取途径与方法以及数据库建设方法；其次，基于理论分析和数据基础，构建村镇工业用地评估技术，并制订村镇落后工业产能甄别标准；最后，提出村镇工业用地再开发土地优化配置模式。本章技术研究旨在识别村镇落后工业产能，为淘汰落后工业产能提供技术支撑，进而为引入新兴产业提供存量空间。

第二节　村镇工业用地信息获取与数据库建设

一、村镇工业用地信息获取

当前，中国还没有建立系统且完备的工业用地统计数据库，使得工业用地研究还相对滞后。工业用地信息获取困难较大，具体表现在企业空间布局的复杂性、企业用地的不规则性和企业经济数据的相对保密性。目前，可供借鉴的一项工作是开发区土地集约利用评价。国土资源部自2008年开始，以两年为一个周期，组织对我国国家级和省级开发区土地集约利用状况开展滚动式评价，并制订了《开发区土地集约利用评价规程》(试行)，为工业用地评价提供参考。然而，相对于开发区工业用地而言，村镇工业用地利用复杂性和不确定性更强，信息获取难度更大。本研究拟通过统筹资料查询、部门座谈、实地调查等方法，综合获取研究区土地、社会、经济、生态等数据，从而为开展村镇工业用地信息基础数据库的建设提供必要条件。

本研究将工业用地数据划分为两类，即纵向数据和横向数据。纵向数据又可根据数据尺度和覆盖面分为区域、棕地和企业三个层面，而横向数据则根据数据源管理部门分为国土房管部门数据、环保部门数据、规划部门数据、经贸部门数据、统计部门数据和建设部门数据。本研究工业用地信息获取以纵向层面为范围，以横向部门为导向，以便系统性开展数据收集，具体包括以下空间尺度：

(一) 区域层面

区域层面包括统计年鉴、经济普查和人口普查数据；土地利用规划、产业发展规划、国民经济发展规划、控制性详细规划、商业网点发展规划；土地利用变更调查、用地批准、供应和闲置用地查处、区重点建设项目、部分村社"三旧"改造方案；大气、土地污染、噪声监测、污水、垃圾处理等监测数据。

（二）棕地层面

棕地地籍调查数据、村镇工业集中区发展现状调查情况、村镇工业集中区访谈资料和问卷调查资料。

（三）企业层面

指企业经济活动和用地、建筑数据。

二、村镇工业用地数据库建库技术

（一）建库目的

本研究针对当前村镇工业五小行业多、产业配套低、产值能耗高、碳排放量大、土地利用低效粗放等现状，通过遥感影像人机判读技术，Arcgis地理信息技术和数据库集成技术，收集获取村镇工业用地、经济发展与资源环境相关信息，构建融合土地规划、人口经济、生态建设等数据一体化、可视化、多功能化的村镇工业用地信息基础数据库，为研究村镇落后工作产能的土地优化技术提供支撑。

（二）建库依据

严格按《地理数据普查及地理数据建库技术规范》《第二次全国土地调查数据库建设技术规范》、土地管理行业规范《县级土地利用规划数据库标准》等相关标准和要求，建立村镇工业用地信息数据库。在建立村镇工业用地信息数据库的过程中，主要参考以下标准文件：

《地图学术语》GB/T 16820-2009

《地球空间数据交换格式》GB/T 17798-2007

《土地利用现状分类》GB/T 21010-2007

《基础地理信息要素与代码》GB/T 13923-2006

《土地基本术语》GB/T 19231-2003

《中华人民共和国行政区划代码》GB/T 2260-2002

《国家基本比例尺地形图分幅和编号》GB/T 13989-1992

《城市用地分类与规划建设用地标准》GB 50137-2011

《城镇地籍数据库标准》TD/T 1015-2007

《土地利用数据库标准》TD/T 1016-2007

《第二次全国土地调查技术规程》TD/T 1014-2007

《国土资源信息核心元数据标准》TD/T 1016-2003

《基础地理信息数字产品元数据》CH/T 1007-2001

《开发区土地集约利用评价数据库标准》TD/T 1029-2010

《县土地利用总体规划数据库标准》TD/T 1027-2010

（三）建库质量标准

为规范村镇工业用地信息数据库的内容、数据库结构和数据交换格式、数据入库标准，促进村镇工业用地信息数据的管理和共享，根据《中华人民共和国土地管理法》《中华人民共和国统计法》《全国土地调查条例》《全国经济普查条例》等法律、法规和规范性文件，参照《国民经济行业分类》《土地利用现状分类》《工业项目建设用地控制标准》《广州市产业用地指南（2013年版）》《城镇地籍数据库标准》和《县土地利用总体规划数据库标准》等相关标准和规程，制订了《村镇工业用地信息数据库规范》。其主要特征如下：

（1）在数字化过程中，地图数字化时均经过变形矫正，边界数字化跟踪精度控制小于0.01 mm。同时采用一致的坐标体系、投影参数。在Arcgis商用软件支持下，建立拓扑关系，并结合人工和自动方式完成数据纠错。

（2）属性数据录入除人为排错外，编制了数据录入程序，完成数据的合法性、完整性及一致性的属性数据质量检核工作。

（3）数据处理过程亦严格按照所用比例尺的空间数据要求进行数据处理。控制点误差小于0.1 mm（图上距离）；现状地物数字化跟踪精度误差小于0.1 mm（图上距离）；拓扑控制参数：容差值（fuzzy）为5 m；线段最小值（weed）为5 m；悬结点限值（dangle）为5 m；结点归并空间距离限值（nodesnap）为5 m；结点与弧段最短距离（snapping）为5 m。

（四）建库流程

根据收集整理的道路、重点产业园区等基础地理信息要素数据以及旧村旧城改造、增减挂钩、生态功能区规划、土地利用规划等土地利用要素数据，整合形成基础地理信息图形数据和土地利用规划数据图层。在对工业企业信息的分析整理基础上，形成工业企业信息属性数据，并与村镇工业用地评估和落后工业产能用地甄别标准研究工作衔接，最后形成村镇工业用地信息基础数据库。村镇工业用地信息基础数据库具体建库流程如图8-1所示。

第八章 淘汰村镇落后工业产能土地优化技术

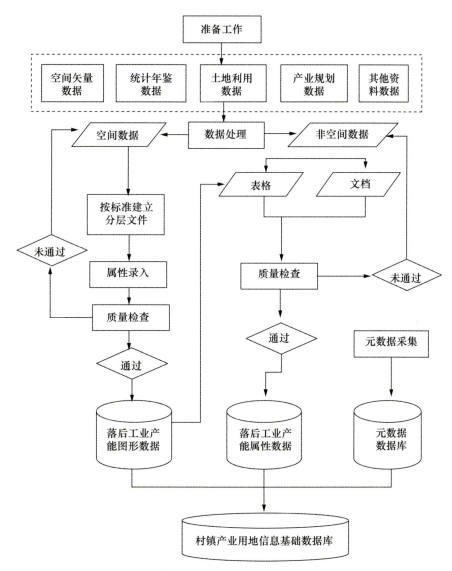

图 8-1 村镇工业用地信息基础数据库技术路线图

第三节 村镇工业用地评估技术和落后产能甄别标准

一、评估尺度

在村镇工业评价指标体系研究中,本研究从空间尺度上划分为宏观、中观和微观三个尺度。宏观尺度是将一个区域（如一个行政区、开发区或一个镇）的村镇工业作为评价对象，将该范围内的所有工业作为一个整体进行评估，评估角度包括政策导向、区域经济发展、社会影响、环境影响、用地效益等；中观尺度的评估对象是一个区域内部的各功能分区（如工业园区）或行政区域（村）；微观尺度主要对具体地块或单个企业进行评估，不同行业内部的企业对应不同的评价体系和标准。

评价目的不一样，选择的评价尺度和评价指标体系也有所不同。宏观和中观评估以行政区、镇、村或者开发区、工业园区整体为评估对象，其工作目标是明确开发区产业用地利用的总体水平，综合评估开发区产业发展的态势和前景，对相关部门责任人的工作进行考核评价。因此，指标体系的构建可以从政策导向（包括产业用地政策效果、政策实施成本及效率等）、产能效率（包括单位GDP能耗、固定资产投入强度、工业用地产出强度）、环境影响（包括单位工业增加值固废产生量、工业用水重复利用率、与周边社会环境的协调性等）、管理绩效（土地开发率、土地供应率、闲置土地处置率、土地招拍挂率等）等方面展开。

微观层次的定量评估，以评估企业综合竞争力、制订优化方案或淘汰退出机制作为主要目的，指标体系包括经济效益、社会效益、生态效益三部分（曹小曙等，2013）。经济效益评估主要考察企业的投入产出情况、财务状况、生产工艺和装备水平、科技含量等，是对单位产业用地投入能否取得特定有效产品（或服务）的评价，反映在产业用地的投入程度和产出程度等方面；社会效益是产业用地对社会需求的满足程度及其产生的相应影响，主要通过企业带来的税收、容纳的就业人数、从业收入、土地资源节约集约等指标来反映；生态效益是产业用地使用过程中对区域生态系统结构、过程和功能，以及生态平衡的影响，主要考察污染物排放、单位产值能耗水平等指标。

本研究以构建微观层次的指标体系和甄别标准、评价示范区主要行业典型企业的综合竞争力、制订淘汰退出机制和产业优化升级方案为目的，综合考虑研究区实际情况、数据收集难易程度、工作成本等因素，同时在建立标准时注意结合宏观的经济、环境、社会发展水平等数据以及能够反映类似区域企业平均发展水平和发展前景的补充数据，制订出一套评价研究区对应企业的发展目标或理想状态的指标体系。

二、评价原则

评估指标体系构建的原则包括：

（一）综合性原则

产业用地的利用是涉及社会、经济、生态的综合过程，许多因素都影响着产业用地利用的效果。因此,建立的评估体系要具有系统性,能较为全面系统地反映涉及产业导向、投资强度、能效和社会效应等多方面内涵在内的产业用地利用状况。

（二）可操作性原则

评估指标体系要通俗易懂,便于统计、获取或判断,从而有效指导落后产业评估工作。各指标之间尽量避免信息交叉、重叠。在不破坏指标系统性的前提下,最大限度地减少指标数量。

（三）可持续性原则

土地资源是不可再生资源,当代人的需求不该对后代人满足其需求的能力构成危害。因而在评价中应考虑土地用途改变引起的土地质量的变化及其可能造成的资源消耗和环境污染风险。

（四）定性与定量相结合原则

为了实现评估的定量化,一般尽量选择可测定或可度量的特征,并运用恰当的方法与数学模型来评估,以提高评估精度;对于难以量化的重要指标采用定性描述指标。

三、指标体系

在之前构建的概念模型的基础上,将细分变量具体化为各种定量或定性指标,并按企业效益类型进行分类,形成村镇工业用地评价体系。评估经济效益的目标包括企业经营状况和发展前景,选择的具体指标包括年产值、营业利润率、应交税费、R&D经费投入强度、产业导向及工艺装备水平。其中产业导向及工艺装备水平为定性指标,其余为定量指标。社会效益的目标包括带动区域发展、集约节约用地等方面,具体指标包括从业人数、从业人员收入、土地产出率、容积率等。生态效益目标主要是资源消耗水平,具体有单位产值能耗、单位产值水耗等定量指标。指标体系如表8-1所示。

表8-1 村镇工业用地评价体系指标表

评价类型	目标	指标	指标属性
经济效益	企业经营状况	年产值	指导性,定量,正相关
		营业利润率	指导性,定量,正相关
		应交税费	指导性,定量,正相关
	企业发展前景	R&D经费投入强度	指导性,定量,正相关
		产业导向及工艺装备水平	强制性,定性

(续表)

评价类型	目标	指标	指标属性
社会效益	带动区域发展	从业人数	指导性,定量,正相关
		从业人员收入	指导性,定量,正相关
	集约节约用地	土地产出率	指导性,定量,正相关
		容积率	指导性,定量,适度相关
生态效益	资源消耗水平	单位产值能耗	指导性,定量,负相关
		单位产值水耗	指导性,定量,负相关

在评估指标体系建设过程中,分强制性标准与指导性标准。

(一) 强制性标准

强制性标准是对不符合国家和地区产业政策导向、装备工艺水平严重落后、生产落后产品的产业实行的淘汰退出标准,也是项目供地的准入标准。该项指标从资源约束、政策约束和技术约束三个层面考虑,其中资源约束主要指土地资源和环境资源约束;政策约束主要指产业发展、产业结构调整政策约束;技术约束主要指生产能力和工艺技术的限制。具体实施以国家发展改革委公布的《产业结构调整目录》、《国务院关于化解产能严重过剩矛盾的指导意见》(国发〔2013〕41号)、《广州市产业用地指南(2013年)》、国土资源部限制、禁止用地项目目录(2012)为依据。其中,属于淘汰类产业或工艺装备水平的直接甄别为落后产能。

(二) 指导性标准

指导性标准是对产能进行全面评估的参照,具体包括:

企业经营状况——选择主营业务收入、营业利润率、应交税费作为评价指标,反映企业的生产能力、盈利能力和纳税贡献,选择与示范区具有相同或相似区位的环渤海、长三角、珠三角、成渝经济区地级以上市(北京、上海、天津、重庆)在第二次全国经济普查年鉴中的分行业数据为基准,并根据《中国统计年鉴》按行业修正到2012年度的指标值。

企业发展前景——选择R&D经费投入强度作为评价指标,以反映企业的技术先进性以及在科技创新、新产品、新技术研发方面的能力,以第二次全国经济普查年鉴中分行业的数值为基准。

带动区域发展水平——选择从业人数和从业人员收入作为评价指标,反映企业创造就业岗位的能力,以第二次全国经济普查年鉴和示范区统计年鉴中的数值为基准。

土地节约集约利用程度——选择土地产出率和建筑容积率作为评价指标,反映企业对建设用地的使用效率,以《广州市产业用地指南(2013年)》和《上海市产业用地指南(2012年)》发布的行业指标值作为基准。

资源消耗水平——选择单位产值能耗和单位产值水耗作为评价指标,反映企业对煤、石油、天然气、水等重要能源和资源的利用效率,参考类似区域地级以上市2013年的统计年鉴以及上海、广州产业指南发布的行业指标值作为基准。

四、指标权重

目前,指标权重的确定方法主要有主观赋权法和客观赋权法。主观赋权法反映了评价者或决策者的主观判断,权重取值结果可能具有一定的主观随意性,受到评价者知识或经验的限制。而客观赋权法虽然利用比较完善的数学理论与方法,但忽视了决策者的主观信息,但是对于评价或决策问题来说,是非常重要的。

(一) 主观赋权法

1. 特尔斐法

特尔斐法是一种较常用的预测方法,用书面形式广泛征询专家意见从而对大量非技术性和系统性的、缺少定量模型的因素作出估算,又称专家调查法、专家打分法。该方法的使用条件首先是要找到一批经验丰富而又熟悉该专题的专家;其次需要明确的咨询主题,使熟悉该专题的专家能清晰地理解问题的性质、内容和范围,并独立做出自己的判。特尔斐法主要依赖专家的经验。在权重选取上,它通过对评价目标、子目标、指标的权重进行一轮或多轮打分来确定,但由于专家评价的最后结果是建立在统计分布的基础上,所以具有一定的不稳定性。

2. 因素成对比较法

通过对所选评价指标进行相对重要性两两比较,赋值,计算权重。在具体计算过程中,各影响因素的相对价值及其在总价值中所占的百分比,完全是评估人员的直接判断。

3. 层次分析法

20世纪70年代由美国著名数学家托马斯·赛蒂(T. L. Saatg)首先提出的。该方法首先建立评价目标、子目标、指标的层次结构,通过对其相对重要性进行判断,将两两比较判断的结果按给定的比率标度定量化,构成判断矩阵,通过计算矩阵的最大特征值及其相应的特征向量,得出该层次指标权重系数,最后进行一致性检验。这种方法以人们的经验判断为基础,采用定性、定量相结合方法确定多层次、多指标的权重系数。

(二) 客观赋权法

1. 标准差法

一般地,标准差是数据偏离均值程度的一种度量。对第 j 个特征(本研究中为指标)而言,标准差越大,表明该特征的变异程度越大,其提供的信息量越大,在综合评价中所起的作用也越大,则其对应的权重也应该越大。反之,则其权重应该越小。类间标准差法得到的第 j 个特征的归一化权重为

$$W_j = S_j \bigg/ \sum_{j=1}^{m} S_j,$$

其中, $S_j = \sqrt{\dfrac{1}{c-1} \sum_{i=1}^{c} (Z_{ij} - \bar{Z}_j)^2}$

为第 j 个特征的标准差, $Z_j = \sum_{i=1}^{c} Z_{ij}/c$ 为第 j 个特征的均值。

2. 熵值法

"熵"是用来衡量事物出现的不确定性的概念。如果某个特征的信息熵 E_j 越小,表明其有序度越高,提供的信息量和重要性就越大,则其权重也应越大。反之,则其权重应越小。第 j 个指标的信息熵可表示为

$$E_j = -\frac{1}{\ln c} \sum_{i=1}^{c} p_{ij} \ln p_{ij},$$

其中, p_{ij} 为经过数据标准化处理后的第 j 项指标第 i 的值所占的比例,用熵值法得到的第 j 个指标的归一化权重为

$$W_j = (1 - E_j) \bigg/ \sum_{j=1}^{m} (1 - E_j).$$

由于本研究用于建立产业评价指标体系和落后产能甄别标准的数据量比较有限,无法客观反映足够的信息量,因此不适宜选用客观赋值法(标准差法、熵值法)确定权重最终选取层次分析法确定评价指标体系的最终权重值。总目标-目标层的判断矩阵如表 8-2 所示。

表 8-2 总目标-目标层的判断矩阵

总目标	经营状况	发展前景	区域发展	节约用地	资源消耗
经营状况	1	5	2	4	2
发展前景	0.2	1	1/3	0.5	1/3
区域发展	0.5	3	1	2	1
节约用地	0.25	2	0.5	1	0.5
资源消耗	0.5	3	1	2	1

各目标的归一化权重:

$$(W_1 W_2 W_3 W_4 W_5) = (0.403, 0.068, 0.209, 0.111, 0.209),$$

其中, $W_1 W_2 W_3 W_4 W_5$ 分别代表企业经营状况、发展前景、带动区域发展、节约

集约用地、资源消耗水平的权重)。一致性指标(CI)与随机一致性指标(RI)的比例 $CR=0.004<0.10$,可以通过一致性检验。

企业经营状况的判断矩阵如表 8-3 所示。

表 8-3 企业经营状况的判断矩阵

企业经营状况	年产值	营业利润率	应交税费
年产值	1	0.5	3
营业利润率	2	1	4
应交税费	1/3	0.25	1

各指标的归一化权重:

$$(W_{11}W_{12}W_{13})=(0.320,0.558,0.122),$$

其中,$W_{11}W_{12}W_{13}$ 分别代表年产值、营业利润率、应交税费的权重。一致性指标(CI)与随机一致性指标(RI)的比例 $CR=0.015<0.10$,可以通过一致性检验。

用同样方法可以得到发展前景、带动区域发展、节约集约用地、资源消耗水平各指标的归一化权重。

$$(W_{21}W_{22})=(0.833,0.167),$$

其中,$W_{21}W_{22}$ 分别代表 R&D 经费投入强度、产业导向及工艺装备水平的权重。

$$(W_{31}W_{32})=(0.250,0.750),$$

其中,$W_{31}W_{32}$ 分别代表从业人数、从业人员收入的权重。

$$(W_{41}W_{42})=(0.500,0.500),$$

其中,$W_{41}W_{42}$ 分别代表土地产出率、容积率的权重。

$$(W_{51}W_{52})=(0.500,0.500),$$

其中,$W_{51}W_{52}$ 分别代表单位产值能耗、单位产值水耗的权重。

五、理想值

理想值是指产业评价指标可达到的理想水平,是落后产能甄别和淘汰的标准、产业优化的预期值,其取值高低直接影响到现实利用水平下的产能效益评价,是甄别标准中最关键的技术要点。理想值除了具有评价功能之外,也是某一评估时点的产业发展和产能效率理想状态,是与示范区村镇工业企业对比的依据。

(一)确定原则

1. 合法合规原则

严格按照相关法律法规、国家和地方制定的技术标准或工作方案中的要求确定理想值。

2. 替代原则

部分指标的理想值采用与示范区具有同等或类似发展水平区域的平均值替代。

3. 差异原则

指不同行业的理想值取值各不相同。

(二) 确定方法

1. 目标值法

结合国家、省、市淘汰落后产能的目标,结合土地利用总体规划、城市规划、有关用地标准、行业政策等,确定指标理想值。

2. 先进经验逼近法

借鉴国内类似区域行业发展的经验和成果,确定指标理想值。可选择环渤海、长三角、珠三角、成渝经济圈地区主要城市(北京、天津、上海、南京、广州、深圳、东莞、重庆等)有关指标值作为参考。

3. 发展趋势估计法

在遵循集约高效、合法合规的前提下,结合社会经济发展状况和趋势估测指标理想值,趋势估计期限宜调整为评估时点或评估时点之后的3~5年。

4. 专家咨询法

通过邀请熟悉淘汰村镇落后工业产能情况的经贸、国土、规划、环保等方面以及各典型行业的专家,在现状分析的基础上,提出各项指标的标准参考值。

(三) 各项指标理想值

1. 企业年产值

以北京、上海、天津、重庆第二次全国经济普查年鉴中分行业(国民经济行业分类(GB/T 4754-2011)的中类)的单个企业平均年产值数据为基准。

第二次全国经济普查的标准时点为2008年12月31日,时期为2008年,为保证数据的现势性,根据《中国统计年鉴》计算出按行业大类分的工业产值、主营业务收入、营业利润(用利润总额的修正系数代替)、应交税费、从业人数的增长率作为修正系数,将经济普查数据修正到2012年度的指标值。选取修正后指标值的平均值作为企业年产值的理想值。

2. 营业利润率

营业利润率是营业利润和主营业务收入的比值,选取修正后北京、上海、天津、重庆第二次全国经济普查年鉴中的数据平均值作为理想值。

3. 企业应交税费

选取修正后的以北京、天津、重庆第二次全国经济普查年鉴中的数据平均值作为理想值。

第八章 淘汰村镇落后工业产能土地优化技术

4. 研究与试验发展(R&D)经费投入强度

R&D 经费投入强度是 R&D 经费支出和主营业务收入的比值,选取上海、天津、重庆第二次全国经济普查年鉴中的数据平均值作为理想值。

5. 产业导向和工艺装备水平

(1) 淘汰类。指不符合有关法律法规规定、资源消耗巨大、污染环境、不具备安全生产条件、工艺技术需要淘汰的产业。具体包括:

国家发展改革委 2013 年第 21 号令公布的《国家发展改革委关于修改〈产业结构调整指导目录(2011 年)〉有关条款的决定》修正后的《产业结构调整指导目录》(以下简称《产业结构调整指导目录》)中确定为淘汰类的落后生产工艺装备和产品。

《广州市产业用地指南(2013 年)》禁止用地项目目录中的产业项目或生产装置。

《上海工业产业导向和布局指南(2007 年)》中的禁止类产业项目或生产装置。

淘汰标准取最高标准,即企业只要符合以上 3 项目录中的任意一项淘汰条件,即被甄别为落后产能企业,应限期淘汰退出或升级生产工艺装备水平,使之符合以上标准。

(2) 限制类。不符合行业准入条件、不利于产业结构优化升级、用地规模较大但产值较低、工艺技术落后、发展已趋饱和的产业。拥有《产业结构调整指导目录》《广州市产业用地指南(2013 年)》和《上海工业产业导向和布局指南(2007 年)》中限制类产业项目或限制类生产装置的企业划为此类。

(3) 鼓励类。突出对新兴产业和技术、高附加值产品和循环经济、节能环保技术的鼓励;突出体现国家和地区重点发展高新技术行业以及符合现代社会需要的产品和设备的鼓励。对应鼓励标准取最低标准,即拥有《产业结构调整指导目录》或者《上海工业产业导向和布局指南(2007 年)》中的鼓励类产业项目或鼓励类生产装置的企业划为此类。

(4) 其他类。待评价企业的产业类型和工艺装备水平等不属于淘汰类、限制类、鼓励类的任何一种。

6. 从业人数

选取修正后北京、上海、天津、重庆第二次全国经济普查年鉴中的数据平均值作为理想值。

7. 从业人员收入

考虑到从业人员收入随时间变化较快、区域差异明显、区域间数值可比性不强的问题,推荐选取工作区(示范区)范围内区(市、县)以上人民政府当年发布的国民经济和社会发展公报中制造业平均工资作为理想值。

8. 容积率

参考《广州市产业用地指南（2013 年）》和《上海市产业用地指南（2012 年）》发布的行业指标值确定理想值。《广州市产业用地指南》对都会区和外围区域适用不同的标准，本研究在制订甄别标准时予以采纳和保留，评价示范区企业时视具体区位而定。《上海市产业用地指南（2012 年）》中的指标包括均值、控制值、推荐值、调整值四种类型，行业（类别）控制值用于确定产业项目准入评估的最低标准，其含义与《广州市产业用地指南》中的指标值相同。具体来说，该指标按照适度提高、合理控制的原则，分析各行业（类别）用地数据的分布，综合考虑城市总体规划、产业导向和布局、区域间产业发展水平差异等因素进行设定，以体现政府对不同产业类型土地利用效率的最低要求。本研究的理想值以控制值作为参考依据。

对于需要开展淘汰落后产能工作的地块中已编制控制性详细规划的部分，理想值以指南中的标准为下限，以控制性详细规划中的容积率为上限。容积率为适度相关指标，超过该区间上限或不到该区间下限的，应按之后的公式计算目标分值。

9. 土地产出率

参考《广州市产业用地指南（2013 年）》和《上海市产业用地指南（2012 年）》发布的行业控制值确定理想值。

10. 单位产值能耗

参考北京、广州、重庆、成都 2013 年统计年鉴中的数据平均值以及《广州市产业用地指南（2013 年）》发布的行业指标值综合确定理想值。

11. 单位产值水耗

单位产值水耗参考《重庆统计年鉴（2013 年）》《成都统计年鉴（2013 年）》发布的行业指标值综合确定理想值。

六、评估模型

产能评估是结合各层次目标和指标权重值，利用加权法计算得出落后产能甄别分值，具体计算过程如下。

（一）指标标准化

当该指标为正向指标时，按下列公式计算：

$$S_{ij} = \begin{cases} \dfrac{X_{ij}}{T_{ij}}, & \text{当 } X_{ij} \leqslant T_{ij} \\ 1, & \text{当 } X_{ij} > T_{ij} \end{cases}$$

当该指标为逆向指标时,按下列公式计算:

$$S_{ij} = \begin{cases} \dfrac{T_{ij}}{X_{ij}}, & \text{当 } X_{ij} \geqslant T_{ij} \\ 1, & \text{当 } X_{ij} < T_{ij} \end{cases}$$

式中,S_{ij}——i 目标 j 指标的实现度分值;X_{ij}——i 目标 j 指标的现状值;T_{ij}——i 目标 j 指标的理想值,不同行业理想值的取值不同。

当该指标为适度相关指标时,按下列公式计算:

$$S_{ij} = \begin{cases} \dfrac{\bar{T}_{ij}}{X_{ij}}, & \text{当 } X_{ij} > \bar{T}_{ij} \\ 1, & \text{当 } \underline{T}_{ij} \leqslant X_{ij} \leqslant \bar{T}_{ij} \\ \dfrac{X_{ij}}{\underline{T}_{ij}}, & \text{当 } X_{ij} < \underline{T}_{ij} \end{cases}$$

式中,S_{ij}——i 目标 j 指标的实现度分值;X_{ij}——i 目标 j 指标的现状值;$\underline{T}_{ij}$、$\bar{T}_{ij}$——i 目标 j 指标的理想值的下限和上限,不同行业取值不同。

该指标为定性指标时:

$$S_{ij} = \begin{cases} 0 & (\text{淘汰类}) \\ 0.3 & (\text{限制类}) \\ 0.7 & (\text{其他类}) \\ 1 & (\text{鼓励类}) \end{cases}$$

(二)目标分值

根据各指标的实现度分值及其对应的权重值,计算各目标分值:

$$F_i = \sum_{j=1}^{n} S_{ij} \cdot W_{ij}$$

式中,F_i——i 目标的产能评估分值;S_{ij}——i 目标 j 指标的实现度分值;W_{ij}——i 目标下 j 指标的权重值;n——指标个数。

(三)产能综合评估分值

基于目标分值,产业用地综合后评估分值按照如下公式计算:

$$F = \sum_{i=1}^{m} F_i \cdot W_i$$

式中,F——产能综合评估分值;F_i——i 目标分值;W_i——i 目标相对总目标的权重值;m——目标个数,这里 $m=5$。

计算得到的 F 即为企业产能评估总得分。由于不同行业各指标的理想值取值不相同,因此需对同一行业(行业大类)的企业得分进行排序,得分较低的企业即为甄别出的产能落后企业,结合区域发展现状和产业规划,按计划逐步淘汰。

七、落后产能甄别标准

落后产能甄别标准的制订考虑依据行业实行差别化的对待方法。适度放宽高新技术产业(电子信息技术、生物技术、新材料技术、光机电一体化技术、环保技术)和相关支柱行业(如电器机械制造业、化学制品制造业、通用设备制造业、医药制造业、交通运输设备制造业等)的淘汰标准;而对于产业导向及工艺装备水平被列入限制类的企业则应从严,适当提高淘汰临界分值。

除了对行业内部企业的产能优劣进行甄别外,还可以对区域行业竞争力和各个工业园区的竞争力进行甄别。得分普遍较低的行业,应分析是否适宜在区域发展和提升或者淘汰。而企业得分普遍较低的园区,可能存在不利于工业发展的区位因素或政策因素,或者存在园区内行业产出率普遍较低等因素,应认定为需要重点制定优化方案的区域。

由于不同行业各指标的理想值取值不相同,各个行业的淘汰标准也不一致。本研究以广州市白云区为例,制订具体淘汰标准如下:

(1) 计算项目区范围内各行业大类的平均分,通过与平均分比较识别出项目区内的优势行业和劣势行业;行业平均分排位在50%之内的为优势行业,其余为劣势行业。优势行业和劣势行业可以结合区域发展现状和产业规划进行适当调整。

(2) 对优势行业按计划逐步淘汰产能综合评估分值小于50以及产业导向及工艺装备水平为淘汰类的企业。

(3) 对劣势行业内的企业得分进行排序,结合区域发展现状和产业规划,按计划逐步淘汰排名在后50%以及产业导向及工艺装备水平为淘汰类的企业。

(4) 对于新能源、新材料、信息网络、生物医药、生命科学、空间海洋开发、地质勘测等战略性新兴产业,若R&D经费投入强度、土地产出率高于该行业理想值且单位产值能耗、单位产值水耗低于该行业理想值,可不列入落后产能范围。战略性新兴产业的认定范围以项目区所在地政府或上级政府的文件为准。

(5) 在落后产能的甄别标准中,闲置用地应单独列成一类。按照国土资源部公布的《闲置土地处置办法(修订草案)》,国有建设用地使用权人超过合同(划拨决定书)规定的动工开发日期满一年未动工,或动工面积不足1/3,或者已投资额占总投资额的比例不足25%,或者中止开发建设满一年的国有建设用地,可以认定为闲置用地。本研究针对村镇产业用地大部分为集体建设用地的情况,认为集体建设用地(主要指产业用地)使用权人超过合同规定的动工开发日期满一年未动工以及中止合同或规划确定的开发建设项目满一年,都可以认定为闲置用地。闲置用地不需要进行效益评估,直接认定为落后产能用地。

第四节 村镇工业用地再开发土地优化配置

对符合村镇落后工业产能标准的工业用地进行重新定位、规划控制、布局优化。工作内容主要包括：

(1) 按照村镇落后工业产能评估标准，对村镇工业用地进行判别，并划分类型。

(2) 确定村镇工业用地改造模式，明确规划定位。

(3) 按照行业用地控制标准，确定规模控制指标。

(4) 优化土地资源的空间布局，提高土地使用效益。

(5) 建立土地管理、收益分配机制。

一、工作原则

(一) 集约用地，提高效益

本着集约化利用土地的基本原则，对淘汰落后工业产能后的村镇土地资源进行优化配置，提高土地使用效率。严格行业土地使用标准，适当提高工业项目容积率、土地产出率门槛。创新机制方法，强化土地资源、资产、资本"三位一体"管理，实现土地利用效益的最大化。

(二) 政府引导，村民为主

按照市场化运作的原则，由政府引导村镇企业进行产业升级改造，对淘汰后的村镇土地进行统一的规划、控制、管理，以保障村民利益。在土地配置过程中始终坚持以村民利益为主的原则，所有程序、方案、办法需要经过村民表决参与。积极培养村民法制意识，引导村民以主人翁的身份参与到土地配置中。

(三) 城乡统筹，统一市场

按照新型城镇化要求，推进城乡统筹，以村镇工业用地为突破口，逐渐建立健全城乡统一的土地市场。建立农村产权流转交易市场，推动农村产权流转交易公开、公正、规范运行。

(四) 生态优先，环境提升

推动生态文明建设，努力提升村镇生态环境质量，强化淘汰落后工业产能后村镇土地的生态化建设，提高绿地率、完善配套设施、改善人居环境，为村镇居民工作、生活提供舒适的环境。

二、土地利用转变方向

根据淘汰落后工业产能后的村镇土地利用功能差异，将村镇工业区(点)划分为 5 种类型：

（一）土地复垦

淘汰村镇工业区（点）的落后产能后，复垦为耕地、园地、林地等农用地类型。主要针对土地耕作条件没有被破坏，仍具备耕作条件，且没有被土地利用规划、城乡规划纳入建设用地范围的土地，如采矿用地、临时工业厂房（棚）、堆场等用地。

（二）行业内更新改造

村镇工业区（点）内工业企业符合落后工业产能标准，但仍为地方重要经济支柱或经过工艺改造、设备更新等技术手段改造后能够达到行业相应标准的土地，以淘汰设备、工艺技术手段为主进行改造。改造后仍为该行业用地，不改变土地使用性质。

（三）工业内行业转型

村镇工业区（点）内工业产能淘汰后仍从事工业活动，但是进行工业行业的转换。该转型需重新引入新的行业企业，但不改变土地的工业用地性质。

（四）第三产业升级

村镇工业区（点）内工业产能淘汰后向第三产业升级。需重新进行统一规划、改造，引进新的产业类型；改造后将改变土地的工业用地性质。

（五）非产业建设用地

村镇工业区（点）内工业产能淘汰后作为城镇公共事业性用途，如公园、公共设施、交通设施等用地，建设活动需要符合相应城乡规划的要求。改造后土地利用性质发生变化。

三、土地优化配置基本模式

淘汰村镇落后工业产能后的土地优化配置主要有以下三种模式：

（一）土地复垦模式

土地复垦模式主要针对村镇落后工业产能用地中利用效率低下、未来没有明确用途、没有规划建设用地规模指标覆盖或指标规模小且分散的工业用地，采取一定的治理措施，使其恢复为生态用地、农用地等非建设用地。

（1）产业方向。发展生态产业或发展农林牧渔等第一产业。

（2）土地利用方向。非建设用地，主要利用方向有生态用地、农林用地等。

（3）适用类型。工业产能严重低下，没有固定建筑物或建筑物质量较差，在土地利用总体规划、城乡规划中规划为非建设用地，镇政府、村集体对地块没有明确用途意向的落后工业产能用地，如采矿区、工业废弃物堆场、废弃工业厂房等。

（4）适用政策。土地复垦模式适用城乡建设用地增减挂钩政策,该部分落后工业产能土地可根据土地整治规划,纳入复垦计划,与建新地块组合成拆旧建新区。

（5）土地补偿与资金平衡。为有序推进落后工业产能土地按照土地整治规划进行复垦,在全面摸清土地权属情况的基础上,鼓励原土地权属人拆除纳入复垦区的低效建设用地,恢复土地的生态或耕作功能,根据城乡建设用地增减挂钩的政策,允许其在符合土地利用总体规划和城乡规划的地块上进行新建,新建项目需符合产业政策或开发强度要求。或参照农村土地综合整治节余建设用地指标流转的有关要求,由政府统筹将零散指标整合到工业园区中,原土地权属人参与分享折算的建设用地指标收益。

（二）产业转型升级模式

产业转型升级模式指淘汰后的工业厂房建筑质量较完好,未来有明确的用途,经适当改造之后可以继续使用的改造模式。

（1）产业方向。以第二产业为主,涉及行业自身的技术升级改造、不同行业间的转型升级,或作为工业遗产建筑进行保护。

（2）土地利用方向。土地利用仍保留为工业用地或物流仓储用地。

（3）适用类型。适用于原工业厂房建筑质量较好、符合现行土地利用总体规划和城乡规划、可以继续使用或稍加改造可使用,亦或具有历史、技术、社会、建筑、科学价值或地方特色,包括建筑、机械、厂房、生产作坊、工厂矿场、加工提炼遗址、仓库等,可以作为工业遗产进行保留保护的村镇工业用地。

（4）适用政策。符合工业园区规划的存量工业用地在符合城市规划且不改变原用途的前提下,经批准在原用地范围内新建、改建、扩建工业项目,提高开发强度且不增收土地出让金。

（5）资金筹措。企业主按照有关要求自行开展生产设备升级改造的,改造费用由企业自行解决,同时按照政府有关部门关于淘汰落后产能的有关政策给予改造费用补助;在工业园区内的存量工业厂房符合城市规划且不改变工业用途的前提下,改扩建工业厂房的,提高开发强度和容积率不增收土地出让金;工业遗产由政府财政或公益组织筹集改造资金。

（三）综合开发模式

综合开发模式是对村镇工业用地进行全面综合开发,包括建筑、道路、环境等;整治后的土地可以作为城镇建设进行综合性开发。

（1）产业方向。根据城镇发展需求,向第二产业或向第三产业转型升级,并相应带动城镇公共事业发展。

（2）土地利用方向。根据土地利用总体规划、城乡总体规划的要求,综合开发为居住用地、公共管理与公共服务用地、公用设施用地、商业服务业设施用地、交通设施用地等。

（3）适用类型。村镇工业用地规模较大，处于城镇重点发展方向上；符合土地利用总体规划和城乡规划；产权清晰、环境良好，具有较好开发建设条件；能够结合城镇开发建设来进行土地的优化配置。

（4）适用政策。根据《关于加快推进"三旧"改造工作的意见》的有关规定，旧厂房改造模式主要有"自行改造，补交地价"和"公开出让，收益支持"两种，落后工业产能土地权属人可自行开发改造除商品住宅外的项目，并按照规定补交地价；落后工业产能土地亦可由政府收储，公开出让，并按出让收益的60%补偿原土地权属人。

（5）土地补偿和资金筹措。采用自行改造、补交地价模式改造的项目，原权属人承担改造费用。改作教育、科研、设计、文化、卫生、体育等非经营性用途和创意产业等，不符合划拨用地目录的，按综合办公用途市场评估价30%计收土地出让金。改作保险金融、商贸会展、旅游娱乐、商务办公等经营性用途的，按新旧用途市场评估价的差价补交土地出让金。采用公开出让、收益支持模式改造的项目，由政府收储，公开出让，并按出让收益的60%补偿原土地权属人。

第五节 小 结

村镇土地再开发是本书研究的主题，基于产业升级视角则是本书研究的特色。为了实现村镇土地再开发过程中产业升级与调整，需对村镇工业用地进行系统评估，甄别落后工业产能，从而为战略性新兴产业的引进提供存量空间。因此，本章研究内容即是村镇土地再开发相关技术的第一步，也是最基础的一步。

研究认为，与城市工业相比，村镇层面的工业在产业结构和空间布局等方面都存在显著差异。因此，以往基于城市工业为对象的产能评估体系难以直接照搬到针对村镇工业的评估；同时，村镇工业相关属性数据也较城市数据更难以获取，使得基于村镇工业的产能评估体系需要更深入和细致的分析。本章首先针对村镇工业的特殊性，开展了经济社会、土地和环境等信息获取研究，并提出了数据库建设技术；然后，构建了基于经济效益、社会效益、环境效益为评价类型、基于企业经营状况、企业发展前景、带动区域发展、集约节约用地、资源消耗水平为评价目标、包含11项指标的工业用地评价体系，并制订了落后产能甄别标准；最后，提出基于村镇工业落后产能评价结果的村镇工业用地再开发土地优化配置路径和方法。本研究提出的村镇层面工业用地评估体系具有一定的创新性和较强的实践性，可以为开展相关评估工作提供借鉴。

参 考 文 献

[1] 王万茂,张颖,王群. 基于经济增长的产业用地结构预测研究[J]. 中国土地科学,2005,19(4):3—8.

[2] 吴爱芝,孙铁山,李国平. 中国纺织服装产业的空间集聚与区域转移[J]. 地理学报,2013,68(6):775—790.

[3] 王业侨. 节约和集约用地评价指标体系研究[J]. 中国土地科学,2006,20(3):24—31.

[4] 丁林可,田燕. 工业用地集约利用评价指标体系初探[J]. 国土资源科技管理,2005,24(7):18—21.

[5] 卢蕊. 河南省火电企业落后产能指标体系分析与评价研究[D]. 郑州:郑州大学,2012.

[6] 贺正楚,吴艳,周震虹. 战略性新兴产业评估指标的实证遴选及其应用[J]. 中国科技论坛,2011(5):10—14.

[7] 赵玲玲,马行裕. 广东工业产业竞争力综合评价指标体系设计研究[J]. 南方经济,2003(6):33—36.

[8] 季曦,陈占明,任抒杨. 城市低碳产业的评估与分析:以北京为例[J]. 城市与区域规划研究,2010,3(2):43—54.

[9] 郑延敏,黄鹏,赖雪梅. 产业用地后评估的指标体系构建[J]. 国土资源科技管理,2013,30(2):76—79.

[10] 顾湘,姜海,王铁成等. 工业用地集约利用评价与产业结构调整——以江苏省为例[J]. 资源科学,2009,31(4):612—618.

第九章

碳减排的土地调控技术

第一节 引 言

经济发展与环境保护之间的关系是现有文献研究的重要议题。工业企业在拉动经济增长的同时,也消耗电力、石油、煤炭、天然气等多种能源,并产生二氧化碳等排放物。本书第六章阐述了碳排放与村镇土地再开发的内在关系,本章将就如何计算工业企业碳排放以及如何制订村镇级别的碳排放标准与土地利用标准进行研究,并进一步对如何使用这些标准和技术进行村镇企业的碳减排调控进行探讨。

大量文献对碳排放与土地利用的关系进行了讨论。廖俊豪(2010)和戴浩芬(2010)分别对台北县林口都市区和台湾嘉义市进行研究,发现都市土地使用对能源消耗和碳排放量有较大影响。王桂新(2012)测算了中国 227 个地级市城市空间效率,验证了城市规模和空间结构与碳排放强度之间存在关联。在全球气候变暖的情况下,通过土地再开发调控碳排放是种一举多得的方式。

现有研究表明,企业碳排放的测算较为困难,村镇层面企业的碳排放量测算难度则更大。目前碳排放的计算方法包括实际测量法、系统仿真法和排放系数法。实际测量法和系统仿真法的操作复杂且误差较大。排放系数法使用较为广泛,由政府间气候变化专门委员会(IPCC)推荐使用。童抗抗和马克明(2011)计算全国三大产业碳排放时使用了排放系数法;胡颖和诸大建(2015)计算建筑行业碳排放量也使用了排放系数法。但是,排放系数法有时也不具有适用性,比如,若企业不愿意提供用电用水数据,排放系数法就会失效。因此,本章阐述如何基于道格拉斯生产函数法构建模型,在数据较少的情况下估算企业层面的碳排放量。模型估算的方法在以往文献中也有运用,例如张诚等(2015)使用超越对数生产函数,利用石油、煤炭、电力、天然气四种能源代替资本、劳动力等解释变量,来模拟物流行业的产值,研究低碳经济下物流的能源效率。另外,目前尚无村镇层面的单位产值企业碳排放标准以及单位产值的土地面积标准,因此需要构建模型将市级层面的标准转化为村镇级层面,从而实现尺度转换。

在计算村镇企业碳排放及村镇企业的评价标准之后,需要制订一套简单可行的调控方案。目前村镇产业调控主要有两大主线:一是产业置换;一是技术改造。产业置换,即"腾笼换鸟",主要指把现有的传统制造业从目前的产业基地"转移出去",把"先进生产力"转移进来,以达到经济转型并实现节能减排的目的。"腾笼换鸟"能够从根本上优化产业结构,降低污染排放,故而受到了许多地区的青睐。比如浙江地区据此提出了"腾笼换鸟"的优农业(用生态农业、精致农业代替传统农业)、强工业(用新型制造业改造提升传统产业)、兴三产(靠"楼宇经济"缓解土地压力)三大方针。

事实上,"腾笼换鸟"成本较高,因而主要适用于排放强度较高的高污染行业及不满足地区产业结构规划的行业置换等情况。相对于"腾笼换鸟",原有产业技术升级可以在控制成本的基础上更好地实现村镇建设用地再开发的碳减排调控目标。具体来说,选择产业置换还是技术改造,需要更为系统的分析。本章技术方法提出基于设计每单位产值碳排放标准和每单位产值土地利用标准的双标准体系来为产业调控提供量化分析的依据。

第二节　村镇建设用地产业活动的碳排放评估技术

一、村镇产业用地碳排放量技术框架

不少文献都对 CO_2 排放强度和经济增长的关系进行了研究,结果表明,经济增长的总量、结构和技术会对 CO_2 排放量产生影响。在定性和定量领域,现有研究利用回归分析与指数分解分析等方法对宏观经济数据与 CO_2 排放量的关系进行了全面分析。土地承载了人类的生产生活活动,土地利用方式表征了产业的结构与总量,因此土地调控与利用对 CO_2 碳排放强度有显著影响。然而现有大部分研究从宏观尺度入手,分析 CO_2 排放量与 GDP 的关系,较少从企业层面研究其与土地调控利用的定量关系。而且对 CO_2 排放量的估测主要使用排放系数法。这一方法有两方面缺点:一是使用时必须了解能源使用情况;二是与土地利用没有直接关系。基于以上分析,本书认为有必要构建小尺度的碳排放模型用于指导村镇层面的碳排放调控,并且有必要寻找土地各要素与碳排放

的直接关系,进而调控土地利用。借鉴现有学者构建碳排放评估模型,如张诚(2015)在《能源使用和GDP的关系》中创造了超越对数生产函数等,本章构建了以下两个层面的模型,通过土地利用计算、评价和调控碳排放。

对于研究地块(可以是任何划定区域),按照土地使用的性质,可将其分为农地、林地、草地、工业用地、商业服务业用地、居住用地、物流仓储用地。前三类用地产生碳汇,后四类用地产生碳源。

区域的总碳排放是E,

$$E = E_c - E_s$$

其中,E_c为区域上的碳源,E_s为区域上的碳汇。

能源部门碳排放核算方法及工业过程和产品使用为主要的碳排放源,具体可参照《2006年IPCC国家温室气体清单指南》中公式和碳排放系数缺省值,步骤如下:

(一)计算能源消费碳排放

结合能源统计数据的特点,在实际核算中,能源消费碳排放量以各部门各类燃料消费量为基础,并乘以特定的排放因子。

其中,化石燃料燃烧二氧化碳排放量按如下公式计算:

$$E_j = \sum Q_i * \beta_i$$

式中,E_j为第j种产业二氧化碳直接排放量;Q_i为产业j所消耗的第i种能源的总量;β_i为i能源的碳排放因子。

(二)核算农业用地碳排放

农业用地碳汇核算也主要参照《2006年IPCC国家温室气体清单指南》,与农田相关的碳汇主要有三个:生物量、死有机质和土壤(土壤有机质)。核算农田的碳排放需分别核算上述三个碳汇的变化情况:

$$\Delta C = \Delta CB + \Delta CD + \Delta CS$$

其中,ΔC为碳排放增量;B为生物量;D为死有机质;S为土壤(土壤有机质)。

1. 生物量碳

这里生物量只估算多年生木本作物的生物量变化。生物量碳的核算采用增加-损失方法,即

$$\Delta CB = \Delta CG + \Delta CF$$

其中,ΔCB为生物量中年度碳库变化;ΔCG是由于生物量增长引起的年度碳库的增加(ΔCG=土地面积*生物量积累率);ΔCF是由于生物量损失引起的年度碳库的减少(ΔCF=土地面积*生物量碳损失);生物量积累率和生物量碳损失的数据可从IPCC的报告中获得。此处计算的是地上部生物量,并假设农业体

系中多年生树木的地下部生物量没有发生变化。

2. 死有机质碳

死有机质主要指死木和枯枝落叶。此处假设农田中不存在死木和枯枝落叶库,或假设其处于平衡状态(如在农田结合系统和果园中),不必估算其碳库变化。

3. 土壤碳

土壤碳库主要有两个:矿质土壤和有机土壤。由于矿质土壤碳库的变化是与农田的管理改良相关的,而此处忽略农田内部利用方式的转变,因此假设矿质土壤碳库变化是零,只考虑有机土壤碳库的变化,即

$$\Delta CS = 特定气候区的面积 * 排放因子$$

通过以上核算方法,计算出整个镇域范围内的净碳排放 E。

若 $E \leqslant 0$,则说明整个镇的二氧化碳排放与吸收平衡,不需要减少碳排放。

若 $E > 0$,则说明镇域范围内二氧化碳的排放大于吸收,需要调整村镇土地的利用。

商业用地、物流用地和居住用地的碳排放主要取决于居住人口和用地面积,调整空间不大,而工业用地的碳排放则由于企业类型、技术、资本、能源利用方式的不同有很大的差别。工业碳排放也是乡镇碳排放的主体,因此在镇域二氧化碳排放与吸收不平衡时,我们主要考虑调节村镇企业的碳排放来维持整个系统的碳排放平衡。

根据以上的地块碳排放量计算框架,可以算出各种用地类型的总碳排放量/吸收量。对于村镇地块来说,最重要的碳排放来源为村镇企业用地。而且使用能源使用法来计算村镇企业工业用地的方法在实际运用中并不方便,需要大规模的调研,成果也不一定可靠。因此,本书使用道格拉斯生产函数构建了新的方法来计算企业层面工业用地的碳排放总量。

二、村镇企业碳排放计算函数

落实到企业层面并且绕开能源消耗来计算碳排放的方法可以称作碳排放间接计算法。对于企业来说,企业制造多少碳排放量与企业生产产品的类型、质量、数量密切相关。如果企业生产的产品是高能耗的产品,那么企业每生产一单位的产品,排放的 CO_2 就更多。同理,企业当年生产的产品越多,碳排放量也更多。但是,企业在某一个时间段内不生产产品,也可能产生碳排放,这些碳排放被用来设备的持续使用(耗电)、维持机器的温度等。以钢铁厂为例,机器对能源的使用是阶梯式的,生产 1 kg 的产品和生产 1 t 的产品实际上需要机器消耗的能量是相等的,由此本章提出固定碳排放和变动碳排放的概念。

$$E = E_{固} + E_{变} \tag{9.1}$$

对于企业来说,总的碳排放量由固定碳排放和变动碳排放决定。其中,固定碳排放是企业不生产产品也要消耗能源产生的碳排放。每家企业的固定碳排放量都不一样,每家企业的产品类型数量也都不一样,如何找到一个具有普遍适用性的计算方法非常关键。

(一)固定碳源

企业的固定碳排放量主要和企业生产产品的类型以及企业的规模有关,企业的规模可以通过企业的占地面积和固定资产来反映。固定碳源是相对于变动碳源而言的,具体是指碳源总额中,在一定时期和一定业务量范围内,不受业务量的增减变动影响而能保持不变的碳排放。

固定碳排放可以写为

$$E_{固} = k_1 S + k_2 V + b_1 \qquad (9.2)$$

其中,S 为该企业的土地实际使用面积,即占地面积乘以容积率。使用面积比占地面积更能解释土地的使用强度。V 为该企业的固定资产,可以在企业的财务报表中获得,小型企业可以通过调研与实地评估获得。k_1, k_2, b_1 为回归得到的常数,与整个模型的其余系数一起拟合得到。

(二)变动碳源

变动碳源是指那些二氧化碳排放量在相关范围内随着业务量的变动而呈线性变动的碳排放量。直接消耗能源和间接消耗能源是典型的变动碳源,在一定期间内它们的发生总额随着业务量的增减而呈正比例变动。

衡量变动碳源的方法有很多,比如根据产品的件数来衡量,根据产品的重量来衡量。但是依据上述不同标准计算得到的可能重量差距也很大。对于企业这种经济生产单位来说,产值是相对于所有的产品而言都很重要的性质,它随着企业经济状况改变而改变。因此,衡量单位产值的碳排放量对于决定是否要保留企业,以何种方式来保留企业都有比较大的参考价值。至此,可以得到企业产值和碳排放量的关系,如图 9-1 所示。

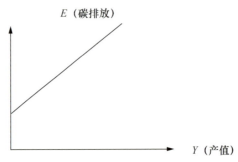

图 9-1　企业产值和企业总碳排放量的关系

估计碳排放量的公式可以写为

$$E = E_{固} + E_{变} = (k_1 S + k_2 V + b_1) + \Delta u Y \quad (9.3)$$

其中，Δu 为单位产值的碳排放，需要细分行业计算，行业划分越细，单位产值的碳排放就越可靠；Y 为企业的年产值，如果企业的年产值可以在调研中得到，那么就可以依据式(9.3)估算出企业的碳排放量。变动碳排放是由产品生产的技术以及企业的污染处理设备决定的，只有技术提升了，单位产值的变动碳排放 Δu 才会减少，可以将变动碳排放写成产值 Y 和单位产值碳排放 Δu 的乘积。本书认为 Δu 和土地面积 S 及固定资产 V 没有直接关系。产值 Y 受到土地的影响更大，产值与土地面积、固定资产和劳动力 L 数量有关。

如果企业的年产值未能获得，亦可以通过柯布-道格拉斯生产函数进行估算。柯布-道格拉斯生产函数是美国数学家柯布(C. W. Cobb)和经济学家保罗·道格拉斯(Paul H. Douglas)共同探讨投入和产出关系时构建的生产函数。这一函数在生产函数的一般形式基础上做出进一步改进，引入了技术资源这一因素，利用数学模型来预测国家与地区的工业系统或大企业的生产和分析发展生产途径，其基本形式如下：

$$Y = A(t) L^{\alpha} K^{\beta} \quad (9.4)$$

式中，Y 是工业总产值，$A(t)$ 是综合技术水平，L 是劳动力投入量(单位是万人或人)，K 是资本投入量，一般指固定资产净值(单位是亿元或万元)，α 是劳动力产出的弹性系数，β 是资本产出的弹性系数。对于固定投入比率函数，国际上一般取 $\alpha=0.2\sim0.4, \beta=0.8\sim0.6$，中国根据国家计委的测算一般可取 $\alpha=0.2\sim0.3, \beta=0.7\sim0.8$。本章采用美国经济学家 R. M. 斯诺提出的中性技术模型即斯诺模型。在这种情况下，$\beta=1-\alpha$，属于不变报酬型。$A(t)$ 表示对生产技术水平、经营管理水平和服务水平的综合评价，全面反映企业的适应能力、竞争能力和生存能力。$A(t)$ 是内生的，一般通过回归得到的。$A(t)$ 值越大，说明技术水平越高。

虽然土地为生产活动提供了空间载体，是非常重要的投入要素，但是柯布-道格拉斯函数中的固定资本是舍弃了描述土地价值的资本，原因在于土地价值随市场波动太大，一旦放进模型中会对模型产生不可控的影响。因此欲将土地对生产的影响加入柯布-道格拉斯生产函数中，不应将土地的市场价格或者成本价格生搬硬套进去，而是要根据土地对生产的实际影响机制对土地的价值进行修正，修正方法主要考虑土地空间承载力。

K 是指能够有效使用的固定资产，如果固定资产相对于土地面积过大，土地就会非常拥挤。一定土地面积上，能承载的资本投资是有限的。

假定 1 平方米的建筑上能够承载的最密集的资本投资量为 R，则一个厂能够承载的最大的资本投资总量为 RS，当固定资本投资超过这个值的时候，再增加资本投入对于生产而言是无效的。

修正后的资本表达式为

$$K = RSV/(RS+V) \tag{9.5}$$

将式(9.5)带入式(9.4)中，得

$$Y = A_{(t)} * L^\alpha [RSV/(RS+V)]^\beta \tag{9.6}$$

至此得到了一个比较完善的柯布-道格拉斯生产函数。但是柯布-道格拉斯生产函数衡量的是满负荷生产状况下的产值，实际生产中，时常有产能与需求不匹配的状况。就目前中国现状而言，相当多的行业都处于产能过剩状态。

将 Y 乘以产能利用率 x，得到实际的生产产值，除了产能利用率之外，我们还选用资本周转率。产能利用率可在行业研究报告中找到。如果行业研究报告中没有，可用固定资产周转率来代替，

固定资产周转率 = 产品销售净额 / 固定资产年平均净额

$$Y = k_3 L^\alpha [RSV/(RS+V)]^\beta q \tag{9.7}$$

将式(9.7)代入式(9.3)中，得到碳排放企业建筑面积、固定资产、劳动力、行业类型的最终关系式，如下：

$$E_{ct} = (k_1 S + k_2 V + b_1) + \Delta u \{ A_{(t)} L^\alpha [RSV/(RS+V)]^\beta q \} \tag{9.8}$$

其中，k_1，k_2，b_1，$A_{(t)}$ 为模拟得到的系数；Δu 为通过企业数据库计算出来的常量，各个行业中不同；S 为建筑面积，此处等于 mn（土地面积×容积率），$S=mn$；q 为行业某一年的产能利用率。

通过此模型，可以用土地面积、企业固定资产、劳动力数量、固定资产周转率来估算企业的碳排放量。

对于少数行业没有固定碳排放的情况，可以取固定碳排放为零。对于没有固定碳源的行业，取 $E_{ct固}=0$。

第三节 村镇尺度企业评价标准的转化技术

一、村镇尺度单位产值碳排放标准的转化方法

计算出企业碳排放之后，需要对企业的碳排放状况进行评估，评估有两个维度，一个是单位产值碳排放，一个是单位产值土地面积。这两个维度共同作用可以衡量生产的性价比。本部分讨论单位产值碳排放的标准，下一部分讨论单位产值土地面积的标准。

对于各行业碳排放的标准，能够查阅并且直接计算的主要是国家级、各省级

以及一些中心城市的市级标准,无法查阅到村镇级别的标准。而且国内村镇数量繁多,实际情况差异很大,也很难制定统一的标准。故本书在此需要把能够查阅并且直接计算得出的市级标准,向村镇级标准做一个转换,这种转换需要考虑到村镇的具体区位、村镇在这个城市地位以及经济、人口等实际情况。本书设计一个由一定数量变量构成的公式,将省(市)级标准向村镇级标准进行转化。

一般情况下,村镇产业的单位产值碳排放标准,可由所在市的产业的单位产值碳排放标准与相应的系数 α_1、α_2、β 相乘得到。

设定:

α_1/α_2 = 单位 GDP 消耗标准煤(镇所在区)/单位 GDP 消耗标准煤(市)

在具体的计算过程中,通过查阅相关的统计年鉴、国民经济和社会发展公报获取数据。如果单位 GDP 消耗的标准煤数据无法获得,则可进一步用单位工业增加值消耗的电量来替代。

α_1 代表某镇 i 产业单位产量机器能耗水平和某市 i 产业单位产量机器能耗水平的比值,是代表生产机器技术含量差距的一个比值。

α_2 代表某镇 i 产业锅炉对于燃料的氧化水平和某市 i 产业锅炉对于燃料氧化的比值,也是代表生产机器技术差距的一个比值。

β 代表某镇 i 产业单位产量的价格水平与全市单位产量价格水平之间的比值,为 i 产业产品技术水平的差异。

但是,由于 α_1、α_2 和 β 无法直接获得,因此可以通过相应镇所在区的宏观指标和市的宏观指标之间的比例,来间接的衡量和判定。

又有 $\alpha_2 = 1/\alpha_1$。根据这个式子并结合上一个 α_1/α_2 的关系式,可以分别求解出 α_1 和 α_2。结果为

$\alpha_1 = \sqrt{\text{单位 GDP 消耗标准煤(镇所在区)}/\text{单位 GDP 消耗标准煤(市)}}$

$\alpha_2 = \dfrac{1}{\sqrt{\text{单位 GDP 消耗标准煤(镇所在区)}/\text{单位 GDP 消耗标准煤(市)}}}$

β = 人均工业增加值(镇所在区)/人均工业增加值(市)

人均工业增加值 = 工业生产总值/规模以上工业企业平均从业人数

二、村镇尺度土地利用面积/产值标准的转化方法

上一节通过转换市级标准,得到村镇尺度单位产值碳排放标准。可利用类似方法计算单位产值使用的土地面积标准。

设 θ 为某镇 i 产业容积率和所在市 i 产业容积率的比值,反映该镇和所在市土地使用强度之间的比值,并通过这个比值校核镇级的相关标准。

$$B_{\text{镇}i} = B_{\text{市}i}/\theta \tag{9.9}$$

实际计算过程中,如果难以获得"镇产业用地平均容积率/市产业用地平均

容积率"相关数值,可以考虑用全市的平均容积率,乘以一个镇的区位系数来表示。这个区位系数为该区政府所在地与市政府所在地距离与全市各个区政府所在地与市政府所在地的离的平均数的比值。

第四节　村镇建设用地再开发的碳减排调控机制

设定某企业所属行业的单位产值用地面积指标上限标准为 B,单位产值碳排放指标上限标准为 A。本着转换成本的原则,若单位产值用地面积和单位产值碳排放中的其中一个超出标准,可以考虑进行改造升级;若单位产值用地面积和单位产值碳排放两者均超出了标准,且两者都在两倍标准之内的,则同时进行与碳减排与与土地集约利用两方面改造升级;若两者有其中一个超出了两倍标准,则直接淘汰。单位产值用地面积和单位产值碳排放均没有超过标准的,则无需改造升级,进行保留。

(1) 单位产值占地面积大于 $2B$,或单位产值碳排放量大于 $2A$ 的企业直接淘汰;

(2) 单位产值占地面积小于 B,单位产值碳排放量小于 A 的企业保留,无需改造升级;

(3) 单位产值占地面积小于 B 且单位产值碳排放量位于 $[A,2A]$ 区间的企业保留,但需要进行与碳减排相关的改造升级;

(4) 单位产值占地面积位于 $[B,2B]$ 区间,且单位产值碳排放量小于 A 的企业保留,但需要进行与土地集约利用相关的改造升级;

(5) 单位产值碳排放量位于 $[A,2A]$ 区间,且单位产值占地面积位于 $[B,2B]$ 区间的企业保留,但需要同时进行与碳减排相关和与土地集约利用相关的改造升级。用图形 9-2 表示如下:

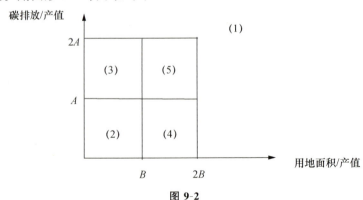

图 9-2

第五节 小 结

合理利用能源和控制碳排放是提升中国经济可持续发展的关键。如何计算企业层面的碳排放以及如何在村镇层面设定的碳排放标准是促进村镇实现碳减排的核心问题。本章通过研究村镇层面的碳排放评估技术,实现对全国村镇企业的碳排放量估算,并通过一定的换算因子选择,实现碳排放标准从省市尺度向村镇尺度的转换,从而实现对村镇工业碳排放的评估。本章选择单位产值碳排放和单位产值用地面积两个变量,构建基于碳减排的土地调控机制,从而为实现村镇土地的可持续利用提供技术支撑。

参 考 文 献

[1] 王桂新,武俊奎. 城市规模与空间结构对碳排放的影响[J]. 城市发展研究,2012,19(03):89—95.

[2] 童抗抗,马克明. 中国的产业产值与能源消耗碳排放相关性研究[J]. 中国环境科学,2011,31(07):1212—1218.

[3] 胡颖,诸大建. 中国建筑业CO_2排放与产值、能耗的脱钩分析[J]. 中国人口·资源与环境,2015,25(8):50—57.

[4] 杨振兵,张诚. 产能过剩与环境治理双赢的动力机制研究——基于生产侧与消费侧的产能利用率分解[J]. 当代经济科学,2015(06):42—52.

第十章

循环经济型土地配置技术

第一节 引 言

村镇建设用地再开发是在原有用地空间进行转型调整的基础上进行的。由于早期开发过程中,村镇建设用地一直处于城市规划控制之外,用地开发权限和政策不断调整,用地空间组织主要依靠村集体自发安排,形成了职住混合的用地形态(Kong et al.,2015)。在用地再开发的过程中,需要根据现有用地的结构特征、产业结构特点和发展的阶段性,识别循环经济的发展机会,并从用地配置上予以干预配合。

为了实现促进循环经济发展的长效机制,首先需要将当前的土地管理从平面的土地用途管制向立体的综合资源管理转变。因此总体技术路线要这一制度设计的方向出发,适应循环经济技术系统转型过程的复杂性和多层次性。

正如前文回顾的那样,循环经济发展并非当下的新事物,而是随着村镇工业化发展不同阶段的推进而不断改进完善的。自20世纪80年代以来,中国村镇工业化经历了村村点火、户户冒烟的分散发展阶段(王辑慈等,2001)。随着工业生产规模扩大、污染排放增加、环境压力越来越大,90年代中后期分散的村镇工业,在政府土地管制和规划引导下,逐步向工业园区集中,并不同程度地采取了共享环保基础设施、工业副产品交换等循环经济措施,以改善工业生产的环境表现,提高资源利用效率(袁曾伟,毕军,2010)。这些措施在一些环境问题比较突出的专业化产业区发展中显得尤为突出,如纺织、皮革、化工、金属加工等。不过,这一时期由于市场空间不断扩大,处于正规化的工业园区以外的生产企业往往得不到较好的基础设施和政策支持,但仍然能够继续发展。因此在很多经济发达地区的村镇,分散的工业仍然与居住区混合在一起。并且,居住区为了满足外来工人的租住需求,往往形成高密度的非正式居住社区,生活基础设施配套良莠不齐。

上述地方工业系统演化过程是技术与社会制度系统的共同演变(Nelson and Winter,1982;Dosi,1982)。一方面,可以采用产业生态学近年来提出的系统分析方法,以适应技术创新的开放性和动态性(石磊,2008;Green and Randel,2010);另一方面,应当制订面向实际的操作化解决方案,以识别和把握再开发项目中的循环经济发展机会(Graedel and Allenby,2004)。特别是多层次技术转型理论的提出,通过对微观层次的创新活动提供创新基础,为新技术的发展创造市场和机会(Geels,2010)。为此,我们提出了图10-1所示的循环经济型再开发的技术路线。

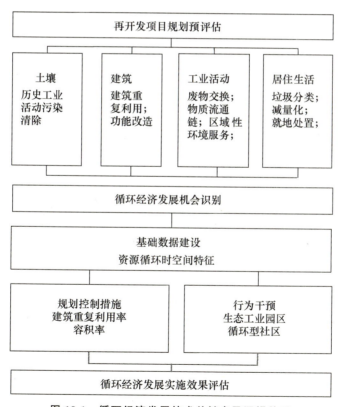

图 10-1　循环经济发展技术关键点及逻辑关系

改造规划的评估需要从物质流层面的必要性与技术-社会体制层面的可行性两方面加以分析,从而确定实际操作的可能性。通过广泛的相关主体参与,识别并明确行动机会所在,达成改造目标的共识。在此基础上,建设基础数据库,为制定和评估规划方案以及跟踪改造效果提供技术支撑。

第二节　村镇产业空间的循环经济识别技术

村镇是最基层的社会管理单元,在快速工业化过程中面临社会经济结构的急剧转型。村集体是微观改造中土地所有者与土地使用者进行土地开发利用方面的交易平台,在微观改造模式中发挥着相当重要的决策功能。为了更加有效地在土地管理部门、村集体和土地开发使用者之间传达土地利用现状信息,识别循环经济发展机遇,建立合作行动共识,首先需要在基础数据方面实现开放共享。为此,以村为最基层的空间单元,建立数据基础。

一、基础数据架构

村镇空间物质循坏基础数据库是构建面向循环经济的村镇建设用地再开发信息决策系统的核心内容。信息系统的基础数据架构综合集成基础地理信息要素、土地规划要素、村镇产业用地要素和居民社区空间要素,是实现多维度数据一体化、村镇企业数据可视化和再开发项目规划评估集成展示等功能的基础。基础数据库基本架构主要包括:基础地理信息要素图层、土地规划要素图层、建筑图层。

（一）基础地理信息要素数据集

该数据集包含村镇地块所在区域的基础数据情况,包括区域交通系统、水系、居民点、基础设施、人口等。数据集里的图层包括所属大区域范围行政区划、行政区界线、水系、交通。行政区划图层的属性表中包含该区域范围统计年鉴信息。

（二）村镇空间要素数据集

该数据集集中在待改造的目标村镇范围内,通过实地调研一手采集的数据,主要包含土地和建筑2个图层以及企业和居民2个对应建筑的数据库,其主要属性信息如下:

1. 功能地块图层

具体包括目标标识码、要素代码、图斑编号、土地利用性质、现状用地类型、规划用地类型、权属类型、规划容积率、现状容积率。

2. 建筑图层

具体包括要素代码、建筑编号、现状用途、楼层数、权属、规划用途、所属地块用地类型、占地面积、建筑面积、建筑空置情况、规划重用建筑面积、规划重用占地面积、规划建筑密度、目标标识码等。

（三）村镇社会经济动态数据集

1. 企业列表

根据工商企业数据库结合实地调研资料建立村域范围内的企业信息动态数据库。具体包括：

（1）企业基本信息。编码、企业名称、注册地址、法人代码、行业类别、行业代码、就业人数、注册资本、销售收入、利税总额等。

（2）土地使用信息。所属地块、占地面积、厂房及配套用地面积、生活服务设施用地面积等。

（3）建筑利用信息。建筑占地面积、建筑面积等。

（4）企业环境信息。年度用电量、年度鲜水用量、年度循环用水量、年度废水排放量、使用大宗材料类型及用量、使用及排放环境敏感物质名称及用量、是否具有区域环境服务功能等。

2. 居民列表

以户为单位，按建筑建立居民数据表，利用现场调查和社区活动搜集的真实数据，并参考区域统计年鉴计算的户均数据，建立村域范围内的居民微观模拟动态数据。具体包括：

（1）居民户基本信息。居住地块、居住建筑、家庭规模、居住户型、拥有机动车数量等。

（2）居民环境行为信息。年度用电量、年度用水量、生活垃圾产生量、餐厨垃圾产生量、可再生垃圾产生量、生否参与社区生活垃圾分类、垃圾分类投放量、投放积分数等。

3. 现场采集信息列表

针对特定地块，采用现场数据采集技术，采集能耗、水耗、居民行为等实时信息，具体包括：

（1）在线采集能耗信息。结合改造规划中有的清洁生产或生态工业示范，设计在线信息采集方式。通过企业能耗与物耗之间的比例关系，估算物料消耗水平，并与实地调研的物料消耗相校核，评估循环经济发展的潜力和评估改造效果等。

（2）在线采集水耗信息。针对用水大户和污水排放大户，设计在线水耗信息采集方式。通过水耗与污染物排放之间的比例关系，估算环境敏感物质排放水平，并与实地监测结果相校核，评估循环经济发展的潜力和评估改造效果等。

（3）居民垃圾投放记录。针对居住区改造，可以尝试引入智能化垃圾分类系统，通过设计参与流程，建立积分系统，鼓励居民参与垃圾分类，并跟踪投放行为和投放物构成的变化等。

二、资源循环的空间识别

在基础数据库的基础上,开展目标规划村镇的资源循环空间特征识别。按照图10-1所示的分析框架,主要采用物质流分析方法,对土地、建筑、工业和居住四个层次物质代谢的现状和动态变化趋势进行分析。物质流分析是对特定区域范围内物质出入和存续状态进行定量分析的一种方法。根据质量守恒定律,物质流分析的结果总是能通过其所有的输入、储存以及输出过程来达到最终的物质平衡。它与生命周期环境影响评价相结合,为资源、废物和环境的管理提供了方法学上的决策支持工具。具体到村镇规划再开发区域的应用,首先要明确关键物质流;其次物质流数据采集要根据数据可得性,按照存量(stock)持续时间、流量(flow)规模、环境敏感性三个标准,建立评估模型,对环境风险、资源节约潜力进行定量评估。评估所需的基础数据来源可参见表10-1。

表10-1 资源循环的空间特征数据项及基础信息来源

项 目	内 容	数据来源
土壤	污染土地面积	根据土壤污染调查
建筑	建筑面积	根据建设现状和规划图估算
	容积率	根据建设现状和规划图估算
工业活动	大宗原料	根据工业项目环评报告获取(改造项目由企业报告)
	环境敏感物质	根据工业项目环评报告获取(改造项目由企业报告)
	工业用鲜水*	根据工业项目环评报告获取(改造项目由企业报告)
	工业循环用水*	根据工业项目环评报告获取(改造项目由企业报告)
生活居住	有机垃圾	根据人口数量推算
	可燃垃圾	根据人口数量推算
	可回收垃圾	根据人口数量推算
	生活用水*	根据人口数量推断

注:* 根据用水量及地区水资源稀缺性可选。

(一)土地再利用

对于改造规划中将要改变原有工业用地用途,进行复垦或转为商住用途的土地,需要对土壤污染状况进行调查,评估土壤修复的必要性,以保证过去的工业生产活动留下的污染不会对未来的土地利用方式造成潜在的危害。污染土地情况首先要结合原有产业特点,进行定性评估。如果存在高污染行业,污染程度可参考土壤污染调查,并辅以现场测试。

(二)建筑再利用

建筑、基础设施的物料存续时间和规模最大。在保证质量,并按照规划要求控制容积率、日照、公共空间的前提下，如果能够重复利用，减少废弃物的产生量，则可实现对资源的节约。针对村镇建设用地空间再造的规划，可以根据建设现状和规划图中的建设量，对大宗建筑材料的流量和存量，如水泥、钢铁、铜、铝、PVC 等，加以估算。

（三）工业共生

对于维持原有产业活动的改造项目，需要通过物质流分析，研究大宗材料流和环境敏感物质的流量和存量特征，在此基础上识别产业共生的机会。物质流在初期调查期间可以针对重点企业采用问卷和访谈方式，进行详细调查。对于大范围的企业，可以参考行业标准，采用能耗水耗进行间接估算。还可通过工业项目环评报告，获得环境敏感性物质的使用情况。对于高风险环境敏感物质的流向，可参考环境监测部门的实时监控数据。

（四）居住生活

针对村镇建设用地职住混合的特点，将居住区纳入分析。在微观尺度探索可持续生产消费模式的建构途径，以建构社区生活垃圾分类模式为目标，探索产业化的方式，促进生活垃圾减量再循环。根据居住的人口规模推算生活垃圾产生量，辅以问卷调查和现场行为追踪技术，对新模式的改造效果进行评估。

第三节　循环经济型再开发项目规划评估技术

现阶段，村镇建设用地再开发主要是将合法外的村镇建设用地逐步纳入合法轨道。随着土地产权不断明晰，城乡土地入市逐渐实现同地同权，村镇建设用地并不需要执行特殊的循环经济标准。但在制度并轨阶段，为了破除村镇建设用地再开发与确权过程中仅仅关注土地的经济收益的现实和问题，将循环经济发展的目标纳入规划评估过程中有其现实意义。再开发和确权过程需要快速决策，而循环经济发展模式转型是一个相对漫长的过程，因此我们在循环经济识别技术的基础上，需要结合再开发规划及后评估的实践操作需求，设计为规划决策服务的循环经济评估技术。评估体系分为两部分：

（1）再开发项目规划评估。用于评价拟开展再开发项目的规划是否充分考虑了循环经济发展的目标，是否能够识别出一些切实可行的循环经济发展机会。

（2）规划实施效果评估。用于对再开发项目的运行进行持续跟踪，并建立起从平面的土地用途管理到立体的综合资源管理的管理构架。本节主要阐述再开发项目规划评估技术，第四节阐述规划实施效果评估技术。

根据基础数据的分析框架,对申请再开发项目的规划文本进行预评估。考虑到规划建设过程的弹性,预评估以定性评价为主,评估指标体系如表 10-2 所示。该指标体系从土地、建筑、工业活动和居住生活四个方面对再开发项目进行评估。从评估工作的效率出发,评分标准尽量参考相关标准。

表 10-2　村镇建设用地再开发项目循环经济规划评估指标

项目	内容	评估依据
土壤	对存在工业污染的土地,评估土壤修复效果	根据规划用地功能调整情况判断
建筑	建筑重复利用	再开发项目规划
	容积率	再开发项目规划
工业活动	大宗原料	根据工业项目环评报告获取(改造项目由企业主动报告)
	环境敏感物质	根据工业项目环评报告获取(改造项目由企业主动报告)
	工业用鲜水*	根据工业项目环评报告获取(改造项目由企业主动报告)
	工业循环用水*	根据工业项目环评报告获取(改造项目由企业主动报告)
	工业共生关系	根据实地调研
	区域环境服务功能	根据实地调研
生活居住	有机垃圾	社区综合改造方案
	可燃垃圾	社区综合改造方案
	可回收垃圾	社区综合改造方案

注:*根据用水量及地区水资源稀缺性可造。

一、土地再利用

针对工业用地再开发,根据规划中现状和未来土地利用性质的设定,决定是否需要开启土壤修复评估。如工业用地将转换为其他用途,就需要考察评估现有工业活动对场地土壤的污染情况,并且根据污染评估的结果,在规划实施中增加土壤污染修复的相关要求。

二、建筑再利用

针对原有建筑的改造。规划可行性评估阶段,重点关注旧建筑空间重用的比率、容积率调整两个指标。鼓励通过设计对旧建筑空间进行改造和重复使用。同时,根据所在区域上位规划的要求考察容积率的变动,并通过容积率调整,改善规划区域的空间质量。

三、产业更新

针对地区产业更新,可以按照企业自主更新、产业"腾笼换鸟"两种不同模式,评估改造效果。两种模式的改造主体不同,改造的侧重点也不同。

在企业自主更新方面,企业对生产流程改造的效果更了解。由于是自主投入、自主建设,改造主动性高,实施难度也较小。但是由于存在土地确权和用地性质变更的政策红线问题,操作中的风险也比较大。建议由待改造地块的企业主动申报改造方案,申报方案中需要提供企业目前工业活动清洁生产是否达标,环境敏感物质排放是否符合环境保护部门的排放管理要求和监测设施要求证明等信息。对于产业专业化特色鲜明的地区,需要对现有企业间的产业共生关系和物质流现状进行梳理,并根据产业区发展的阶段特征,提出循环经济发展的机会所在。其次,根据申报方案,简要评估改造前后,项目对所在区域大宗材料流和环境敏感物质流的影响。最后,要兼顾企业生产活动对所在区域的环境服务功能,包括相关企业的副产品消纳,生活垃圾处置和再利用等。

对于现有支柱产业面临严重衰退、外来投资者大范围撤资、工厂关闭比例高、区域产业面临深刻转型压力的村镇,有必要实施产业腾笼换鸟的规划方案。对拟引进的新兴产业进行定性评价。规划改造方案应当有新产业投资者的参与,对新投资项目,可从大宗材料流和环境敏感物质两方面,定性评估对区域物质流格局的影响。同时,培育能够为所在地区提供目前所欠缺的环境服务功能的产业。

四、生活方式重塑

对于工业用地改造为商业居住的项目,可围绕商业居住功能,考察循环经济模式可能带来的新产业机会。以社区垃圾分类推广模式的探索为例,需要提出改造项目在垃圾分类回收体系建设和相关设施规划的设想,并设置再生资源回收目标及垃圾清运处置减量目标。

第四节 循环经济型再开发项目规划实施效果评估技术

循环经济体系的建设是一个长期的可持续生产消费模式转型的过程,因此规划评估技术的重点在于规划实施效果的长期跟踪与评估。从目前土地再开发实践来看,循环经济很难成为开展再开发的核心动力,再开发项目的经济效益仍然是衡量项目是否可行的首要因素。循环经济目标在大部分再开发项目中,要么作为约束目标,要么作为辅助优化目标出现。

一、基础数据的动态维护

第三节中所阐述的循环经济识别技术,为再开发项目规划实施以后的长期追踪和评估提供了有效的技术支持。这与土地资源管理制度改革的长期目标——建立土地之上的立体的综合资源管理体系是一致的。为此,需要在村镇建设用地再开发过程中,逐步完善基础数据库,定期审视目标完成情况,调整干预措施和行动方案。

二、实施评估指标体系

表10-3展示了再开发项目循环经济实施效果评估指标体系的基本构成。其中土地和建筑再利用主要参考现有标准和规划要求。存在工业污染的土地如需改变用途,要在再开发之前完成污染土壤的修复工作。

工业活动循环经济实施效果评估的核心环节是围绕规划可行性评估阶段识别的关键物质流,建立基于实时监测的关键物质流估算模型。实时监测较为成熟的技术对应的能耗和水耗,根据行业或企业用电、用水的历史数据,构建实施监测能耗水耗与物质消耗之间的动态模型,进一步估算大宗原料、环境敏感物质的物质流变动情况。这种方法大大降低了物质流长期跟踪的成本,对于一些传统的原料密集型的流程工业,也具有较好的适用性。

表10-3 村镇建设用地再开发项目循环经济实施效果评估指标

项目	内容	参考标准
土壤	对存在工业污染的土地,评估土壤修复效果	污染场地土壤修复技术导则(HJ 25.4—2014);《场地环境调查技术导则》(HJ 25.1-2014);《场地环境监测技术导则》(HJ 25.2-2014);《污染场地风险评估技术导则》(HJ 25.3-2014)
建筑	建筑重复利用	参照《绿色建筑评价标准》GB/T50378-2014评估旧建筑改造的环保效益
工业活动	容积率	参考上位控制性详细规划
	大宗原料	根据用电量估算
	环境敏感物质	根据根据产量、能耗或用水量估算
	工业用鲜水*	实时监测
	工业循环用水*	实时监测
生活居住	有机垃圾	实现分类回收
	可燃垃圾	实现分类回收,并评估减量化
	可回收垃圾	实现分类回收
	生活用水*	参考所在城市居民人均生活用水量

注:根据用水量及地区水资源稀缺性可造。

三、围绕新技术引用,完善地方治理机制

村镇建设用地职住混合对资源就地循环较为有利,需要在再开发过程中进一步明确。目前,如何在居住生活的废物治理与生产环节的再生资源消费之间建立起有效的联结,存在深刻的公共治理矛盾。本章介绍的项目技术方案,一方面重点解决了社区层面消费者参与分类回收的行为引导技术难题,通过建立居民家庭分类行为的追踪机制,有针对性地对分类行为给予恰当的激励(或者对消极不配合的行为给予有效的惩戒),另一方面,也能为生产者责任延伸制度等新的经济激励工具提供有价值的参考。在具体操作中,需要针对不同类型的废物管理,引入专业回收机构,建立与后续加工处理相衔接的社区回收体系,并对回收和减量效果进行持续跟踪。

第五节 小 结

本章突出村镇在工业化与城镇化过程中形成的用地特点,提出以村为基本单元,在维持职住功能混合特征的前提下,识别循环经济发展机遇的土地利用与规划管理技术。

首先,建立全面立体的基础地理信息系统,包含土地利用、建筑更新、工业共生和居住生活四个层次,全面把握地方社会经济演化中的物质流变化格局和趋势。

其次,针对不同主体主导的微改造项目,从是否需要开展土壤修复、是否能够对建筑进行改造更新和功能转换、是否能够在企业内部或企业之间发展副产品交换、是否能够为商业居住活动提供更有效的垃圾减量和循环利用解决方案几个方面,识别循环经济发展的机遇,并配合整体规划制订改造方案。

第三,对改造项目开展持续的跟踪,包括基础数据库的动态维护和规划效果后评估。这一过程也是围绕新技术的应用,而实现微观治理机制发展的过程。这种小尺度的微观改造可有效提升提高宏观尺度的土地管理的弹性和效率。

参 考 文 献

[1] 王缉慈. 创新的空间[M]. 北京:北京大学出版社,2001.
[2] 袁增伟,毕军. 产业生态学[M]. 北京:科学出版社,2010.
[3] 石磊. 工业生态学的内涵与发展[J]. 生态学报,2008,28(7):3356—3364.
[4] Green K and Randles S. 产业生态学与创新研究[M]. 鞠美庭,楚春礼,张琳等译.

北京:化学工业出版社,2010.

[5] Kong H, Sui D, Tong X and Wang J. Paths to mixed-use development: A case study of Southern Changping in Beijing, China [J]. Cities, 2015(44): 94—103.

[6] Graedel T, Allenby B. 产业生态学[M]. 施涵译. 北京:清华大学出版社,2004.

[7] Nelson R and Winter S. An Evolutionary Theory of Economic Change[R]. London: Belknap Press of Harvard University Press, 1982.

[8] Dosi G. Technological Paradigms and Technological Trajectories: A Suggested Interpretations of the Determinants and Directions of Technological Change[J]. Research Policy, 1982(11): 147—162.

[9] Geels F. Ontologies, Socio-technical Transitions (to Sustainability), and the Multi-level Perspective [J]. Research Policy, 2010, 39 (4): 495—510.

第十一章

新兴产业土地配置技术

第一节 引 言

现阶段中国新兴产业的发展受到了种种因素制约,其中重要的一个是稀缺的土地资源。中国土地资源配置不尽合理,大量建设用地特别是村镇建设用地被低效率的传统企业占据,导致新兴产业的进入面临空间约束,这直接导致了新兴产业发展的受阻和地区产业升级的滞后。

基于此,本章结合国家、区域和城市关于新兴产业发展战略的总体安排,通过实地调研和考察,研究新兴产业区域评价技术,解决产业升级过程中"会来何种产业"的问题,明确地区未来产业发展趋势和其对土地资源的需求;其次,在村镇层面评价新兴产业用地适宜性,根据区域现有的自然、经济条件判别本地哪些区域具有承载新兴产业的适宜性,判别地区建设用地的供给状况及供给空间格局,并根据新兴产业的用地特殊性和各产业间的差异性,构建不同类型新兴产业用地供需评估方法,评价村镇地区新兴产业的用地适宜性;最后,进一步结合以上两部分,判别在现有土地利用空间格局与供需状态下哪些企业可以引进、哪些企业需要腾退。通过构建用地空间置换模型,完成满足新兴产业用地需求的村镇建设用地再开发过程,制订新兴产业用地空间置换约束标准,研发新兴产业空间置换技术。利用以上技术使村镇产业用地实现优化配置,新兴产业得以引进落地。

第二节 新兴产业区域评价技术

区域是产业发展的基础,产业又是区域发展的核心。一个产业应当在什么地方发展是一个宏观层面的问题,而一个地区应当发展什么样的产业则是一个中观层面的问题(吴殿廷等,2010)。探索区域产业升级与发展方向需要明确区域的发展条件如何以及什么样的产业能够在该区域进行发展。为了回答这一问题,本技术从区域评价入手,通过建立区域条件评价与产业需求模型,双向耦合来判断区域适宜发展的产业类型。

一、区域特征与产业升级

随着社会和经济发展水平的提高,区域在不同的发展阶段,其产业种类、特征与发展情况会呈现出不同的特点。产业作为推动区域经济增长与社会发展的核心要素,也会随之发生"演替"。现有理论对区域增长阶段提出了不同的划分方法,例如,罗斯托主要将区域发展划分为五个阶段,分别为:传统社会、起飞阶段、成熟阶段、高额群众消费阶段和追求生活质量阶段。随着社会以及经济的增长,产业会出现不断更新的发展趋势。产业会逐渐由低端产业向高端产业发展;由一产为主向三产为主的社会形态转变;劳动密集型、资源密集型产业逐渐减少,取而代之的是资本密集型以及技术密集型产业;区域逐渐由生产中心向研发中心转变,产业附加值逐渐提升;服务业也开始伴随制造业的下降而逐渐占据社会主导地位。而在这些产业的发展同时,区域的要素禀赋与交通距离、经济密度等要素都影响着产业的升级情况。

本技术采用波特钻石理论框架为分析基础建立评价指标体系对产业发展特征进行评价。钻石模型理论框架多次应用于区域主导产业研究中。波特认为,在国家经济中,钻石体系会形成产业集群。也就是说,一国之内的优势产业以组群的方式,借助各式各样的环节联系在一起,而不是平均分散在经济体中。钻石模型主要由生产要素、需求条件、企业战略结构与竞争、相关与支持性产业四个基本要素以及机会和政府两个辅助要素组成。

本部分评价单元为区域两位数制造业产业,产业选择方法分为两步进行。

第一步:针对企业战略、机构和竞争,需求条件,相关及支撑产业,政府和机遇五个方面进行综合打分。

表 11-1 产业选择指标

要素层		指标层
需求条件	外部市场需求量	销售量/总产量
相关及支撑产业	相关及上下游产业的区域集聚水平	该两位数产业的空间集聚水平 技术相关产业
产业竞争力	区域产业的市场占有水平	区位商

(续表)

	要素层	指标层
可持续发展指标	污染水平	产业污染排放水平的位序百分比
政府	政府对产业的支持力度	虚拟变量:依据政府是否有产业支持政策,或将该产业确定为规划重点发展产业
机遇	突发性事件	技术突破,能源危机,金融危机,自然灾害等事件发生与否的虚拟变量

第二步:对产业要素需求条件进行分析,划分产业要素条件的特征分类,并确定区域是否能够满足产业的发展需要。产业类型划分:劳动力密集、资源密集、资本密集、技术密集、污染密集型。以相应指标计算或标准划分确定各产业类型的典型行业。依据区域所能供给的要素丰裕程度来判断是否能够有效支撑产业的可持续发展,由此对产业进行第二轮筛选。

表11-2 产业分类方法

产业类型	产业筛选方法	高度密集
劳动密集型	职工总数/总产值	24,18,19,42,21,23,17,20
	应付工资总额/职工总数	16,40,25,32,37,41,33,26
资源密集型	《2010年国民经济和社会发展统计报告》六大高耗能行业中的五个制造业	26,31,32,33,25
	《北京市工业当前限制、禁止发展采用高耗水工艺生产的产品目录》	17,19,22,26,29,31,33
资本密集型	(固定资产+流动资产)/总产值	16,25,32,28,33,37,26,15
技术密集型	研发投入/总产值	40,27,36,37,41,39,35,29
环境密集型	污染物排放/总产值	31,22,32,33,26,28,25
交通敏感型	基尼系数	24,28,40,18,19,17,42,41

因此,本技术的区域评价与产业选择技术路线如图11-1所示。

二、新兴产业区域评价体系

（一）空间区位与要素分布差异

区域发展离不开生产要素,而导致地区之间发展水平差异的主要原因源于企业生产要素在空间中的不平均分布。企业生产与发展主要依赖的生产要素包含劳动力、资本、土地、能源等。Ellison 和 Glaeser 认为自然资源禀赋是决定产业区位选择的基本因素(Ellison and Glaeser,1999;Kim,1995),他们发现部分产业的地理分布受制于自然资源和劳动力的比较优势。Davis 和 Weinstein(1996;

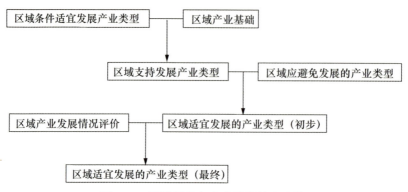

图 11-1　区域评价与产业选择技术路线

1998;1999)以及 Hanson 和 Xiang(2002)等学者考察了产业区位选择中自然要素、市场条件和生产外部性的重要性,其中资源条件对产业地理分布具有特别显著的影响。中国出口产品的要素特征一般仍以劳动密集、资源密集型为主。而随着周边欠发达国家、地区廉价劳动力优势的逐渐凸显,产业核心技术与研发创新能力成为促进产业发展的核心力量(黄志基等,2013)。

1) 产业的发展,取决于外生的自然资源禀赋和内生的集聚经济条件

区域要素禀赋特征决定产业发展的初始选择,而新经济地理要素则会强化这种选择。新经济地理理论认为影响区域产业发展最重要的因素为报酬递增、运输成本、偶发事件与路径依赖(段学军等,2010)。为了更清楚地分析经济发展的空间区位问题,克鲁格曼提出了两个关注点:运输成本与报酬递增。克鲁格曼在经济区位研究中认为:在报酬递增的前提下,即使要素禀赋、技术和偏好等因素相同,现实经济的空间分布状态也会体现出不可预测性和多态均衡性(段学军等,2010)。通过引入距离因素到冰山运输成本的函数中,可以发现运输成本和要素流动是引起地理经济差异的关键因素(李小建等,2009)。

2) 交通设施与距离因素是新经济地理学者研究的重要区位要素之一

Woodaed(1992)将本地交通通达性作为衡量区域和国家市场可达性的变量,并将其与高速公路的联系作为良好通达性的代理变量,结果发现其对企业的建立具有显著的正向影响。Goetz(1998)在能源密集型企业区位选择研究中证实道路基础设施的重要性。Beke 和 Murakozy(2005)发现道路网能够促进地方企业集聚。

区域之间的发展差异不仅体现在不同等级的城市(镇)空间与周边郊区及村落,更体现在不同等级区域带来的人口密度与经济密度空间差异上。在一定区域范围内,不同城市由于自身属性与优势不同有不同的职能与分工。这些城市

共同组成了区域的有机整体,并在多方面因素共同作用下,导致了区域发展现状的差异。因此,区域评价要采取从不同要素角度进行综合评价的方法。

(二) 区县级尺度评价指标体系

区域评价指标选择主要从要素价格与要素存量两个角度进行衡量。综合比较以往学者对要素指标的选择,结合区县层面的数据可得性,选址指标如下(表 11-3)。

表 11-3 区县级评价指标体系

目标层	要素层	理论基础	指标层
资源禀赋	劳动力	新古典增长理论; 要素禀赋理论:劳动力要素优势	在岗职工平均工资 在岗职工总数
	资本	新古典增长理论; 要素禀赋理论:资本要素优势	工业企业固定资产存量
	资源	要素禀赋理论:资源要素优势	建设用地面积 工业用电年平均电价 工业用水年平均水价
	技术	新古典增长理论;技术优势	财政投入科技三项费用
	环境	污染避难所假说:环境污染部门倾向于布局在环境规制较弱的发展中国家与地区	二氧化硫排放总量
新经济地理	经济密度	新经济地理理论:路径依赖与报酬递增	主导产业区位商 主导产业产值 单位面积 GDP 人均 GDP 三产占比 二产占比
	距离	新经济地理理论:交通成本	距离港口距离 距离机场距离 距离火车站距离 距离区域中心城市距离 距离国家级高科技园区距离

劳动力要素评价指标多采用总职工数、职工工资水平等(朱光良,2002;孟鹏等,2004;刘鹤等,2006;陆玉麒等,2009);资本采用制造业企业资本存量;资源与产业的需求内容相关联,包括土地、水、能源三要素,并考虑与产业需求的对应性与数据可得性,选择土地面积、水与能源价格为指标(毛汉英等,2001;孟鹏等,2004;樊杰,2009);技术考虑政府对当地产业的科技、研发方面的投资水平(毛汉

英等,2001;樊杰,2009);环境采取区域污染物排放水平作为区域产业的污染能力的表征,以二氧化硫排放总量为指标(管卫华等,2011)。在分析区域要素禀赋的基础上了解区域的经济基础以及距离区域核心地点的远近。城市行政区地域尺度较大,以城市群为背景进行评价时考虑的地理距离目标,应为交通枢纽以及经济贸易中心为城市群层面的中心,因此选择的主要中心为港口、机场、火车站(杜国庆,2006)、中心城市(孟鹏等,2004)以及国家级高科技园区。

(三)乡镇级尺度评价指标体系

研究乡镇区位条件对于城市发展与空间拓展具有基础性作用。乡镇是区县的下一级行政单元,在城市中一般处于城镇化推进的前端,在城市空间拓展的过程中是新厂、新居民点等城市构成要素的选址区域,对于城市发展来说是新功能的承载主体。因此,城市新功能的选址以及拓展方向的决策取决于乡镇区位条件,区位条件好的乡镇有更大的发展潜力。一些城市新区选址时也选择对区位条件较好的乡镇进行优先开发。乡镇层面的评价指标,不仅关注区域基础性要素,更关注交通区位条件。同理,本部分建立城市内各镇的相应指标库,对目标镇的区位条件进行评价。

镇级层面的数据一般可得性较差,因此对指标体系的构建需要在上一层级产业选择的基础上进行筛选。由于镇级数据一般仅统计人口和地方经济数据,因此主要从这两方面选择指标。另外,距离要素的指标选择需要重新考虑区域的尺度作用下恰当的距离目标,因而此部分选择的距离目标为高速公路、机场、火车站、公路货运站以及城市中心。

评价指标列于表 11-4 中:

表 11-4 乡镇区域评价指标体系

目标层	要素层	指标层
资源禀赋	劳动力	非农产业从业人员数
	资本	全社会固定资产投资
	资源	建设用地面积
新经济地理	经济密度	人均收入 二产占比
	距离	距离高速公路出入口距离 机场 火车站 公路货运站 市中心

本研究采用熵权法进行分析。熵是对系统不确定程度的一种度量,不确

定性越高,则熵越小。在完全均匀状态下,熵值最大。熵值法的基本原理是赋予离散度高的指标更大的权重,强化信息量更大的指标,并赋予其更强的解释力度。

第三节 新兴产业用地适宜性评价技术

村镇层面战略性新兴产业用地适宜性评价是村镇层面产业用地再开发和空间优化布局的重要基础。村镇产业用地适宜性直接决定了村镇现有土地资源的供给状况。目前对产业用地的适宜性评价的研究主要集中在城镇层面,本技术基于产业区位理论,结合中国村镇产业用地的现状,从新兴产业的特性出发,构建"限制性-综合适宜性评价"评价指标体系,利用层次分析法和可拓优度评价方法,将村镇产业的用地适宜性划分为高度适宜、中等适宜、低度适宜和不适宜发展等多个等级,不仅在理论层面具有较强的可行性和科学性,在实践层面也能够为转型期中国村镇层面战略性新兴产业用地空间布局提供方法支持和决策依据。

随着中国城市化进程不断加速,产业用地结构调整、扩建改建以及优化配置都对土地的适宜性评价研究工作提出了新的要求。国内土地适宜性评价的研究经历了从适农性土地评价研究,到对生态和环境保护,乃至服务于城市化和城市产业发展的非农适宜性土地评价研究的过程。截止到目前,将土地视为产业用地进行适宜性评价的研究并不多见(颜明,2011),而且尚无对村镇层面的产业用地开展的适宜性评价。与县域尺度的土地适宜性评价工作相比,村镇产业用地适宜性评价的研究范围小、工作底图比例尺大,对用地的要求更具体,对适宜性评价指标体系和评价方法也提出了更高的要求。

一、理论基础、技术路线以及数据获取

村镇产业用地适宜性评价是以区域内特定产业作为研究对象,评价村镇是否适宜发展该产业的过程。本研究将产业区位论作为构建技术设计评价系统、选取评价指标、确定指标权重并开展实际评价工作的理论支撑。

村镇产业用地适宜性评价流程主要分为数据库资料收集、产业评价指标体系构建、实施评价三个步骤。评价的相关数据资料主要通过调研获得,并通过地块法结合地块单元的属性特征划分评价单元,在此基础上完成建立各评价单元属性数据库。评价过程中首先考虑用地审批情况、规模化条件等影响因素对产业用地适宜性评价的限制性影响,然后进行综合性指标评价,主要考虑区位条件、自然条件、社会经济条件以及自然生态条件四个影响条件,并通过可拓优度

评价方法确定各评价指标的权重，得到最终评价结果。

适宜性评价的前期准备工作主要包括研究对象的选取、评价单元的划分以及相关数据信息的获取。本研究的对象是一定范围内的村镇产业用地。土地适宜性评价单元是按照土地质量均匀一致原则划分的土地适宜性评价的最基本单元(薛保山，刘刚，2009)，它既是完整反映自身特性的最基本地块，也是评价中获取数据的基础工作单元。评价单元划分对土地评价工作的实施至关重要。目前，土地适宜性评价中评价单元的划分方法主要有4种：一是以土壤类型图斑为评价单元；二是以土地类型图斑为评价单元；三是以土地利用现状图斑为评价单元；四是通过将上述两种或多种类型的图斑进行空间叠加，形成新的评价单元。几种方法均有其可取之处和缺陷，第四种是前三种的综合，是利用现代计算机技术发展的新方向。根据村镇产业用地的特殊情况，我们选用地块法将土地利用现状图斑作为我们的评价单元：根据明确的权属界线或者地物界线，将土地属性相似的地块划分为封闭的单元。

鉴于村镇层面产业用地的资料整理往往缺乏系统性，相关土地属性的资料主要通过调研方法的获取。获取过程主要包括：资料上报、遥感分析、现场调查核实、数据处理(图11-2)。最终在获得评价单元划分的同时获取各个地块单元的资料和调查信息。

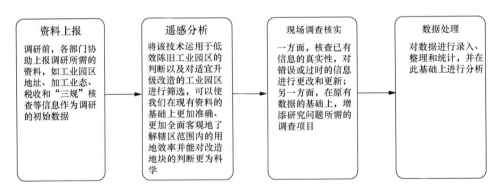

图 11-2　评价单元数据库建立流程

二、评价指标体系的构建

评价指标体系是适宜性评价工作的关键所在。本小节以土地利用理论为基础，结合村镇产业用地和战略性新兴产业的特征和需求，构建了战略性新兴产业村镇层面产业用地适宜性评价指标体系。该指标体系充分考虑"自然—经济—社会"三者的重要影响以及传统土地利用基础理论、土地利用可持续发展思想等

第十一章 新兴产业土地配置技术

理论支持,并充分遵循针对性原则、差异化原则、主导性原则、数据的易获取性原则。最后,基于村镇产业用地自然条件约束、制度约束以及综合效益约束,构建限制性和适宜性的村镇产业用地适宜性评价指标体系。

(一) 限制性指标

首先,受村镇自然基础条件的影响,工程地质条件和生态敏感度等条件是否符合相应要求是村镇用地是否可用作产业用地开发的首要约束条件,应该用作村镇产业用地限制性评价指标;其次,受土地制度等约束,工业园区规划等核查结果(是否符合城市规划和土地规划)也包含该类信息(包括工程地质条件、生态敏感度等),本技术将其作为可选的限制性评价的指标之一。限制性指标准则层和对应的评价适宜级如表 11-5 所示。

表 11-5 村镇层面产业用地限制性评价指标

限制性评价指标		准则层	适宜性分类
可选	工程地质条件	重点防治区	不适宜
		次重点防治区	适宜
		一般防治区	适宜
	生态敏感度	禁止开发区	不适宜
		限制性防治区	适宜
		重点开发区	适宜
		优化开发区	适宜
	规划核查情况	符合城市规划和土地规划	适宜
		不符合城市规划和土地规划(政策范围内)	适宜
		不符合城市规划和土地规划(不在整改政策范围内)	不适宜

(二) 综合评价指标体系

综合适宜性评价采用"自然—经济—社会"指标体系,该体系充分运用于城市建设用地、产业用地、工业园用地等适宜性评价中(表 11-6)。

表 11-6 村镇层面产业用地适宜性评价适宜性指标表

适宜性指标	自然条件	自然资源禀赋 可利用地规模		重要自然资源条件 园区占地面积
	经济条件	地区经济状况	经济总量	所在村 GDP 总量
		产业支撑	高新产业 园区产业基础	高新技术工业区临近度 单位产出
	社会条件	基础设施		基础设施条件
		交通条件	交通可达性	据飞机场、火车站或汽车站距离 据最近高速公路、国道、省道等重要公路或地铁的距离

1. 自然条件

一方面是指某些特定产业在空间布局时会受到的自然条件约束和限制。如新能源行业中的风能、太阳能等发电新能源，就要求在所布局的区域有丰富的风能、太阳能自然资源。另一方面，对于产业的发展来说，扩大企业规模、实现规模经济有利于提高产业竞争力。而可用地规模是决定企业生产能否集中，进而实现规模效应的重要影响因素，因此，可用地规模是影响产业用地适宜性程度的重要指标。

2. 社会条件

社会条件是指产业区位因子中的劳动力、公共配套设施和交通设施等因子。区域内的公共基础设施是影响产业发展的重要因素，该类设施主要包括园区内的商业设施、生活设施以及娱乐设施等。交通条件是影响园区区位条件的最重要的影响因素之一，本技术选取交通可达性作为衡量交通条件的差异指标。

3. 经济条件

经济条件主要包括区域的地方经济状况和产业支撑等要素条件。同时，创新和技术溢出是产业发展的重要推动力量，本技术选取与最临近高新技术工业区和最临近科研院所的距离作为产业支撑条件的衡量指标。

三、不同新兴产业的适宜性评价

本技术采用层次分析和可拓优度评价相结合的方法来进行村镇层面用地适宜性评价。在采用层次分析法确定适宜性评价权重的基础上，使用可拓优度评价法得到产业用地的综合适宜性评价得分。

（一）层次分析法确定适宜性评价权重

针对不同的新兴产业特征，本技术通过比较两两评价指标对该产业区位选址的相对重要程度，产生比较结果。再用所有的比较结果形成一个判断矩阵，在确保一致性检验通过的情况下，确定不同评价指标对该新兴产业的相对权重值。然后再根据不同新兴产业的特性，重复进行上述方法的应用，即可确定不同新兴产业的适宜性评价指标权重。

层次分析法（AHP）是对一些较为复杂和模糊的问题做出决策的简易方法，它是由美国运筹学家 T. L. Saaty 教授于 20 世纪 70 年代初期提出来的，特别适用于较难用定量分析的问题。它先根据实际情况抽象出较为贴切的层次结构；再将某些定性的量做比较接近实际的定量化处理。采用层次分析法把一个复杂的问题表示为有序的递阶层次结构，通过对决策方案的判断，进行优劣排序（表 11-7）。层次分析法通过经验知识和主观要求构造判断矩阵，具体操作如下。

1. 构造判断矩阵

请专家分别就产业优选技术指标的重要性逐一两两进行比较,一般采用 1~9 标度方法,评比不同的情况,给出数量标度,构造不同指标重要性的判断矩阵。

表 11-7　AHP 法标度表

标　度	定　义	含　义
1	同样重要	两个因素相比,具有同样重要性
3	稍微重要	两个因素相比,一个因素比另一个因素稍微重要
4	明显重要	两个因素相比,一个因素比另一个因素明显重要
7	强烈重要	两个因素相比,一个因素比另一个因素强烈重要
9	极端重要	两个因素相比,一个因素比另一个因素极端重要
2、4、6、8	相邻标度中值	上述两相邻判断的中值
上列标度倒数	反比较	因素 i 与 j 比较的标度为 a_{ij},则因素 j 与 i 比较的标度为 $a_{ji}=1/a_{ij}$

2. 计算特征向量

在此基础上,计算判断矩阵的最大特征根 λ_{max} 及其相应的特征向量 W_{ij}。特征向量 W_{ij} 就是各个评价因素的重要性排序,即权重的分配数值。计算最大特征根一般采用方根法、和积法等。

3. 一致性检验

用一致性比率 C.R 检验判断矩阵的一致性。C.R 越小,说明判断矩阵的一致性越好。一般认为,当 C.R<0.1 时,判断矩阵符合一致性标准,层次单排序的结果是可以接受的。否则,需要修正判断矩阵,直到检验通过。

(二)可拓优度评价法确定适宜性评价结果

就适宜性评价而言,常用的方法有特尔菲法、常规多指标综合评价方法、模糊综合评判法、遗传算法和神经网络等方法。大多数研究者的土地适宜性评价模型都建立在特尔菲法和常规多指标综合评价方法的基础上(谢俊奇,1998;叶艳妹,吴次芳,2002;彭建等,2003;孙华等,2003;温特华,2007;刘忠秀,谢爱良,2008)。此外,李明秋(1996)、于声(2007)等运用模糊综合评判法建立模糊评价模型,来评价土地的适宜性。遗传算法、神经网络等一些新技术随着计算机技术的发展也得到日益广泛的应用。王艳等(2008)、孙华芬等(2008)利用遗传算法和神经网络对建设用地进行评价。

本研究采用以可拓学的物元模型和可拓集合、关联函数理论为基础而创立的可拓优度评价方法来评级产业用地适宜性。这个方法是由中国学者蔡文等人于 1983 年创立的一门用于解决矛盾问题的新型工程理论方法。它通过建立多指标性能参数的综合评判物元模型来描述矛盾问题，通过建立关联函数对事物质变和量变过程进行定量描述，并以定量的数值表示评定结果，以期较完整地反映被评价对象的综合水平。

可拓优度评价方法具体的操作步骤如下：

(1) 确定物元。把待评产业的评价指标实测值用物元表示，称为待评物元。

(2) 确立待评物元的经典域与节域。经典域指土地适宜性等级对应于各特征值所规定的量值范围；节域表示土地适宜性对应于特征值的取值范围。统一规定各特征的对应各适宜性等级 N_j 及量化分级标准，得到土地适宜性分析的经典域物元 R_j 和节域物元 R_P。

(3) 首次评价。确定各衡量条件的权系数后，除去不满足必须条件的对象，对已符合必须满足条件的对象进行下面的步骤。

(4) 建立关联函数，计算合格度。

(5) 计算优度。

针对各新兴产业，最终得到各产业在研究区域内的适宜、较适宜、中等适宜和不适宜四个级别的适宜性分类。

第四节　新兴产业用地空间置换技术及置换标准

新兴产业区域评估技术评估了区域产业发展的适宜性，解决了在区域综合条件约束下的新兴产业供给状况。然而这些产业如何进入地区，需要新旧企业的置换过程来完成。所谓产业置换，指依据相应的标准腾退部分现有企业，同时引进目标产业，以此完成地区产业组织演替，在空间上实现土地利用用途更新、土地利用结构转换、土地利用布局调整和土地产权重组的过程以及在此过程中实现的产业结构升级调整、企业效率提升和土地资源配置的优化（陶小马，2000）。欲实现上述目标，最核心的问题是如何在控制区域产业用地的目标下，因地制宜地制订区域产业准入标准；如何完成现有企业与目标企业进入的空间置换。基于此，本技术将给出解决这两个问题的技术方法。

相比于西方资本主义国家市场化的土地交易模式，中国土地交易并没有完全开放，土地价格的竞租模式没有形成。中国现阶段采取政府行政干预的手段，高效配置土地资源，促进土地的集约节约利用。具体做法是在一定的目标下，设置进入门槛值。定期对进入企业进行土地利用效率的评估，对没有达到用地标准的企业进行升级或者清退;制订土地利用控制标准,对欲进入企业进行筛选,识别没有达到该用地标准的项目,不允许其进入(上海市产业用地指南,2012)。在此过程中,区域吸收了更多土地利用效率较高的企业,完成了产业的置换过程,总体上提升了用地的使用效率。

但实际上,只有产业准入标准还不足以完成置换过程,因为它只解决了准进入企业是否合法、合规的问题。而合法合规的企业是否能够进入,还取决于该地区的土地供给。对于土地供给紧张的地区,需要腾退原有落后企业才能引入新的目标企业。因此,还需要对原有企业和目标企业进行综合效益评价,对原有企业之间进行综合效益对比决定需要淘汰的企业,对准进入企业之间进行对比决定优先引进的企业。在区域土地数量约束下,将原有企业与准入企业进行对比得到置换平衡条件。以此方法得出退出企业、引进企业的数量与类型,完成置换过程。

本技术将产业置换过程分解为两个方面:第一是产业用地准入标准;第二是企业用地效益及其空间置换过程。前者确定了产业进入区域需要满足的基本条件,本研究将在现有产业用地指南的基础上,结合区域基础对其进行修正,以弥补大尺度城市产业用地指南在小尺度村镇产业置换中适用性较弱的问题。后者在考虑土地供需的约束下,明确了满足产业用地准入标准的产业,通过准进入企业与原有企业的置换,实现了区域土地综合效益的最大化。本技术首次提出了产业准入标准制订的一般性技术方法,并将土地的实际供需状况纳入到产业置换的分析框架中。在中国城市土地利用已从"增量规划"转为"存量规划"的新常态下,产业升级与空间置换的研究具有重要的理论与现实意义。

本研究选择具体的工业园区,从产业用地准入标准以及企业空间置换模型两个方面来进行产业用地的空间置换,提出新的置换技术流程图(图11-3)。

一、约束标准制订技术

(一)产业用地准入标准构建

为了构建适宜的产业准入标准指标体系,本技术首先对中国产业用地准入标准的编制方法进行梳理。中国主要存在两种准入指标的编制方法:第一种是经济分析法,即根据具体行业的技术工艺、生产流程来确定用地标准(申屠杜平等,2003),比如国家《工程项目建设用地指标汇编》。第二种是统计分析法,是在对不同行业下的项目广泛调研的基础上,统计分析各行业不同规模用地项目所需要的土地数量与投资强度等(申屠杜平等,2003)。中国现行的产业用地控制标准主要根据统计分析法编制,国土部门利用统计分析法编制了《产业用地指南》系列。浙江省于2003年制订了《浙江省工业项目建设用地控制指标》,国土

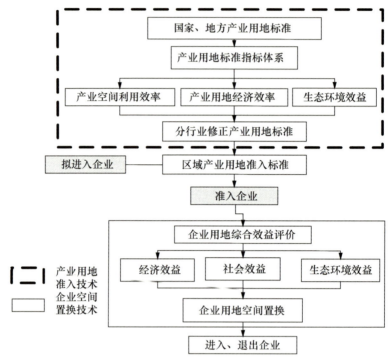

图 11-3 置换技术流程图

资源部也于 2008 年制订并实施了《全国工业项目建设用地控制指标》(俞静燕，2013)。

全国主要城市(北京、上海、广州、天津、青岛等城市)的产业用地控制标准多采用《全国工业项目建设用地控制指标》的指标体系。这些指标可以分为"空间利用强度"和"经济利用效率"两个维度。前者度量空间利用效率，即企业将土地开发为生产空间的比例，包括容积率、建筑系数、绿地面积比例、行政办公面积比例四个方面，这四个指标可较好地衡量企业目前存在的土地空间浪费行为：楼层低矮、通过绿地占据预留用地、工业用地开发房地产等。这种土地空间未合理开发的现象直接导致了土地资源的浪费。而后者"经济利用效率"度量的是土地的经济利用效率，包括单位面积投入与单位面积产出。对于某些技术落后的企业，空间利用效率可能较高，但经济效益却未能体现土地利用的级差地租，导致了土地资源的浪费。综上所述，现有产业用地准入标准的制订与使用范围还有所不足。第一，现有标准仅考虑了城市的情况，没有涉及村镇产业用地，而村镇与城市在土地利用强度、利用方式方面都存在较大的差别。第二，绝大多数产业准入标准主要关注经济效益与空间利用效率，没有考虑到产业的低碳环保、循环经济等要求,难以实现区域产业发展的生态效益。

结合以上产业准入标准的经验和不足,本技术采用更加全面的产业准入标准编制办法。首先,产业的准入应该符合区域产业发展的政策导向。政策导向是对各产业发展的整体定位,将影响其他指标的阈值设定。此外,现有的产业准入标准指标体系主要包括空间利用效率与经济效益两方面。考虑到生态效益对产业发展日益突出的影响,本技术加入碳排放标准与循环经济标准(表11-8)。

表 11-8 产业用地标准指标体系

政策导向性	政策支持与限制级别(鼓励、一般、限制、禁止)
产业空间利用效率	容积率 建筑系数 绿地率 行政办公面积比例
产业用地经济效率	地均投入 地均产出
碳排放标准	地均碳排放 单位 GDP 碳排放
循环经济标准	固体废弃物利用率 液体废物利用率

政策导向性指标分为鼓励、一般、限制、禁止四个级别,该指标对于整个产业用地准入标准具有统领作用。首先,属于"禁止"类产业直接会被排除;其次,对非禁止类产业,不同的政策导向级别将决定其进入的难易程度。空间利用效率与经济利用效率沿用了国家行业用地标准(全国工业项目建设用地控制指标,2008)的度量方法,前者包括容积率、建筑系数、绿地面积比例、行政办公面积比例四个方面;后者包括地均投入与地均产出两个指标。此外,将生态环境因素纳入到产业准入标准当中。碳排放标准与循环经济标准体现了能源节约与环境保护的原则。关于碳排放,大多研究采用单位面积土地的碳排放(赵荣钦,2010)与单位 GDP 的碳排放两项指标(姚从容,2012)。对循环经济的评价以固体废物与液体废物的利用效率来度量。

(二)产业用地准入标准阈值设定

区域产业基础的差异要求利用区域实际对产业准入标准进行校正,即对各准入标准设置相应的阈值。现有研究表明,校正阈值的确定要充分考虑产业差异、区域差异、适度与激励原则三个方面。首先不同产业生产技术、工艺流程的差异将导致其对土地利用方式与强度的差异。而用一个标准约束不同的产业显然是不合理的,会对产业发展产生不利影响(范军勇,2008)。其次,现有产业用地标准忽略了区域的特殊性。城市内不同等级、不同区位的园区内部的工业用地应该采用不同的准入标准值(张立峰,2004)。而村镇工业用地更不应该简单照搬城市的用地标准。设定特定地区产业用地标准,最有效方法是统计分析方法,即根据各区域产业发展的差异确定相应的阈值。最后,产业用地标准的设计应体现出适度与激励原则。杨剩富发现产业用地标准过高或过低均不能达到控制的目的(杨剩富,2013)。所以要达到产业综合效益最大化,产业用地标准应该满足适宜性条件。另外,用地标准应该对产业升级有激励与引导作用。黄大全认为用地指标可以按照60%企业满足的原则来确定(黄大全,2005)。基于这三点原则,本研究认为具体的某一产业 i 指标 k 的阈值应该按照以下原则选取:

$$Y_{ik} = N(k)\alpha_i$$

其中,$N(k)$ 表示行业分布函数,α_i 表示应达到现有企业的比率。对于指标 k,将所有 i 产业的企业由低到高排序,比例为 α_i 处的企业所对应的数值 Y_{ik} 即为区域产业 i 指标 k 的阈值。

对于政策导向性不同的产业,α_i 应有所差别。对于一般性产业可以选择超过50%左右企业,即只要超过平均数即可。对于鼓励发展的产业应适当降低标准(如30%)。对于限制进入的企业应将比例提高(如70%)来确定控制指标。

二、置换技术

(一) 置换效益评价

在产业置换的过程中,也许存在多个想进入特定地区的产业,而这些产业是否有资格进入该地区,要根据一定的置换标准来判断。本部分将设定置换评价指标体系(表11-9),其中的置换标准要综合地反映备选产业与原有产业之间各方面的对比,体现为经济效益原则,社会原则和生态、低碳、循环经济原则。在宏观尺度基于产业来模拟置换方案实施前后的对比分析,比较经济、社会、环境三方面的改变程度,进而完成对欲置换入该地区产业的筛选与分级,根据这套指标体系确定产业置换适宜性等级。

$$置换总效益 = 经济效益 + 社会效益 + 环境效益$$

上式表明置换的总体效益是经济、社会、环境三方效益的总和。

表 11-9　置换效益评价指标体系

原则	类型	指标
经济效益原则	企业自身经济	地均投资额 地均产值
	对地区经济带动	地均纳税额度 产业链关联系数
社会效益原则	就业 建筑	地均从业人数 建筑更新状况
环境效益原则	碳排放评价	单位增加值能耗 综合能耗增长率 单位 GDP 能耗 能耗弹性系数 单位产值废水量
	环境影响、循环 经济评价	单位产值固体废物量 工业废水重复利用率 工业固体废物综合利用率

（二）置换过程：产业与土地调控模型

根据上文模型得出了产业综合效益评价后要开始进行置换的过程，置换的过程就是要将现有产业中综合效益较低的产业挤出去，并引进置换综合效益较高者。也就是对产业与土地的调控过程。具体的置换过程要求在现有的面积约束之下实现区域总体效益最高，为了达到这一目的，需要解决的核心问题是哪些产业应该被挤出；有多少土地要发生置换；哪些产业应该进入等。

解决以上问题应该考虑现有产业与准进入产业的效益比较。如果准进入产业的置换效益显著比原有产业高，同时有较多的产业想要进入，说明该区域土地供给紧张，有较大的置换必要性，有较多产业需要被置换出去，对应置换土地面积较大。反之，如果欲进入产业数量较少，或不符合行业用地准入标准，或置换综合效益较低，则说明置换必要性较小，可以被引进项目较少，对应置换土地面积也就较少。

为了得出具体的置换结果（产业引进、挤出与置换土地面积），建立产业与土地调控数学模型，通过企业效益-面积序列来判断。效益-面积序列是指将产业的按照单位面积效益的高低进行排序，并加入该产业的占地面积信息，详情见图 11-4。

图 11-4 展示的是某工业园区的"面积-效益"序列图示，该园区包括 A、B、C、D、E、F、G 七种产业，并将这些产业按照综合效益进行了排序，Y 轴的坐标含义就是每个产业对应的单位面积综合效益。而产业的占地面积彼此不同，有些产

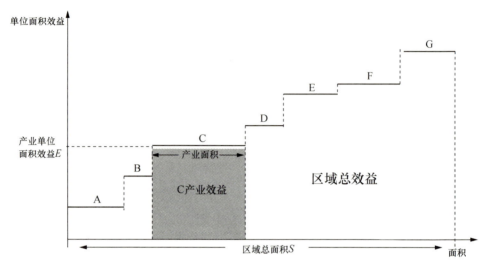

图 11-4　某园区现有产业"面积-效益"序列示意图

业可能由于自身行业的生产要求,需要占据较大的空间,例如 C 类产业,占有了最大的空间,产业单位面积效益为 E,产业的总效益为单位面积效益乘以企业面积,为图中阴影部分。所有产业的占地面积总和 S 就是该园区的总体面积,如果没有未利用土地的话也就是园区的控制面积。该园区的总体效益为各个产业的单位面积效益与面积的乘积之和。

如图 11-5 所示,在某时段内,有六种产业 A'、B'、C'、D'、E'、F' 欲进入该园区完成置换。如果这些产业进入,则需挤出现有产业,因此需要判断哪些产业可以进入该园区,判断标准为园区总体效益水平最大,限制条件为用地面积不变。

为了达到效益最大化的目标,应该先让欲进入产业中效益最好者与现有产业中效益最差者进行空间置换,之后依次进行,直到最优的产业置换结果完成、达到平衡条件,即下一个欲进入产业的效益与下一个即将挤出的产业的单位效益基本相等时为止。否则如果即将进入产业的效益显著较高,则说明还需要置换,反之说明已经置换过度。

按照以上过程,该园区产业 F' 的单位效益比原有产业中最高的 G 还要高,要首先引进,其面积基本与原有产业中单位面积效率最低的 A 相当,考虑两者直接置换,将 A 迁出本园区。之后,效益第二高的欲进入产业 E' 比除已经挤出的现有产业中效率最低者 B 要高,证明还需置换。这过程一直进行,直到将欲进入产业 D' 引进,并将原有产业 C 挤出,这时下一个准入产业 C' 与下一个准挤出产业 D 的单位面积效益相等,此时置换过程结束,同时满足了面积控制条件,即进入产业 D'、E'、F' 的总面积与挤出产业 A、B、C 总面积相等。

第十一章 新兴产业土地配置技术

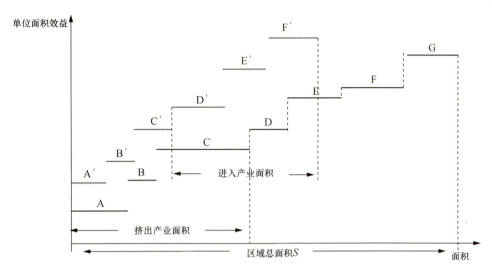

图 11-5 准进入产业与挤出产业面积效益序列

综上,按照上述模型可以达到产业与土地调控的目的,得出置换过程中的进入产业与挤出产业,同时确定了置换的土地面积,以提升园区的总体效益。

第五节 小 结

通过引入新兴产业是村镇地区实现产业升级与结构调整的重要途径之一。然而,在当前资源约束加强的背景下,引入新兴产业并不能简单运用外延式的增长模式,而是需要结合地方条件运用资源置换的内涵发展模式,实现可持续高效发展。因此,什么样的新兴产业可能适宜特定村镇地区的发展,进而引入新兴产业后如何通过空间置换以实现内涵式发展就成为重要的技术问题。针对这一技术问题,本章通过研发新兴产业区域评价技术、新兴产业用地适宜性评价技术和新兴产业用地空间置换技术予以解决。新兴产业区域评价技术基于区域特征与产业升级之间的关系,构建了新兴产业区域评价指标体系,通过区县和乡镇两个级别的指标体系,试图满足不同空间尺度的适用性。新兴产业用地适宜性评价技术关注不同新兴产业的土地资源支撑,并通过构建指标体系和层次分析法、可拓优度评价法的运用,解决新兴产业在村镇空间中如何配置的问题。新兴产业用地空间置换技术则进一步从新旧产业类型的空间置换入手,通过置换效益的评价,给出新旧产业,甚至是新旧企业如何开展土地置换的解决方案。因此,通过这一技术的运用,可以在一定程度上解决新兴产业在村镇区域的土地配置问题,为土地再开发提供支撑。

参 考 文 献

[1] 陶小马,何芳. 黄浦江沿岸地区土地置换模式研究[J]. 城市规划汇刊,2000(5):34—40.

[2] 刘立钧,田芳,杜磊. 城市废弃工业用地性质转换的成因[J]. 山西建筑,2008(3):30—31.

[3] 中华人民共和国国土资源部. 国土资发[2003]363号.《土地开发整理若干意见》[S],2003.

[4] 中华人民共和国国务院.《中华人民共和国耕地占用税暂行条例》(国发〔1987〕27号)[S],1987.

[5] 田芳. 邯郸市废弃工业用地的再利用研究[D]. 石家庄:河北工程大学,2008.

[6] 葛永军,邱晓燕,王飞虎,等. 深圳市南山区旧工业区更新改造规划研究方法与实践[J]. 城市发展研究,2013,20(8):113—117.

[7] 谢红彬,林明水. 快速转型时期城市工业用地置换时空特征及驱动力分析——以福州市城区为例[J]. 福建论坛:人文社会科学版,2012(8):156—160.

[8] 王美飞. 上海市中心城旧工业地区演变与转型研究[D]. 上海:华东师范大学,2010.

[9] 苏妮. 深圳市功能置换型旧工业区的更新改造策略研究[D]. 哈尔滨:哈尔滨工业大学,2010.

[10] 王静. 小城镇土地置换初探[D]. 成都:四川师范大学,2003.

[11] 上海市国土资源局.《上海市产业用地指南》[S],2012.

[12] 申屠,杜平,严政,欧阳安蛟. 浙江工业用地集约利用控制指标研究[J]. 中国土地,2003(10):28—32.

[13] 中华人民共和国建设部. 建标[1992]99号《工程项目建设用地指标汇编》[S],1992.

[14] 俞静燕. 浙江省工业项目建设用地控制指标研究[J]. 中国房地产(学术版),2013(11):31—39.

[15] 黄大全,林坚,毛娟,等. 北京经济技术开发区工业用地指标研究[J]. 地理与地理信息科学,2005,21(5):99—102.

[16] 钮心毅,李时锦,宋小冬,等. 城市工业用地调整的空间决策支持——以广州为例[J]. 城市规划,2011(7):24—29.

[17] 陈基伟,郁钧,周金龙,等. 上海市产业用地全程评估机制研究[J]. 上海国土资源,2011,32(1):50—53.

[18] 唐娟,张安明,李宏伟. 土地利用总体规划后评估的指标体系构建[J]. 中国农学通报,2012,28(2):229—233.

[19] 曹小曙. 产业用地后评估技术及应用研究[M]. 广州:中山大学出版社,2013.

[20] 杨东朗,安晓丽. 城市土地集约利用评价指标实证研究[J]. 转变经济增长方式与土地节约利用——2006 中国科协年会 12 专题分会场第 4 单元会场论文集,2006.

[21] 黄大全,林坚,毛娟,等. 北京经济技术开发区工业用地指标研究[J]. 地理与地理信息科学,2005,21(5):99—102.

[22] 中华人民共和国国土资源部.《全国工业项目建设用地控制指标》(国土资发〔2008〕24 号)[S],2008.

[23] 广州市国土资源和房屋管理局.《广州市产业用地指南》[S],2013.

[24] 赵荣钦,黄贤金. 基于能源消费的江苏省土地利用碳排放与碳足迹[J]. 地理研究,2010(9):1639—1649.

[25] 姚从容. 人口规模、经济增长与碳排放:经验证据及国际比较[J]. 经济地理,2012(3):138—145.

第十二章

广州市白云区良田-竹料工业园技术示范

第九章至第十一章系统介绍了产业升级视角下促进村镇土地再开发的技术方法。本章将以广州市白云区良田-竹料工业园为示范案例,验证该技术方法的可行性和适用性。本章主要包括三部分,第一部分介绍示范区概况;第二部分介绍调研和数据收集情况;第三部分具体运用前述的技术方法,对良田-竹料工业园产业升级与土地再开发进行案例分析,以其为技术方法的推广应用提供借鉴。

第一节 示范区概况

一、广州市白云区概况

白云区为广州市的市辖区,东邻黄埔区,西界佛山市南海区,北接花都区、从化区,南连天河区、越秀区、荔湾区等三区。根据全国第六次人口普查数据,白云区常住人口 163.67 万人,其中户籍人口 77.65 万人,占总人口的 47%,相比之下,非户籍人口占总人口的 53%,是典型的外来人口集中地。白云区是广州市以城带郊的中心城区,扼交通要冲,交通十分便利。

白云区经济发展在广州市各区县中处于中等水平。2014 年,白云区实现国民生产总值 1456 亿元,同比增长 9%。按平均常住人口统计,全年实现人均 GDP 达到 63 935 元。产业结构以第二产业为主,全区三次产业比重是 2.5︰22.8︰74.7(2014 年数据)。白云区产业存在显著结构性矛盾,面临传统产业升级与调整缓慢、产业同质化竞争激烈、自主创新能力不强、资源能源消耗大、环境污染严重等问题,约束了区域产业的可持续发展。近年来,国家为珠三角城市群发展制定了大量优惠政策,也有力地推动了白云区产业的发展。随着广州融入国家"一带一路"发展战略,白云区经济结构调整与转型也迎来新的机遇。

白云区未来可开发土地资源空间有限。根据第二次全国土地调查数据,白云区土地总面积为 665 km^2(不包括海域面积),其中农用地面积约 377 km^2,建设用地面积约 254 km^2。据相关调查,2013—2020 年白云区可用新增建设用地规模约 400 ha。与此同时,白云区存在大量存量低效用地。据统计,白云区已标图建库的"三旧"改造项目土地面积 132 km^2,约占广州市全市总量的 24%,占白云区存量建设用地的 51%。充分挖掘存量建设用地、加快土地再开发已经成为白云区满足用地需求、保障经济社会平稳发展的重要途径。

二、钟落潭镇概况

钟落潭镇位于广州市白云区东北部,其北部以流溪河为界,东北部与花都区北兴镇相望,北临从化,东部与萝岗区相邻,西部、西南部分别与人和镇、太和镇毗邻。镇域总面积 230 km^2,下辖 37 个行政村和 5 个居委会。2012 年户籍总人口 12.8 万人,外来人口 7.4 万人,高校园区师生 4.2 万人。钟落潭镇交通较为便利,有新广从一级公路和京珠高速公路从该镇穿过。镇中心区距广州市区约 25 km,东北面距从化市区约 30 km,西面距花都区中心约 30 km,往广州新机场约 15 km。

2004 年 6 月,白云区镇级行政区划做出调整,新钟落潭镇由原钟落潭、竹料、良田、九佛四镇合并而成。2005 年 4 月广州市行政区划再次调整,九佛镇被划入新成立的萝岗区,新钟落潭镇范围由原钟落潭、竹料、良田三镇组成。

改革开放以后,原钟落潭、竹料、良田三镇乡镇企业得到较大发展,村镇工业中机电制造业、轻纺以及皮革加工工业、农副产品加工业在一定程度上已取代农业成为产业结构的主体和经济发展的主导,但整体上工业基础依旧薄弱,且以劳动密集性产业为主。

三、良田-竹料工业园概况

良田-竹料工业区又名云竹工业区,是白云区规划建设的八大工业园区之一。工业区位于钟落潭镇镇域西部,分为竹料工业区和良田工业区。109 国道(广从公路)与 304 县道交汇于工业内,交汇点西北部为竹料工业区,东南部为良田工业区。2015 年,良田-竹料工业区总就业人数约 1250 人,年产值 52 570.7 万元,年税收约 1047.6 万元。

竹料工业区西濒 307 县道,西南抵竹料大道,南邻 109 国道,东北大致以 304 县道为界,304 县道以北尚有小块工业区。总占地面积约 98.8×10^4 m^2。工业区南部为竹一村村域,土地利用现状(图 12-1)大部分为村属村庄建设用地,此外,尚有零星的基本农田保护区分布;北部为红星村村域,土地利用现状大部分仍为村属村庄建设用地,在304县道两侧为非建设用地。竹料工业区进驻企业约65家,行业主要包括橡胶和塑料制品、通信设备及其他电子设备、家具制品、日用化学制品等。此外,在109国道北侧还分布一定规模的商业住宅区,主要分为钟落潭镇小贩中心和星月湾广场两部分,内有肉菜市场、服装商场、餐饮业、零售业等。

图12-1 示范区土地利用现状图

良田工业区大致呈矩形,西南濒304县道,西北邻109国道,东北至101乡道,东南以河为界。总占地面积约78.6×10^4 m²。良田工业区在良田村域范围内,东北侧为东山工业区,是越秀区属的国有建设用地;其余为村庄建设用地。工业区进驻企业约56家,主要行业有纺织服装、家具制造、文教用品制造、橡胶和塑料制品、日用化学产品等。

第二节 调研与数据收集

示范工作基于大量的统计数据和详实的实地调研基础之上。在地方相关部门的支持下,笔者于2013—2015年间赴广州白云区开展了多次调研,收集了大量资料,为示范工作奠定了基础。主要的数据资料包括:

（一）统计年鉴和经济普查年鉴

包括：广州市统计年鉴（2011—2015 年）；广州市第三次经济普查统计数据；白云年鉴（2012—2014 年）；白云区国民经济与社会发展统计年鉴（2004—2012 年）；白云区第一次、第二次经济普查报告书；白云区 2010 年人口普查资料等。

（二）土地利用与城市规划数据

包括：广州市 2012 年遥感影像图（含白云区）；广州市 2009—2014 年土地利用变更调查数据；广州市白云区土地利用总体规划（2010—2020 年）数据库；广州市白云区控制性详细规划数据库；广州市空港经济区规划数据库；广州市白云区良田村、竹一村、红旗村村庄规划数据库；广州市"三旧"改造标图建库成果（截止至 2014 年 12 月）；白云区地质灾害分布图等。

（三）实地调研数据

包括竹料-良田工业园企业布局、统计名录及主要经济指标；白云区企业（产业）发展现状表；白云区 2011—2014 年重点项目列表。以及，实际调研直接获得的企业数据（如企业名称、行业代码、土地面积、年度总产值、电力消耗量等），现场勘探照片和访谈数据等。

在以上数据资料基础上，构建了白云区村镇产业用地信息基础数据库。该数据库在综合集成基础地理信息要素、土地规划要素、白云区村镇产业用地要素的基础上，实现了基础地理信息多维度数据一体化、村镇企业数据可视化和落后产能用地优化集成展示的功能。村镇产业用地信息基础数据库基本架构主要包括：基础地理信息要素图层、土地规划要素图层、白云区村镇产业用地图层。

除以上数据之外，示范工作还掌握了其他相关数据，如由国家统计局维护的工业企业数据库（2005—2008 年）；北京、上海、天津、重庆、广州、深圳、成都等城市统计年鉴（2011 年）；北京、上海、天津、重庆、广州、深圳、东莞、南京等城市第二次全国经济普查年鉴等。

第三节　技术示范结果

一、淘汰村镇落后工业产能土地优化技术应用示范

（一）企业效益评估

1. 经济效益评估

经济效益评估方面，本示范根据企业的年产值、营业税率、应交税费、R&D 经费投入和产业导向及工艺装备水平等数据计算出企业以及所属各行业的经济效益实现度分值，然后在此基础上进行行业之间的横向对比以及区域差异分析，结果如图 12-2 所示。

图 12-2　良田工业园企业经济效益评估图

从良田工业园企业经济效益评估图中可以看出：良田工业园区内各经济效益区域分布不均衡，良田片区内地块平整，企业厂房质量好，内外交通便利，除个别企业外，大部分企业经济效益普遍偏高；竹料片区的企业租用村集体搭建简易厂房的质量较差，内外交通不便，除个别企业经济效益相对较高，大部分企业经济效益处于中等偏低或较低水平。

2. 社会效益评估

社会效益评估根据企业的从业人数、从业人员收入、土地产出率和容积率等数据计算出企业及其所属行业的社会效益实现度分值，然后在此基础上进行行业之间的横向对比以及区域差异分析，结果如图 12-3 所示。

从良田工业园企业社会效益评估图中可以发现，良田工业园区内大部分企业社会效益属于较高水平，在带动区域就业和落实节约集约用地政策方面做得较好。部分企业社会效益偏低，零星分布于良田片区和竹料片区。

3. 生态效益评估

生态效益评估根据企业的单位产值能耗和单位产值水耗等数据计算出企业及其所属行业的生态效益实现度分值，然后在此基础上进行行业之间的横向比

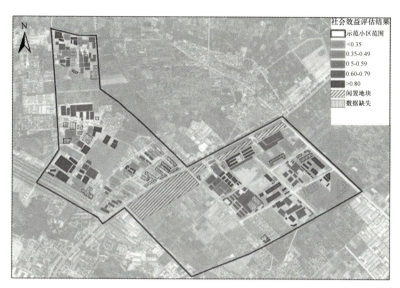

图 12-3　良田工业园企业社会效益评估图

对以及区域差异分析,结果如图 12-4 所示。

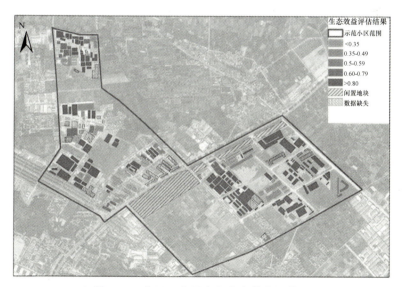

图 12-4　良田工业园企业生态效益评估图

从良田工业园企业生态效益评估图中可以看出,良田工业园和竹料片区大部分区域的企业生态效益良好;生态效益偏低的企业有零星分布,主要分布在竹料片区。

4. 综合效益评估

企业综合效益得分接近正态分布（Shapiro-Wilk normality test 结果为 $W=0.9812$, $p\text{-value}=0.2516$），与经济效益的分布比较接近，与社会和生态效益的实现度显著不同。大部分企业的经济效益实现度在 0.55~0.80 之间，得分很高或很低的企业都较少。

从行业看，综合效益的行业差异较明显（Kruskal-Wallis chi-squared 检验结果为 55.6775, $p\text{-value}=3.072\mathrm{e}{-07}$）。综合效益实现度最高的行业为通用设备制造业，其次为纺织服装、服饰业和家具制造业，而汽车制造业是综合效益实现度最低的行业，计算机、通信和其他电子设备制造业相对稍高。对比各个行业的综合效益，绝大多数行业的综合效益实现度都大于 0.5，综合效益实现度集中在 0.6 左右。影响综合效益实现度得分的主要因素是企业的个体经营情况。另外，行业之间的差异也会一定程度上影响综合效益实现度得分，具体如下：

通用设备制造业、纺织服装、服饰业和家具制造业的企业综合效益实现度普遍偏高，使得行业的综合效益实现度平均分值比较高。其中，在通用设备制造业中，广东省天科人防防护设备工程有限公司是综合效益实现度最高的企业，分值高达 0.97，广州洁泰喷雾泵有限公司的综合效益实现度最低，分值为 0.71，其余各企业的综合效益实现度在行业平均分 0.80 附近；在纺织服装、服饰业中，综合效益实现度最高的企业是广东歌蒂诗服饰有限公司，分值为 1，蓝英莱服装服饰有限公司、康达国际化妆品有限公司、锦同生物医药有限公司的综合效益实现度最低，分值为 0.66；在家具制造业中，广州市锦湖和盛门业有限公司综合效益实现度最高的企业，分值为 0.92，广州市鼎新办公家具有限公司综合效益实现度最低，分值为 0.61，其余各企业的综合效益实现度分值在行业平均分 0.75 附近。

综合效益偏低的汽车制造业和计算机、通信和其他电子设备制造业中，行业内各企业的综合效益实现度分值普遍偏低，造成行业综合效益实现度平均分值较低的问题。其中，在汽车制造业中，综合效益实现度最低的企业是广州市柏琳汽车零件制造有限公司，分值仅为 0.32；计算机、通信和其他电子设备制造业中，广州市三阳电子科技有限公司、广州中穗电子有限公司和广州市白云区炜辉电子厂的综合效益实现度分值最低，均为 0.32。

5. 区域分布差异分析

从良田工业园企业生态效益评估图（图 12-5）中可以得出，良田工业园区内综合效益偏高区域和综合效益中等偏低区域的分布均相对集中。在良田工业园范围内，以良田北路、良园三路、天城庄路、良园一路为界的区域，良园一路与良田北路交汇的区域，竹料大道东与红旗路交汇的区域为综合效益普遍偏高的集中分布区域,还有部分综合效益高的区域零散的分布于红旗路东侧的小块区域内。综合效益中等偏低的区域主要集中 G105 国道两侧区域和红旗路东侧的小块区域内,主要分布在竹料片区。

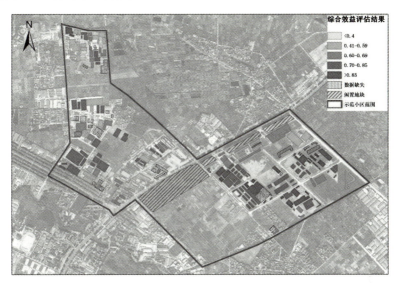

图 12-5　良田工业园企业综合效益评估图

(二)落后产能甄别

在上述评估结果的基础上,结合《淘汰村镇落后工业产能的土地优化技术规范(建议稿)》的淘汰标准,识别出良田工业园的落后产能。落后产能主要集中在为汽车制造业、计算机、通信和其他电子设备制造业、非金属矿物制品业、文教、工美、体育和娱乐用品制造业、橡胶和塑料制品业等行业。这些落后产能在空间上主要相对集中分布在红旗路东侧的小块区域和 G105 国道两侧的区域,个别企业零散地分布于良田片区内中。

通过上述分析可知,各行业之间以及行业内的企业之间的社会效益和经济效益差异并不显著,因此影响企业产能落后的主要因素是企业的经济效益。落后产能企业生产出的产品,大部分为皮革鞋制、日用化学品、电器制品以及金属制品等日常生活用品,生产所需要的工艺装备水平低、年产值低、营业利润率低导致企业的 R&D 经费投入也不高。此外,落后产能企业一般是租用村集体的建设搭建简易厂房,质量较差,区域内外交通不便,基础设施配套不完善,从而限制了企业的长期发展(表 12-1)。与此相反,综合效益高的区域产业集聚时间较长,经过规划建设后,具有基础设施完善、企业厂房质量好、场地内地块平整、内外交通便利等一系列优势。

表 12-1 良田-竹料示范区落后产能一览表

行业类型	行业代码	行业平均分	行业排名	企业名称	企业排名	综合效益实现度
橡胶和塑料制造业	29	0.60	8	广州市深源塑料包装制品有限公司	12	0.48
				广州市佰得塑料制品有限公司	13	0.45
化学原料和化学制品制造业	26	0.58	9	广州香枝化妆品有限公司	12	0.48
				广州市百翔化妆品厂	12	0.48
				广州洁新化妆品有限公司	12	0.48
				广州市亚蓝卡化妆品有限公司	15	0.44
文教、工美、体育和娱乐用品制造业	24	0.55	10	广州汇美思工艺品有限公司	2	0.47
非金属矿物制品业	30	0.55	11	广州市白云区均达玻璃工程有限公司	4	0.43
计算机、通信和其他电子设备制造业	39	0.36	12	广州帝特电子科技有限公司	1	0.45
				广州市威领电子科技有限公司	2	0.41
				广州中慧电子科技有限公司	3	0.39
				龙诚电子实业有限公司	4	0.37
				国维电子厂	5	0.33
				广州市白云区炜辉电子厂	6	0.32
				广州市三阳电子科技有限公司	6	0.32
				广州中穗电子有限公司	6	0.32
汽车制造业	36	0.34	13	广州市江集车厢有限公司	1	0.36
				广州市柏琳汽车零件制造有限公司	2	0.32

资料来源：根据调研数据计算。

（三）土地优化方案

土地复垦主要针对村镇落后工业产能用地中利用效率低下、不符合现行土地利用总体规划和城乡规划的工业用地、仓储用地以及与这些工业、仓储用地连片的闲置或低效住宅用地、街巷用地、农村道路和空闲地，通过采取一定的治理措施，使其恢复为生态用地、农用地等非建设用地。土地复垦包括先拆旧后建新和先建新后拆旧（或同时建新和拆旧）两种方式。本示范将产业用地进行复垦，有利于保护耕地、构建人与自然和谐的生态环境，也有利于解决工业化、城镇化带来的一系列城乡生态环境问题，但也面临着单位面积产值低、利用效率低、资金平衡难度大、土壤污染解决等难度较大等问题。

产业转型升级方式是将建筑质量较完好，未来有明确工业用途的工业厂房经适当改造之后可以继续使用的改造方式。本示范适用于原工业厂房建筑质量较好，位于城镇村工业园区、工业集聚区范围内，配套建设较为成熟、交通便利的地区。该方案延长第二产业对应的产业链,通过行业自身的技术升级改造或不同行业的转型升级,土地仍保留为工业用地,同时尽可能沿用原工业厂房、仓库等设施,适当提升工业用地容积率,节约改造成本,避免大拆大建和资源浪费。

土地综合开发模式是对村镇工业用地进行全面综合整治开发,包括建筑、道路、周围环境等方面。整治后的土地可以进行综合性开发或作为工业遗产建筑进行保护。选择土地复垦、产业转型升级和土地综合开发组合的,也可列入综合整治方案。该方式适用于用地规模较大、地块位置较好、处于城镇重点发展区域、配套建设较为成熟、人口密集的地区。产业发展方向是向第二产业或向第三产业转型升级或建设成城镇公共设施,鼓励发展与周围工业聚集区配套的生产型服务业和科研设计行业。该方案有利于结合城镇发展实际进行土地优化配置,成为地区发展引擎,带动区域发展。但由于所需资金量较大,涉及征收补偿较多,需有效避免资金和政策风险。

将落后产能的企业位置和白云区土地利用现状图、白云区土地利用总体规划、白云区现行控制性详细规划导则进行叠加分析,分别制订每个地块的土地优化方案。具体方案如下:

(1) 105国道南侧良田工业园西侧烂尾楼。属闲置用地,现有建筑已无改造价值。虽然该地块土地利用总体规划为城乡建设用地,控制性详细规划为居住用地,但白云区建设用地规模和指标紧张,且近期无村集体建房和土地征收建设商品房的需求。从现状图中可以看出,该地块与大片农用地连片,因此建议采用土地复垦模式进行优化。

(2) 105国道南侧良田工业园北侧闲置用地。3个地块现状为堆沙场和停车场,利用效率低下。该地块进行土地复垦成本较低,控制性详细规划为防护绿地,建议依据控规,采用土地复垦模式进行优化。

(3) 良田工业园区内企业。典型企业包括广州市尚妆化妆品有限公司、国维电子厂、国谊五金塑料有限公司等。可由园区管委会集中开展招商引资等工作,引入园区发展的主导产业,如电器制造业、化学产品制造业等,形成园区优势产业集聚发展,原企业退出。该片区建议采用产业转型升级模式进行土地优化。

(4) 105国道与竹料大道交叉口西侧。典型企业包括星月湾、广州中惠电子科技有限公司。该地块地理位置优越,位于两条大路交叉口,正在建设的轻轨14号线钟落潭站边。土地利用总体规划为城乡建设用地,控制性详细规划为商务金融用地。建议采用综合开发模式进行土地优化,建设商业地产。

(5) 竹料片区内企业(竹料大道南侧)。该片区企业长期租用村集体建设用地进行生产,受企业经营状况、行业差异的影响,企业效益差距较大。建议采用市场主导的方式逐渐完成产业转型升级,建议引导家具制造、皮革制造和加工等轻工业进驻，与 105 国道对面的良田工业园形成差异化发展。该片区建议采用产业转型升级模式进行土地优化。

(6) 竹料片区内企业（竹料大道北侧）。该片区企业长期租用村集体建设用地进行生产，控制性详细规划为仓储用地，部分企业用地不符合土地利用总体规划。考虑到该片区已经形成规模，且拆除建筑复垦成本较高，建设用地节约指标流转收益难以覆盖，建议采用产业转型升级模式进行土地优化，并适时修改土地利用总体规划。

二、碳减排土地调控技术应用示范

（一）电力排放因子数据获取

通过实地调研，良田与竹料的企业碳排放主要来源于外购电力，很少由自身化石燃烧产生，所以在本示范区只考虑间接碳排放，不将直接碳排放纳入考虑范围。因此设计的指标为电力排放因子。

为了规范地区、行业、企业及其他单位核算电力消费所隐含的二氧化碳排放量，确保结果的可比性，国家发展和改革委员会应对气候变化司组织国家应对气候变化战略研究和国际合作中心研究确定了中国区域电网的平均二氧化碳排放因子。

根据中国区域电网分布现状，现将电网边界统一划分为东北、华北、华东、华中、西北和南方区域电网，不包括西藏自治区和港澳台。上述电网边界包括的地理范围如表 12-2 所示。

表 12-2　中国区域电网边界

电网名称	覆盖的地理范围
华北区域电网	北京市、天津市、河北省、山西省、山东省、蒙西（除赤峰、通辽、呼伦贝尔和兴安盟外的内蒙古其他地区）
东北区域电网	辽宁省、吉林市、黑龙江省、蒙东（赤峰、通辽、呼伦贝尔和兴安盟）
华东区域电网	上海市、江苏省、浙江省、安徽省、福建省
华中区域电网	河南省、湖北省、湖南省、江西省、四川省、重庆市
西北区域电网	陕西省、甘肃省、青海省、宁夏自治区、新疆自治区
南方区域电网	广东省、广西自治区、云南省、贵州省、海南省

国家发展和改革委员会应对气候变化司根据区域电网内效率排名前 15% 电厂的平均排放因子两者中的数值最低者，计算出平均排放因子（表 12-3），数据结果征询了相关部门和部分指定经营实体（DOE）的意见，上述机构认为排放因

子数据真实、计算合理、结果可信。

表 12-3　各区域平均二氧化碳排放因子 [kg CO$_2$/(kW·h)]

电网区域	2011 年	2012 年
华北区域电网	0.8967	0.8843
东北区域电网	0.8189	0.7769
华东区域电网	0.7129	0.7035
华中区域电网	0.5955	0.5257
西北区域电网	0.686	0.6671
南方区域电网	0.5748	0.5271

因此,广东省广州市的电力排放因子指标为 0.5271 kg CO$_2$/(kW·h)。

(二) 广州市市级各产能排放指标确定

结合广州市 2013 年确定的产业用地指南相关规定,本次示范研究利用指南中的土地产出率和产能消耗两项指标,将其转换成所需的单位产值用地面积和单位产值的碳排放,作为市级标准。

1. 土地产出率

项目用地范围内单位土地面积上的营业收入。反映单位土地上项目的产出情况,是衡量土地利用效率、投资效益的重要指标。在实际工业项目中要求土地产出率原则上不小于指南中的指标值。计算公式为

$$土地产出率 = 项目营业收入 / 项目总用地面积$$

2. 产能消耗

指万元工业总产值的耗能量,是工业能源消耗总量与工业总产值的比值。要求工业项目产值能耗原则上不大于指南中的指标值。计算公式

$$产能消耗 = 工业能源消耗总量 / 工业总产值$$

通过换算,得到广州市市级各行业的单位产值用地面积和单位产值的碳排放,如表 12-4 所示。

表 12-4　广州市各行业产值碳排及土地利用情况

行业	产值能耗/(吨标煤/万元)	土地产出率/(元/m^2)	产值能耗/(kg/万元)	单位产值用地面积/(m^2/万元)
化学原料及化学制品制造业	0.393	6300	979.749	1.587
有色金属合金制造	0.094	5700	234.342	1.754
橡胶制造业	0.18	2400	448.740	4.167
塑料制品业	0.113	4000	281.709	2.500
非金属矿物制品业	0.058	7750	144.594	1.290

(续表)

行业	产值能耗 /(吨标煤/万元)	土地产出率 /(元/m²)	产值能耗 /(kg/万元)	单位产值用地面积 /(m²/万元)
金属加工机械制造业	0.024	4500	59.832	2.222
化工、木材、非金属加工专用设备制造业	0.041	4050	102.213	2.469
食品、饮料、烟草及饲料专用设备制造	0.02	4500	49.860	2.222
印刷、制药、日化及日用品生产专用设备制造	0.067	3050	167.031	3.279
纺织、服装和皮革加工专用设备制造业	0.024	4050	59.832	2.469
电子和电工机械专用设备制造业	0.024	5650	59.832	1.770
医疗仪器设备及器械制造	0.015	4950	37.395	2.020
汽车零部件制造	0.013	9250	32.409	1.081

(三) 广州市白云区级标准的核算

通过村镇尺度碳排放/产值标准的转换方法和村镇尺度土地利用面积/产值标准的转换方法,计算获得白云区各行业单位产值碳排放量及用地面积标准(表12-5)。

表12-5 白云区各行业单位产值碳排放量及用地面积标准

行业	A 单位产值碳排放量 /(kg/万元)	B 单位产值用地面积 /(m²/万元)
化学原料及化学制品制造业	1034.115	2.731
有色金属合金制造	247.346	3.019
橡胶制造业	473.640	7.170
塑料制品业	297.341	4.302
非金属矿物制品业	152.617	2.220
金属加工机械制造业	63.152	3.824
化工、木材、非金属加工专用设备制造业	107.885	4.249
食品、饮料、烟草及饲料专用设备制造	52.627	3.824
印刷、制药、日化及日用品生产专用设备制造	176.299	5.642
纺织、服装和皮革加工专用设备制造业	63.152	4.249
电子和电工机械专用设备制造业	63.152	3.046
医疗仪器设备及器械制造	39.470	3.476
汽车零部件制造	34.207	1.860

(四) 白云区钟落潭镇企业碳排放和土地利用测算结果

根据行业标准测算的相同方法,分别测算企业的单位产值碳排放和单位产值用地面积衡量的特定企业产能效率和土地产出率。单位产值碳排放分为直接碳排放和间接碳排放,利用各能源消耗量乘以相应的碳排放因子得到,再与该企业的年产值相比,得到单位产值的总碳排放;企业的用地面积与产值的比值为单位产值的用地面积(表 12-6)。

表 12-6 白云区良田镇各企业单位产值碳排放量及用地面积标准

序号	企业名称	单位产值二氧化碳排放量/(kg/万元)	单位产值用地面积/(m²/万元)
1	广州市锦湖和盛门业有限公司	21.9488	1.8738
2	广州立华制动器材有限公司	54.3542	2.3202
3	广州市白云区百沙塑胶厂	6.7577	1.5385
4	广州市弘洋化纤织物有限公司	554.6086	13.5410
5	广州绿城体育设施有限公司	2.6808	0.2712
8	广东省天科人防防护设备工程有限公司	14.9613	2.6492
9	广州市乾式变压器有限公司	76.8688	16.6667
10	广东汉光电力设备有限公司	6.3485	1.4453
11	广州千百度化妆品有限公司	715.3909	63.1922
12	广州市白云区百翔化妆品厂	613.8587	49.6894
13	广州市隆华印刷设备有限公司	20.8615	4.1372
14	广州市德意电机有限公司	919.3605	6.6977
15	广州市坤驰电机有限公司	3964.3502	48.1348
16	广州传世缔诚广告有限公司	50.0411	3.3755
17	广州市博艺广告制作有限公司	21.6854	1.4628
19	广州市粤豪冷冻食品贸易有限公司	1039.1464	40.9207
20	广州市尚品汇化妆品有限公司	796.0312	7.2490
21	广州粮山好汉食品有限公司	102.3416	0.9553
23	广州市淇兴食品有限公司	131.7750	13.3333
25	广州市尚妆化妆用品有限公司	205.6574	5.2022

(五)确定土地调控类型

将企业的单位产值碳排放、单位产值用地面积与村镇标准进行比对,分别得到各企业相对于行业标准的节能和集约土地利用情况。根据该比值的分布绘制散点图,分别以比值为 1 和比值为 2 为界,绘制九宫格,将企业用地进行调控分类。

各企业碳排放及土地利用散点分布如图 12-6 所示。

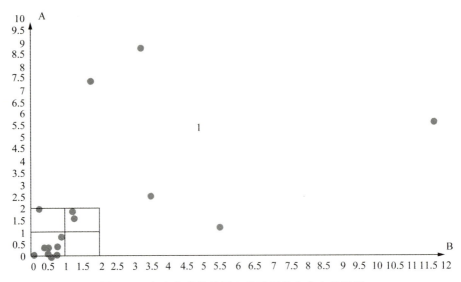

图 12-6　各企业碳排放及土地利用散点分布示意图

1 区为需要置换的用地：即单位产值的土地面积和单位产值的二氧化碳排放量均超过标准 2 倍的的企业用地；

2 区为保留原始状态的企业用地：两个指标均在标准之内；

3 区为需要在能源消耗上更加集约化的用地：单位产值的用地面积在标准值之内，而二氧化碳排放量则在[A,2A]之间的企业用地的企业用地；

4 区为需要在用地上更加集约化的用地：单位产值的二氧化碳排放量在标准值之内，而用地面积则在[B,2B]之间的企业用地；

5 区为需要在能源消耗和用地上均更加集约的用地：单位产值的二氧化碳排放量和用地面积均超过标准，但属于在 2 倍范围之内，可进行治理。

三、循环经济型土地配置技术应用示范

（一）社区循环分类体系

根据目前白云区控制性详细规划的设想，竹料工业区未来要改造成为商业居住空间。针对竹料工业区改建规划，建议在新建居住小区内开展垃圾分类试点，建立社区循环经济体系。参考成都绿色地球的回收体系建设经验，根据规划居住规模，估算竹料工业区开展垃圾分类回收可取得的循环经济效果。

竹料工业区总占地面积为 98.8×10^4 m^2，根据改造规划，改造后的居民数为 9880 人。同时，根据白云区第六次人口普查的数据，全区平均每个家庭户的人口为 2.55 人，因此预计改造后的居住户数为 3874 户。按照成都绿色地球的统

计数据,参与垃圾分类回收的活跃度为50%,每月户均垃圾回收量为8 kg,其中各类可回收垃圾比例如表12-7所示。

表12-7 预测竹料工业区改造后居民可回收垃圾月回收量

类别	数量/kg	所占比例/(%)
纸类	5423.6	35
玻璃	929.76	6
织物	2479.36	16
塑料	1859.52	12
金属	619.84	4
混合	4183.92	27

(二) 工业区生态化改造

钟落潭镇处于广州白云空港综合保税区的核心区域,综合保税区的主体部分南区位于钟落潭镇,面积达4.53 km^2(保税区总面积为7.198 km^2)。根据城市控规设想,广州空港综合保税区钟落潭部分将以保税加工和保税贸易为主,配套保税物流和服务贸易为辅。在此背景下,良田工业区亟待产业调整。下面将以东山工业区为例说明产业形态改变的趋势。

1. 工业园区产业形态改变

东山工业区是建设在越秀区国有土地之上的工业园区。1993—1995年,广州市政府提出不同区之间的资源共享,鼓励城区在郊区的农业用地上发展工业。因此原东山区于1994年在钟落潭镇征地建设工业园区,联合征地规模达2500亩,实际建设150亩。东山工业区建设之初由国营东山集团运营,并于1998年投入使用。2005年东山区并入越秀区,越秀区人民政府继承了东山区人民政府对东山工业区国有土地的管理。2006年东山集团将土地使用权转让给广东达裕企业,后者主要经营工业地产。

东山工业区最初成立是为了转移原东山区的集体工业企业,包括不锈钢企业等。经过十余年的发展,目前进驻东山工业区的企业行业构成主要包括印刷业、日用化学产品、塑料制品、纸制品和金属制品等。这些行业的物质流特点是原材料大多为中间产品,来源空间分布较为分散,同时生产过程中容易产生固体废物、废气,耗能较大。例如,印刷业目前采用的主要是胶印印刷,需要使用到印版、油墨、润版液及橡皮布等胶印材料。油墨、润版液极易排放有机挥发物,在暂时停止工作或者换色时对墨辊和橡皮布的清洗,也会大量采用易燃、易爆的汽油。因此印刷业容易产生废料,并带来对环境的负面影响。达裕企业曾经计划将东山工业区打造成为印刷产业园,由此带来的生态环境问题较大,不符合目前空港综合保税区的发展要求。

东山工业区的未来定位是利用空港交通便捷、信息畅通的优势,重点发展电子商务的物流环节相关产业。由于目前企业的租期仅有5年,在续租时东山工业区将会根据新的产业定位筛选入园企业。

2. 企业自主升级改造

2015年,白云区人民政府出台《关于进一步支持优质企业转型升级的实施意见》,指出优质企业自主升级改造以后,预期产值(营业额)应明显提高30%以上,企业产能和发展潜力应明显增强。与东山工业区的土地权属有所不同的是,良田工业区内其他的土地是村民集体所有的。由于土地权属不清,工业区整体产业升级改造的过程缓慢。在此背景下,部分企业选择自主升级改造。下面选取广州立华制动器材有限公司(以下简称立华汽配)和广州市弘洋化纤织物有限公司(以下简称弘洋化纤)来进行说明。

1) 立华汽配

立华汽配原来是广东省交通委员会下属的国有企业,主要生产汽车制动刹车片。2002年改制为私营企业。目前立华汽配的客户主要为广州市公交公司,产品70%左右销往公交公司。由于产品大部分销往公交公司,且价格不高,所以利润较少。因此公司计划扩大产能将产品销往其他市场,特别是海外市场,以提高利润。立华汽配内部的物质流如图12-7所示。

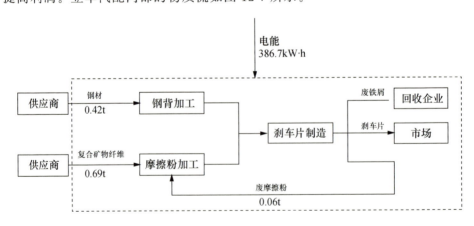

图12-7 立华汽配内部物质流

图12-7中虚线框内是立华汽配的生产制造过程。钢铁的质量占到物料总质量的40%,每个月用钢铁300余吨,钢铁废屑全部由钢铁企业回收。其余的物料主要是复合矿物纤维,复合矿物纤维的主要成分为:铁、铜及其合金的纤维

和粉末质量占 40%～70%,黏结剂(酚醛及其树脂)质量占 5%～15%,石墨粉等减摩剂占 10%～20%,其余为橡胶粉、腰果壳油等增摩剂。每月用矿物纤维 500 余吨,产生的废屑由厂内全部回收再利用。

2010 年,为了提高企业生产的生态环境效益,立华汽配进行了一次技术升级。原来的生产工艺中的石棉纤维被替代为较为环保的金属纤维。以石棉在摩擦粉中最小质量占比 40% 计,每月可以少使用石棉 200 余吨。

目前立华汽配的改造升级思路主要是提高土地利用效率和生产效率。公司通过进口自动化设备,提升目前的建筑层数,将年产值从目前的 2000 多万元提升 10 倍到 2 亿多元。而随着生产过程电气化水平的提高,从业人员将从 200 多人下降到 100 多人。改造升级的成本约为 4000 多万元,主要为土建费,新设备购置费用不大。升级改造后的效果如表 12-8 所示。

表 12-8 预测立华汽配改造后主要情况及改造前后对比

项目	原有量	规划量	规划新增量
占地面积/m^2	15 200	—	0
建筑面积/m^2	14 350	37 300	22 950
刹车片产量/(10^4 t/a)	0.86	8.7	7.84
产值/(10^8 元/a)	0.2	2.0	1.8
钢材消耗量/(10^4 t/a)	0.36	3.61	3.25
复合矿物消耗量/(10^4 t/a)	0.59	5.93	5.34

2) 弘洋纺织

弘洋纺织原为复合板材家具厂,2005 年改造成为化纤纺织厂。目前主要产品是 PP(聚丙烯)编制的地毯。PP 主要从中石化进口,经拉丝后可以编制。每月产量为 800～1000 t。

弘洋纺织是塑料制品企业,因此从宏观上把握中国特别是广东省的塑料原材料的状况有助于理解公司的改造升级方向。近几年来,塑料原料价格上涨导致对废旧塑料的需求上涨,而国内废旧塑料回收率不高,严重依赖进口。2006—2012 年,废塑料进口量连年攀升。2013 年有所下降,但是 2014 年又开始回升(图 12-8)。

广东省是中国塑料制品生产制造大省,2014 年全省塑料制品总量达到 979.3×10^4 t。同时,广东省也是我国废旧塑料进口量第一大省,2014 年,广东省废旧塑料进口量占全国 26.88%,共进口废旧塑料约 221.9×10^4 t。图 12-9 是广东省塑料行业的物质流图。

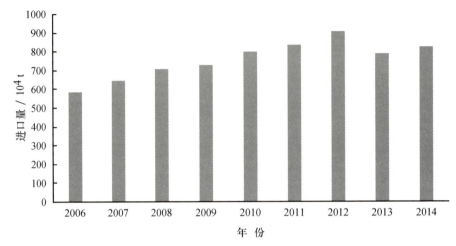

图 12-8　废旧塑料进口量

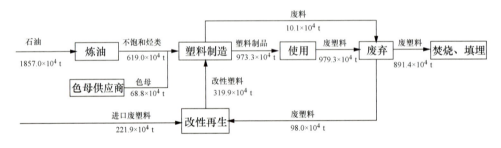

图 12-9　广东塑料行业物质流

塑料制品行业主要原材料是石油炼化以后得到的不饱和烃类（如乙烯、丙烯、丁二烯等）。近年来由于原料价格上涨，而废塑料回收再利用具有成本优势，塑料制品行业对废塑料的依赖程度加大。目前，国内废弃塑料的回收利用率不高，仅有10%～20%，因此废塑料的来源主要是进口。

弘洋纺织在上述行业物质流图示中所处的位置是"塑料制造"。该公司曾经进行过一次产品转型。第一次是利用PP（聚丙烯）制造地毯，产品的原料全是新料，不包含再生料。此时的物质流图如图12-10所示。

随后弘洋纺织进行了产品转型，利用PE（聚乙烯）生产人造草。PE全部使用再生料，在再生料中，50%来自进口，50%来自国内改性再生。目前年产量为0.6×10^4 t。仍然按照目前的废塑料回收比例，得到改造升级以后的物质流如图12-11。

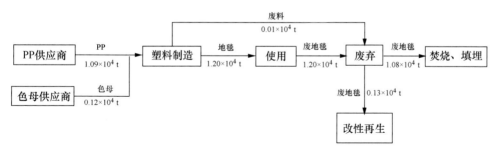

图 12-10 弘洋纺织物质流

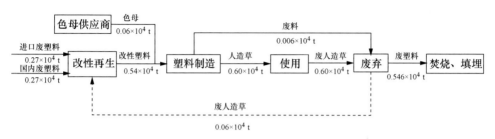

图 12-11 弘洋纺织改造后的物质流

其中,需要向国外进口废塑料 $0.27×10^4$ t,从本公司以外的其他地方获得废塑料 $0.23×10^4$ t。

此外,弘洋纺织还计划扩大厂房面积,从目前的 $2×10^4$ m² 扩大到 $9×10^4$ m²。同时只能加一台熔塑料设备,年用电费仅为 100 万元左右,比以前的设备节省 150 万元。改造成本约 8000 万元。改造以后,税费由目前的 300 多万增加到 3000 多万,每年电费将从目前的 200 万增加到 1000 万。在改造升级以后,公司预计利用改性塑料年产人造草 $10×10^4$ t 左右,可以覆盖草坪 $600×10^4$ m²。改造前后发生的变化如表 12-9 所示。

表 12-9 预测立华汽配改造后主要情况及改造前后对比

项 目	原有量	规划量	规划新增量
占地面积/m²	14 210		0
建筑面积/m²	27 350	84 200	56 850
人造草产量/10^4 t	0.6	10	9.4
产值/(亿元/a)	1.8	30	28.2
再生 PE 消耗量/(10^4 t/a)	0.54	9	8.46

四、新兴产业土地配置技术研究示范

（一）新兴产业区域评价技术示范

1. 白云区各街道/镇产业支撑条件综合评价

基于区域综合评价指标体系，采用熵值法计算各指标的权重值，加权求和计算各街道/镇的总评价值，即为白云区各街道/镇产业支撑条件的综合评价结果。细分钟落潭镇各要素评价结果，得到表12-10。

表 12-10 白云区各街道/镇产业支撑条件综合评价结果

条件 区域	劳动力	资本	资源	技术	环境	经济密度	距离	综合得分	综合排名
三元里街道	0.15	0.94	0.01	1	0	0.62	0.63	0.55	2
松洲街道	0	0.11	0.02	0.30	0.22	0.88	0.54	0.51	4
景泰街道	0.03	0.16	0.03	0.10	0.90	0.36	0.61	0.41	13
同德街道	0.25	0.16	0	0	0.92	0.35	0.57	0.40	14
黄石街道	0.28	0.22	0.01	0.20	0.86	0.45	0.58	0.45	9
棠景街道	0.03	0.26	0.003	0.45	0.94	0.27	0.62	0.42	12
新市街道	0.80	0.19	0.02	0.50	0.91	0.35	0.55	0.46	7
同和街道	0.29	0.37	0.09	0.40	0.03	0.77	0.53	0.50	5
京溪街道	0.17	0.12	0.05	0.45	0.90	0.22	0.51	0.36	17
永平街道	0.25	0.28	0.05	0.30	0.79	0.44	0.47	0.42	11
嘉禾街道	0.01	0	0.03	0.10	0.92	0.34	0.58	0.38	16
均禾街道	0.46	0.06	0.07	0.15	0.91	0.28	0.56	0.39	15
石井街道	1	0.36	0.20	0.10	0.79	0.35	0.50	0.45	8
金沙街道	0.09	0.20	0.02	0.30	1	0.01	0.50	0.29	18
人和镇	0.37	0.54	0.31	0.55	0.84	0.30	0.66	0.50	6
太和镇	0.84	1	0.95	0.50	0.78	0.34	0.59	0.5892	1
钟落潭镇	0.60	0.55	1	0.40	0.87	0.31	0.24	0.42	10
江高镇	0.45	0.76	0.41	0.70	0.52	0.48	0.52	0.52	3

可见，最占据优势的要素为资源和劳动力。资源方面，钟落潭镇的土地面积在众街道/镇中排名第一，具有优越的自然资源优势。劳动力方面，钟落潭镇在岗职工超过20万人，在全街道/镇中位列前茅，具有较强的人力资源优势。资本方面，钟落潭镇固定资产投资工业投入在全街道/镇中处于较高水平，能够有效促进经济与产业发展。

2. 钟落潭镇适宜产业类型选择

(1) 区域条件适宜发展产业类型。钟落潭镇的优势要素为资源、劳动力与资本。适宜发展的产业类型为：15,16,17,18,19,20,21,23,24,25,26,28,31,32,33,37,40,41,42。

选取钟落潭镇工业总产值较高的产业，则区域产业基础为：13,17,18,19,21,26,30,34,35,37,39,40。钟落潭镇制造业所有两位数产业中，产值最高的五个产业为非金属矿物制品业(30)、纺织业(17)、通信设备、计算机及其他电子设备制造业(39)、通用设备制造业(34)、化学原料及化学制品制造业(26)；而区位商最高的产业为化学纤维制造业(28)、木材加工及木、竹、藤、棕、草制品业(20)、纺织业(17)、农副食品加工业(13)、非金属矿物制品业(30)。可见目前钟落潭镇当前产业结构以资源、劳动力与资本密集型的产业为主，这与其资源、劳动力与资本要素的较高排名相吻合。

(2) 区域支持发展的产业类型。在区域条件适宜发展的产业类型中加入区域基础产业，得出区域支持发展的产业类型为 13,15,16,17,18,19,20,21,23,24,25,26,28,30,31,32,33,34,35,37,39,40,41,42。

区域应避免发展的产业类型：对于高能耗、高耗水型产业，应尽量缩减或避免这一类产业的发展。同时，由于钟落潭镇的污染情况在白云区各街道/镇中较为严重，因此也应尽量避免污染密集型产业的发展。这类产业目录如下：17,19,22,25,26,29,31,32,33。

(3) 区域适宜发展的产业类型。在区域支持发展的产业类型中去掉应避免发展的产业类型，得到区域适宜发展的产业类型为 13,15,16,18,20,21,23,24,30,34,35,37,39,40,41,42。

制造业所有 30 个两位数产业中，在白云区中各产业的综合发展情况评价结果如表 12-11 所示。

表 12-11 两位数产业区域适宜度评价结果

行业代码	行业名称	评价值	排名
13	农副食品加工业	0.42	10
14	食品制造业	0.36	12
15	饮料制造业	0.17	28
16	烟草制品业	0.11	30
17	纺织业	0.52	4
18	纺织服装、鞋、帽制造业	0.26	27
19	皮革、毛皮、羽毛(绒)及其制品业	0.30	18

(续表)

行业代码	行业名称	评价值	排名
20	木材加工及木、竹、藤、棕、草制品业	0.55	2
21	家具制造业	0.28	23
22	造纸及纸制品业	0.35	15
23	印刷业和记录媒介的复制	0.29	22
24	文教体育用品制造业	0.42	9
25	石油加工、炼焦及核燃料加工业	0.31	17
26	化学原料及化学制品制造业	0.42	7
27	医药制造业	0.27	25
28	化学纤维制造业	0.74	1
29	橡胶和塑料制品业	0.36	14
30	非金属矿物制品业	0.45	6
31	黑色金属冶炼及压延加工业	0.26	26
32	有色金属冶炼及压延加工业	0.14	29
33	金属制品业	0.25	24
34	通用设备制造业	0.50	5
35	专用设备制造业	0.51	3
36	汽车制造业	0.33	16
37	铁路、船舶、航空航天和其他运输设备制造业	0.36	13
38	电气机械及器材制造业	0.27	20
39	通信设备、计算机及其他电子设备制造业	0.29	11
40	仪器仪表及文化、办公用机械制造业	0.37	19
41	工艺品及其他制造业	0.29	21
42	废弃资源和废旧材料回收加工业	0.29	8

(4) 区域适宜发展的产业类型(最终)。计算区域内综合评价水平较高的产业,与钟落潭镇适宜承载的产业类型进行比对,选择两者相符的产业。确定钟落潭镇适宜发展的产业类型为:13,20,24,28,30,34,35,37,40,41。

将最终得到的区域适宜发展的产业类型进行适宜度排序:化学纤维制造业(28),木材加工及木、竹、藤、棕、草制品业(20),专用设备制造业(35),通用设备制造业(34),非金属矿物制造业(30),农副食品加工业(13),文教体育用品制造业(24),仪器仪表及文化、办公用机械制造业(40),铁路、船舶、航空航天和其他运输设备制造业(37),工艺品及其他制造业(41)。

表 12-12　区域适宜产业门类表

行业	A 区域条件适宜发展产业	B 区域原有基础产业	C 区域支持发展产业类型	D 区域应避免发展的产业	E 区域适宜发展产业（初步）	F 区域发展评价（钻石模型）	G 区域适宜发展产业（最终）
13		1	1		1	1	1
14							
15	1		1		1		
16	1		1		1		
17	1	1	1	−1			
18	1	1	1				
19	1	1	1	−1			
20	1		1		1	1	1
21	1	1	1		1		
22				−1			
23	1		1		1		
24	1		1		1	1	1
25	1		1	−1			
26	1	1	1	−1			
27							
28	1		1		1	1	1
29				−1			
30		1	1		1	1	1
31	1		1	−1			
32	1		1	−1			
33	1		1	−1			
34		1	1		1	1	1
35		1	1		1		
36							
37	1	1	1		1	1	1
39		1	1		1		
40	1	1	1		1		
41	1		1		1	1	1
42	1		1		1		
43							

(二) 新兴产业用地适宜性评价示范

本技术数据主要来源于2014年夏和2015年夏的野外调研,通过质性访谈、资料上报、遥感分析和现场核实对钟落潭的社区进行摸底式调查,其中由于5个居委会数据缺失,因此本技术将5个居委会剔除在本次评价过程外。

一方面,钟落潭镇位于经济发达的珠江三角洲,宏观区位条件较为优越,产业基础适合发展高新技术产业。但同时,钟落潭镇距离广州市的中心城区较远,村镇发展程度相对城市落后,在高新技术产业结构中更适宜生产型企业的发展。因此,本技术将白云区内现有的基础性产业——传统加工制造业产业与高新技术生产型产业作为评价产业,评价两种产业在钟落潭镇37个行政村发展的适宜性。这两种产业对相同的区位因子有着不同的敏感度(如表12-13所示)。

表 12-13 高新技术企业与传统工业企业的区位因素敏感程度差异

区位因素	传统加工制造企业	高新技术企业		
		研发型	生产型	加工型
地质条件	++	+	++	+
原材料	++	−	++	++
水资源	+	+	+	+
地理位置	++	++	++	++
经济基础	+++	++++	++++	++
科技水平	+	++++	++	+
交通条件	++	+++	++	+++
通讯条件	+	+++	++	++
协作与集聚	+++	++	++	++
劳动力	+	++++	++	+++
环境	+	++++	++	++

注:"+"的多少表示各因素对产业的布局影响的强弱程度,"—"表示基本不产生影响。

随着广州市产业转型升级过程的推进,钟落潭镇呈现传统加工制造产业与高新技术产业并存发展的产业格局。因此,本技术结合实际发展需求选取传统加工制造产业和生产型高新技术产业作为参评产业。由于这两种产业对自然资源的依赖性较弱,所以本技术自然条件准则层,只选择可利用地规模作为具体的参评指标,其他参评指标如表12-14所示。各参评因子的权重值是在综合考虑各参评因子在不同层级重要性的基础上,通过层次分析法计算而得(评价指标体系以及各指标权重值如表12-14)。

表 12-14 村镇层面产业用地适宜性评价指标体及各指标权重值

目标层	准则层	指标层	指标权重	
			生产型高新技术产业	传统加工制造业
地质条件	灾害易发区	灾害易发程度	0.0861	0.0729
社会条件	人口规模	从业人数	0.1989	0.2357
产业条件	工业规模	工业总产值	0.3094	0.2806
区位交通条件	区位	距离市区距离	0.0663	0.0595
	交通便捷程度	主要道路密度	0.1437	0.1504
	交通可达性	距离高速公路距离	0.1160	0.1167
		距离国道距离	0.0796	0.0842

村镇层面产业用地适宜性评价结果总体上可分为适宜与不适宜两类,通过可拓优度评价方法,我们可以得到可行域和节域的评价结果,对应适宜和不适宜发展两类结果。同时,根据优度值域以及分值分布的频率直方图,又可以分为高度适宜、中等适宜和勉强适宜三个等级。表 12-15 中,a 表示评价指标节域物元经典域的下限,b 表示评价指标节域物元经典域的上限;c 表示评价指标节域物元可拓域的下限,d 表示评价指标节域物元可拓域的上限;w 为指标权重,w_1 为生产型高新技术产业各指标权重,w_2 为传统加工制造产业适宜性评价各指标权重;L 表示指标类型(其中,"+"表示正向型指标、"−"表示逆向型指标)。

表 12-15 钟落潭镇产业用地适宜性评价参评因子(各种特征值所取的数据区间表)

	a	b	c	d	w_1	w_2	L
灾害易发程度	中等	低	高	中等	0.0861	0.0729	−
从业人数	2500	15 000	800	2500	0.1989	0.2357	+
工业总产值/万元	4000	50 000	200	4000	0.3094	0.2806	+
距离市区距离/km	30	20	40	30	0.0663	0.0595	−
主要道路密度	0.02	0.07	0.01	20000	0.1437	0.1504	+
距离高速公路距离/km	5	0	10	5	0.1160	0.1167	−
距离国道距离/km	5	0	10	5	0.0796	0.0842	−

根据可拓优度的评价原理,得分小于 0 的社区不适宜发展产业,得分大于 0 的社区适宜发展产业。为了进一步细分评价结果,再续分为 3 个级别,分别对应高度适宜[0.5,1)、中等适宜[0.25,0.5)和低度适宜[0,0.25)三个适宜等级。钟落潭镇传统加工制造业产业与生产型高新技术企业用地适宜性评价结果如表 12-16、图 12-14 和图 12-15 所示,为了进一步细分评价结果,根据该综合评分值

Y 在[0,1)之间分值出现的频率直方图,再细分为 3 个级别,分别对应高度适宜[0.5,1)、中等适宜[0.25,0.5)和低度适宜[0,0.25)三个适宜等级。

根据评价结果,钟落潭镇对于两种产业的适宜性等级总体较高,适宜发展的行政村所占比重较大,只有米岗村、小罗村、东凤村、虎塘村、竹三村、华坑村、沙田村 7 个行政村的生产型高新技术产业和传统加工制造业的评价结果均为不适宜;新村村、竹二村两个行政村传统加工制造业评价结果为适宜,生产型高新技术产业的评价结果为不适宜,宜布局生产型加工业,其余 28 个行政村均适宜发展生产型高新技术产业和传统加工制造业(表 12-16)。其中,白沙村、良田村两种产业均为高度适宜,应优先考虑将企业布局在这两个行政村;大罗村、长沙埔村对两种产业均为中度适宜,为企业布局的次优选择;长腰岭村的生产型高新技术产业评价结果为低度适宜,传统加工制造业则为中度适宜,因此该社区较为适合发展传统加工制造业;其余 23 个行政村对两种产业均为低度适宜,可适当布局产业。

表 12-16　钟落潭镇产业用地适宜性评价结果

	生产型高新技术产业	传统加工制造业
米岗村	−0.0664	−0.0909
小罗村	−0.0378	−0.0557
东凤村	−0.0345	−0.0556
虎塘村	−0.0180	−0.0423
竹三村	−0.0078	−0.0339
华坑村	−0.0400	−0.0216
新村村	0.0056	−0.0156
竹二村	0.0204	−0.0133
寮采村	0.0238	0.0002
马洞村	0.0089	0.0053
乌溪村	0.0357	0.0097
雄伟村	0.0201	0.0141
黎家塘村	0.0508	0.0210
白土村	0.0307	0.0246
龙塘村	0.0648	0.0280
障岗村	0.0638	0.0371
梅田村	0.0593	0.0510
安平村	0.0728	0.0517
大纲领村	0.0868	0.0613
龙岗村	0.1119	0.0687

(续表)

	生产型高新技术产业	传统加工制造业
金盆村	0.0964	0.0850
五龙岗村	0.1265	0.0896
马沥村	0.0943	0.0993
红旗村	0.1137	0.1007
钟落潭村	0.1244	0.1009
竹一村	0.1453	0.1150
陈洞村	0.1142	0.1311
茅岗村	0.1398	0.1403
光明村	0.1279	0.1557
登塘村	0.1624	0.1800
长腰岭村	0.2558	0.1924
长沙埔村	0.2594	0.2486
大罗村	0.3472	0.3626
良田村	0.5179	0.5235
白沙村	0.5243	0.5642

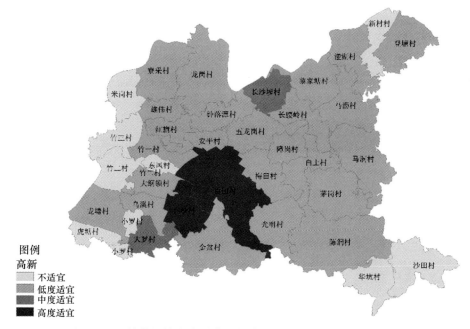

图 12-12　钟落潭镇生产型高新技术产业用地适宜性评价结果图

238 产业升级与村镇土地再开发

图 12-13 钟落潭镇传统加工制造产业用地适宜性评价结果图

（三）新兴产业空间置换技术

本技术选择广州市白云区钟落潭镇的良田工业园区作为本研究的技术示范区。钟落潭镇处于白云区北部的城乡结合部，其北临白云机场，西有溪流河穿过，东部紧邻白云山，是白云区的区域定位——空港区域与广州市生态北优区域的典型案例。而钟落潭镇属于村镇地区，难以照搬广州市城区的产业用地标准，本研究也可以为其产业置换提供政策建议。

根据良田工业园区负责人提供的企业名录，得到园区现有企业信息，包括企业名称、占地面积、容积率、就业人数、年产值、能耗等。表 12-17 统计了园区各产业的土地利用情况。

表 12-17 良田工业园区各产业土地面积

行业类别	占地面积/m²
橡胶和塑料制品业	481 833
金属制品业	361 713
家具制造业	240 267
通用设备	196 667

(续表)

行业类别	占地面积/m²
电气机械及器材制造业	193 813
化学原料和化学制品制造业	68 020
纺织业	52 280
通信设备、计算机及其他电子设备制造业	45 733
造纸和纸制品业	18 967
非金属矿物制品业	17 647
广告	15 360
文教体育用品制造业	9680
医药制造业	5333
食品制造业	5333
交通设备制造业	3333
总面积	1 715 980

利用《中国规模以上制造业企业数据库》对白云区近几年新进入企业进行统计,得到进入产业类型比例。以此来预测良田工业园区的准进入企业行业比例。根据园区负责人介绍,过去一年内约有 20 家企业欲进入本园区。现假设未来一年内仍有 20 家准进入企业,按照企业库信息汇总得到行业比例,这 20 家准进入企业应该包括:3 家服装制造业企业,2 家交通运输设备制造业企业,2 家金属制品业企业,2 家医药制造业企业,2 家电器机械制造企业,2 家化妆品生产企业,2 家皮革制品企业,1 家通信设备制造企业,1 家塑料制品企业,1 家造纸和纸制品企业,1 家酒饮料制造业,1 家非金属矿物制造业。在该地区对以上产业类型的新企业进行问卷访谈,得到这些企业容积率、占地面积、年产值、能源消耗等方面的属性,预测这 20 家准进入企业的情况。

1. 良田工业园产业准入标准设定

首先确定产业发展政策导向性,《广州市产业用地指南》与《广州市白云区临空产业发展规划(2009—2020)》将产业分为鼓励、一般、限制、禁止四个类别,并根据不同的导向性划定各指标标准。

1) 一般类产业

很多产业没有明确的政策导向性,没有鼓励也没有限制,定义为一般性产业。这类产业的具体准入标准 $kI=N(k)\alpha I$ 的设定应该按照各项指标都高于园区平均水平的标准($\alpha I=50\%$),即进入后会提升园区平均效益。

2) 鼓励发展类产业

广州市政府颁布的《广州市白云区临空产业发展规划(2009—2020)》中规定

了白云区的重点发展产业包括：生物医药健康产业、节能和新能源产业、电子信息产业。对钟落潭镇的产业定位是：生物医药产业集群，广州白云空港综合保税区（南区），高等职业技术教育集聚区，广州白云航空电子科技产业园、影视、科技、动漫产业集聚区。良田工业园区的置换过程应该体现以上产业导向，对鼓励型产业予以照顾，相关产业控制指标选取应该按照 $\alpha I = 30\%$ 的标准。

3）限制发展类产业

根据《广州市产业用地指南 2012》中的规定，广州市的限制发展产业包括食品饮料、烟草、纺织、制革、造纸印刷、石油化工、医药制造、化学原料及制品等产业类型，采用 $\alpha I = 70\%$。

4）禁止发展类产业

禁止发展产业是在当地难以创造应有价值的产业，政府已禁止属于该产业的企业进入，所以不能通过产业准入标准，不予供地。禁止类产业包括：造纸和纸制品业、石油加工炼焦业、黑色金属冶炼和压延加工业、非金属矿物制品业等。

结合确定的各产业的 αI 值与企业调研中得到的各指标统计信息分别得出各产业的准入标准，如表 12-18 所示。

表 12-18　良田工业园区分行业产业准入筛选标准

产业类型	政策导向性	容积率标准	投入强度标准/（元/m²）	单位产值能耗标准/（吨煤/万元）	单位面积产值标准/（万元/m²）
通信设备、计算机及其他电子设备制造业	鼓励	0.75	3000	0.024	0.08
医药制造业	鼓励	1	3600	0.141	0.052
交通设备制造业	鼓励	0.85	4000	0.013	0.05
电气机械及器材制造业	一般	0.98	3000	0.024	0.069
文教体育用品制造业	一般	1	3000	0.03	0.1
皮革及制鞋业	一般	1	4500	0.02	0.065
服装制造业	一般	1.2	3000	0.025	0.075
橡胶和塑料制品业	一般	0.98	3000	0.113	0.0608
金属制品业	限制	1.55	4200	0.024	0.9
家具制造业	限制	0.99	3000	0.015	0.08
通用设备	限制	1	3000	0.024	0.05

(续表)

产业类型	政策导向性	容积率标准	投入强度标准 /(元/m²)	单位产值能耗标准 /(吨煤/万元)	单位面积产值标准 /(万元/m²)
化学原料和化学制品制造业	限制	1.36	6200	0.393	0.0622
食品制造业	限制	0.95	4900	0.02	0.035
纺织业	限制	1.1	3500	0.025	0.075
酒饮料制造业	禁止	/	/	/	/
农副食品加工	禁止	/	/	/	/
造纸和纸制品业	禁止	/	/	/	/
石油加工炼焦业	禁止	/	/	/	/
黑色金属冶炼和压延加工业	禁止	/	/	/	/
非金属矿物制品业	禁止	/	/	/	/
有色金属冶炼和压延加工业等	禁止	/	/	/	/

2. 良田工业园准进入企业及筛选

根据上文中确定的园区产业准入标准，对准进入企业进行筛选，将不满足标准的企业淘汰。如表12-19所示，20家企业中有三家企业属于禁止发展产业而被淘汰，另有六家企业不满足容积率、单位面积投入等标准而被淘汰。

表12-19 准入标准对20家欲进入企业的筛选

进入企业	所在产业	政策导向性	容积率	投入强度 /(元/m²)	单位产值能耗/(吨煤/万元)	单位面积产值/[万元/(m²·a)]	准入评判结果
A制衣有限公司	服装制造业	一般	1.03	3500	0.034	0.18	禁止进入
B服装制造有限公司	服装制造业	一般	1.25	4000	0.02	0.14	准入
C服装制造有限公司	服装制造业	一般	1.34	2600	0	0.27	准入
D电动车制造有限公司	交通运输设备制造业	鼓励	0.85	4000	0.013	0.14	准入
E汽车零部件生产厂	交通运输设备制造业	鼓励	0.85	4000	0.013	0.21	准入
F标准件制造有限公司	金属制品业	限制	1.68	5000	0.02	0.08	准入
G金属冷拉加工厂	金属制品业	限制	1.7	4500	0.015	0.12	准入
H中药饮片加工厂	医药制造业	鼓励	1.75	6000	0.141	0.25	准入
I生物技术有限公司	医药制造业	鼓励	1.5	3000	0.1	0.1	准入
J照明电器有限公司	电器机械制造业	一般	1.2	3500	0.1	0.25	禁止进入

（续表）

进入企业	所在产业	政策导向性	容积率	投入强度/(元/m²)	单位产值能耗/(吨煤产值/万元)	单位面积产值/[万元/(m²/a)]	准入评判结果
K机械加有限公司	电器机械制造业	一般	1.4	4200	0.022	0.4	准入
L化妆品有限公司	化学制品业	限制	1.5	3500	0.26	0.1	禁止进入
M日化用品有限公司	化学制品业	限制	1.24	6500	0.35	0.08	准入
N皮包加工有限公司	皮革加工业	一般	1.2	4000	0.01	0.1	禁止进入
O皮鞋加工有限公司	皮革加工业	一般	0.9	4500	0.015	0.08	禁止进入
P无线电设备制造有限公司	通信设备制造企业	鼓励	0.73	4000	0.018	0.2	准入
R塑料制品有限公司	塑料制品业	一般	0.65	2000	0.3	0.23	禁止进入
S纸业有限公司	造纸和纸制品业	禁止	0.73	3500	0.26	0.12	禁止进入
T饮料生产公司	酒饮料制造业	禁止	0.84	2500	0.31	0.08	禁止进入
U玻璃材料加工有限公司	非金属矿物制品业	禁止	0	3000	0.35	0.3	禁止进入

3. 产业升级背景下良田工业园的企业空间置换

对上文中筛选出的11个准进入企业与园区内现有的50家企业进行综合效益评估，从经济、社会、生态三个方面进行评价，得出综合得分（表12-20）。

表12-20 园区现有企业中评价得分中后15位

企业名称	面积/m²	生态得分	社会得分	经济得分	总得分	是否挤出
广州市××变压器有限公司	86 200	1.00	0.02	0.06	1.08	否
广州市××门业有限公司	15 733	0.96	0.04	0.07	1.08	否
广东省××人防防护设备工程有限公司	65 333	0.99	0.07	0.00	1.06	否
广州××食品有限公司	5333	0.86	0.13	0.07	1.06	是
广州市××线缆有限公司	44 600	0.82	0.04	0.19	1.05	是
广州××家居有限公司	21 693	0.99	0.03	0.01	1.02	是
广州市××化妆品有限公司	13 933	0.68	0.09	0.17	0.94	是
广州××烫画有限公司	3000	0.00	0.49	0.40	0.89	是
××印刷公司	1500	0.00	0.49	0.40	0.89	是
广州市××黏胶有限公司	5666	0.68	0.08	0.07	0.83	是
广州市××印刷设备有限公司	1600	0.00	0.74	0.09	0.83	是
广州市××化妆品厂	4400	0.68	0.11	0.01	0.79	是
广州市白云区××玻璃工程有限公司	12 666	0.50	0.12	0.13	0.75	是
广州市××彩印印刷厂	7200	0.00	0.06	0.11	0.16	是

第十二章 广州市白云区良田-竹料工业园技术示范

表 12-21　良田工业园区准进入企业列表

准进入企业名称	面积/m²	生态得分	社会得分	经济得分	总得分	是否引入
I 生物技术有限公司	25 000	0.99	0.13	0.47	1.59	是
H 中药饮片加工厂	20 000	0.99	0.13	0.47	1.59	是
D 电动车制造有限公司	5000	0.99	0.18	0.39	1.57	是
M 日化用品有限公司	6000	0.68	0.26	0.52	1.46	是
P 无线电设备制造有限公司	30 000	0.99	0.16	0.30	1.45	是
K 照明电器有限公司	3000	1.00	0.23	0.22	1.45	是
E 汽车零部件生产厂	5000	0.99	0.18	0.25	1.42	是
G 金属冷拉加工厂	22 167	0.96	0.23	0.16	1.35	是
C 服装制造有限公司	8000	0.82	0.07	0.39	1.28	是
F 标准件制造有限公司	2000	0.96	0.06	0.11	1.14	是
B 服装制造有限公司	8000	0.82	0.05	0.18	1.05	否

按照置换原则,现有企业从得分最低的广州市××彩印印刷厂开始挤出,然后是广州市××化妆品厂等。准进入产业中,从 I 生物技术有限公司开始引入,一直到进入产业序列置换到 B 服装制造有限公司(总得分为 1.05),原有产业序列置换到广东省××人防防护设备工程有限公司时(总得分为 1.06),达到准进入产业效益与原有产业效益的平衡。总的来说,引进企业面积 12.6×10^4 m²,挤出产业面积 12.8×10^4 m²,达到土地利用平衡状态。在这两个平衡之下,园区总效益最大化,置换过程结束。

由此得出未来一年内的置换方案:引入 I 生物技术有限公司、H 中药饮片加工厂、D 电动车制造有限公司等十家高效企业。挤出广州××食品有限公司、广州市××线缆有限公司、广州××家居有限公司等 11 家低效企业。引进产业主要以医药制造业、交通运输制造业、通讯设备制造业为主,这些产业都是政府鼓励发展的高收益、高技术、低污染型新兴产业。挤出产业主要以纸制品及印刷业、非金属矿物制造业、食品业等污染较高、收益较低的传统产业为主。通过以上置换过程,该园区产业结构得到优化。

第四节　小　　结

本章是对第九章至第十一章 4 项技术在广州市白云区的示范研究。白云区地处中国珠三角城市群的腹地,也是华南地区重要的交通通道。改革开放以来,白云区乡镇企业和私营企业发展迅速,逐渐成为产业类型的主导,直到现阶段,私营企业在白云区村镇地区仍是重要组成部分。由于这些私营企业大多属于传统产业,技术水平相对落后,资源利用效率不高,环境污染较为严重,使得白云区引入新兴产业,实现产业升级和结构调整成为现阶段经济发展的主要任务。这也是本研究选择白云区作为示范案例的主要考虑。

通过示范,本研究的4项技术得到了较大程度的验证,可行性较好。淘汰村镇落后工业产能土地优化技术包括对企业效益评估、落后产能甄别和土地优化方案设计三项示范。通过甄别,本研究显示良田——竹料工业园区落后产能主要集中在汽车制造业、计算机、通信和其他电子设备制造业、非金属矿物制品业、文教、工美、体育和娱乐用品制造业、橡胶和塑料制品业等行业。这些落后产能在空间上主要相对集中分布在红旗路东侧的小块区域和 G105 国道两侧的区域,个别的企业零散的分布于良田片区内中。通过落后产能的甄别,可以为新兴产业的引入提供后备空间。碳减排土地调控技术示范测算了广州市和白云区两个层级的碳排放指标,并最终转化成钟落潭镇和良田-竹料工业园区企业层级的碳排放,通过单位产值碳排放和单位产值用地面积两个指标分别与相关标准的对比,也提出了相关调控建议。循环经济型土地配置技术重点对社区循环分类体系和工业区生态化改造进行了示范,结果显示了较好的示范效果。最后,新兴产业土地配置技术示范了新兴产业区域评价、新兴产业用地适宜性评价和新兴产业空间置换三项内容,通过企业综合效益分布,判别出进入和退出企业的相关方案,可为良田-竹料工业园下阶段产业升级和结构调整提供参考依据。

本技术示范为村镇地区产业升级与土地再开发的开展提供了实践基础,具有一定的借鉴意义。当然,因为数据获取等原因,本示范也有一定的局限性,在某些方面的示范仍不尽完整,也有待于将来的实践不断完善。

第十三章

结论与展望

　　本书从理论和技术两个层面系统分析产业升级视角下村镇土地再开发的系统复杂性和路径多元性,从而为产业升级推动村镇土地再开发提供理论基础和技术支撑。研究以村镇土地再开发的现状特征为基础,强调通过产业升级实现村镇土地再开发碳减排、循环经济和新兴产业置换的可行路径,进而通过"淘汰落后—碳减排—循环经济—新兴产业置换"的思路对技术进行了研发和示范。

一、理论层面

　　在理论基础方面,本书基于中国快速工业化和城镇化背景,从城市发展和土地利用相关理论出发,为土地再开发构建了理论支撑体系。土地价值与区位理论回答了土地再开发行为的实施动机,即土地价值提升是土地再开发的内在动因。产业升级与城市化阶段理论阐述了土地再开发的发生时机,即产业升级与城镇化推进是土地再开发的直接动因。最后,从土地优化配置、可持续发展、城市更新、城市绅士化以及棕地再开发等理论出发,总结了现有的土地再开发的实现模式。

　　从国内外土地再开发的经验总结出发,本书得到相关启示:产业升级转型是土地再开发的背景和驱动力,同时也是检验土地再开发成功与否的重要标志;完善的法律和制度是土地再开发顺利进行的前提;公共部门和私人部门各利益主体的分工、协调和配合是土地再开发顺利进行的保障;尊重产权和民意是现代社会进行土地再开发的共识。

　　为进一步分析产业升级视角下村镇土地再开发的影响因素,本书从理论层面探讨了产业升级、碳排放、循环经济、制度约束与村镇土地再开发的关系,得到如下结论:

（一）产业升级与村镇土地再开发

基于比较优势理论，本书认为区位条件、政府规划、原有产业基础三个要素是导致村镇土地再开发空间差异的主要原因，产业升级方式与村镇土地再开发模式具有直接的相关关系。

（二）碳排放与村镇土地再开发

基于我国能源利用现状，本书认为村镇土地再开发可以通过减少能源利用总量和优化能源利用结构两个途径实现碳减排。同时，碳减排也是村镇土地再开发能够，也是应该实现的绩效之一。

（三）循环经济与村镇土地再开发

基于我国资源使用现状，本书认为村镇土地再开发的主要目标和必然要求是实现循环经济模式的应用，另外，村镇土地再开发也可以为实现循环经济模式提供平台。循环经济是村镇土地再开发的另一个绩效。

（四）制度约束与村镇土地再开发

目前我国转轨过程中具有两种制度约束，一是集体土地权属模糊，二是集体土地流转制度缺陷。这两种制度约束的存在一方面造成了村镇产业用地再开发投资预期的下降，另一方面也造成了企业无法通过所占的集体土地进行抵押和融资，从而降低了经济绩效。因此，通过解除体制中不合理的制度约束，赋予集体土地更清晰和更完整的权能以及允许城乡土地实现同地同价流转，才能从根本上解决我国村镇土地再开发面临的突出问题。

二、技术层面

技术研究是在理论分析的基础上，为解决实践中碰到的问题提供的支撑。因此，为了解决村镇土地再开发过程中，新兴产业引入和空间置换等问题，本书顺应"淘汰落后产能—碳减排—循环经济—新兴产业置换"的思路，提供了一套技术方案，并开展了应用示范研究。

（一）淘汰村镇落后工业产能土地优化技术

该技术首先针对村镇工业的特殊性，开展了经济社会、土地和环境等信息获取研究，并提出了数据库建设技术；然后，构建了基于经济效益、社会效益、环境效益为评价类型、基于企业经营状况、企业发展前景、带动区域发展、集约节约用地、资源消耗水平为评价目标、包含11项指标的工业用地评价体系，并制定了落后产能甄别标准；最后，提出基于村镇工业落后产能评价结果的村镇工业用地再开发土地优化配置路径和方法。

（二）碳减排土地调控技术

该技术通过计算全国各个乡镇企业层面的碳排放量以及全国各个乡镇在其经济发展层次上单位建设用地碳排放和产值的标准值，并通过将村镇建设用地的企业产值、占地面积、碳排放量进行三维评估,测评出村镇每一个企业单位的建设用地基于产值的经济效益和基于碳排放的环境效益,并给出明确的置换及优化办法。

(三)循环经济型土地配置技术

该技术突出村镇在工业化与城镇化过程中形成的用地特点,提出以村为基本单元,在维持职住功能混合特征的前提下,识别循环经济发展机遇的土地利用与规划管理技术。技术强调建立全面立体的基础地理信息系统,包含土地利用、建筑更新、工业共生和居住生活四个层次,全面把握地方社会经济演化中的物质流变化格局和趋势。

(四)新兴产业土地配置技术

在新兴产业区域评价体系和新兴产业用地适宜性评价体系基础上,新兴产业用地空间置换技术从新旧产业类型的空间置换入手,通过置换效益的评价,给出新旧产业或新旧企业开展土地置换的解决方案。

最后,本书提供了一个应用示范研究。应用示范表明,本书研发的技术体系可以为村镇区域的产业升级和村镇土地再开发提供有效支撑,可以为村镇引进产业或企业提供一套判别体系和判别标准,从而有助于实现高效、绿色和环保型的土地再开发。

三、展望

无论是从中国经济新常态发展趋势的角度,还是从资源环境约束的角度看,抑或从中国村镇发展面临的一系列问题来看,村镇土地再开发都是未来一个时期内中国经济发展和城市建设的核心任务之一。尽管国内外城市更新理论可以为城市内部土地再开发提供一定的依据,但鉴于中国村镇发展的历史阶段性和制度特殊性,简单地套用现有理论解释和指导村镇土地再开发显然是有疏漏的方法。而且,现实情况也显示,中国村镇土地再开发进程并不顺利,空间差异性很大,在一些地方甚至难以推进。本书也仅是从产业升级视角,初步探讨了产业升级调整与村镇土地再开发的内在关系。因此,如何构建一套全新的理论体系,解释村镇土地再开发面临的困境,剖析其中的影响因素和内在机制,是未来可以进一步探讨的关键问题。

从技术层面来看,本书从产业升级视角为村镇土地再开发提供了一套落后工业产能评估和新兴产业空间置换的解决方案。但是,现实情况显然更为复杂,涉及的影响因素也更多。一方面,可以引入更多的要素,如居民点调整,基础设施与公共服务设施布局,生态环境优化,从而使技术更为精致;另一方面,也可从技术本身的完善出发,引入包括多主体模拟方法、非线性判别方法等,从而可以为区域村镇土地再开发提供更为精确的技术支撑。